Millworks

Framing Life

The Writers' Mill Journal

Volume 10

The Writers' Mill is a group of writers helping and encouraging writers, based in Portland Oregon. We run monthly online writing contests and meet every month to attend presentations by guest speakers and critique each other's writing. We share and celebrate at our meetings every third Sunday of the month, sponsored by the Cedar Mill library of Washington County, Oregon. We have met online during the pandemic and have just started hybrid, online and in-person, meeting in the library at

1080 NW Saltzman Road, Portland, OR 97229
This volume and past editions of The Writers' Mill Journal are available at

https://www.amazon.com/The-Writers-Mill/e/B081P17P5Q

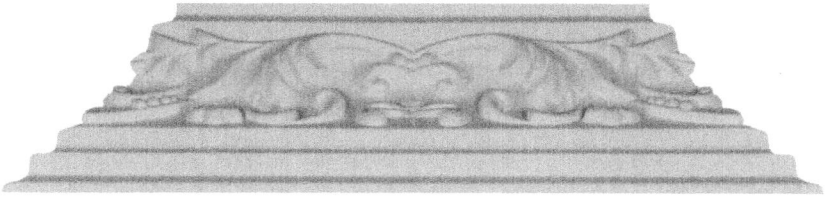

MILLWORKS—Framing Life

Millworks are those decorative moldings you'll find around your house: the trims between wall and floor, the whorls against the corner of the ceiling, and the doorframes' angles and curves. Manufactured in mills, millworks frame necessity's plainness with beauty to draw the eye. Similarly, we hope the works in this volume, manufactured in the minds and imaginations of members of the Writers' Mill, might frame the lines of the everyday world with curves and angles of prose, providing beauty and drawing the reader's eye.

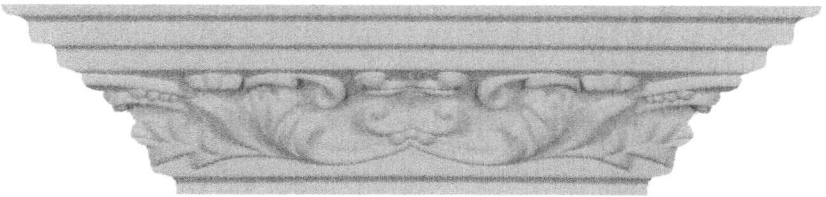

Contents

ARS POETICA by Robin Skinner 1

ALL WE CAN BE by Sheila Deeth 2

THE OLD GULL by April Floren 4

A MATTER OF PERSPECTIVE by Judy Beaston 9

BETH by David Porter 14

WILL WE MEET AGAIN? by Judy Beaston 16

DEAR HUSBAND, by Robin Skinner 20

TONI by Jessie Collins 21

WE WATCH AND WAIT by Judy Beaston 23

GRANDDAD by Jessie Collins 25

WHEN YOU RETURN by Judy Beaston 28

REACH FOR THE STARS by Karin Krafft 31

SPIRIT BEAR by Jean Harkin 34

DETERMINED TO GROW THINGS by Jessie Collins 37

A GARDENER'S SON'S LAMENT by Von Pelot 40

FRUSTRATION, THY NAME IS WEED by Zita Podany 42

LITTLE JOHN'S GARDEN by Karin Krafft 43

MORNING GLORY by Robin Layne 47

A LETTER TO MY MOM by Joe Mendez............................49

DAY FOR YES: REFLECTIONS ON GETHSEMANE
by Robin Layne 51

THE FATHER I NEVER KNEW by Joe Mendez 54

EYE ON THE SPARROW by Robin Layne 55

TIME IS NOT THE MEASURE by Robin Skinner 60

A FIRM RESOLVE by Jessie Collins 62

NIGHT LIGHTS by Robin Skinner......................................64

SUSPENSE BEFORE 'THE BELLS'
by Lyndsay Docherty 65

UNRESOLVED by Von Pelot..67

ANTIKYTHERA MECHANISM by David Fryer....................70

WITCH ROAD? by Michael Fryer 74

A.I. NOCTURNE by Ron Davis 80

FIVE LETTER WORD by Judy Beaston 82

221C BAKER STREET by David Fryer...............................85

TIME TELLS SHERMAN by Von Pelot 89

CONFESSIONS OF DRACULA'S HOUSEKEEPER
by Michael Fryer 93

EXPECTING by Sheila Deeth 97

KITKIT'S NEW YEAR'S RESOLUTION
by Sheila Deeth...100

DAZZLED BY MY DOUBLE by Lyndsay Docherty 103

VALLEY OF THE DOLLS by Jean Harkin 107

KITKIT GOES TO SCHOOL by Sheila Deeth 110

ESCAPE PORTAL by David Fryer 114

I CAN FLY! by Robin Layne... 118

A GOOD TABLE by Clayton M. Davis 123

LIFE ON VENUS? by Peter Letts 129

FAITH, SCIENCE, AND LAW by Sheila Deeth 133

MISTAKEN IN MARBLE by Lyndsay Docherty 135

SELECTION by Peter Letts 140

NO CEILING TO STOP HER by Jean Harkin 145

CHRISTMAS 1942—"A PRICKLY PILGRIMAGE"
by Lyndsay Docherty 147

BE NOT AFRAID! by Jessie Collins 151

AWAITING THE END by Matthew McAyeal 153

GOING HOME by Mark Knudsen 164

THE DAY THAT ONCE CHANGED THE WORLD
by Matthew McAyeal 173

STORY MOTHER by Robin Layne 177

THE LAST WORD FROM LEXICON LAND
by Lyndsay Docherty 178

CONTRIBUTOR BIOS.. 183

ARS POETICA
by Robin Skinner

I went willingly down the garden path
to where a converted toolshed held
all implements that I should need
to plow and plant the scattered seed.

I leaned against the worn oak desk
where pen in hand I tried to sort
through nouns and verbs
and sounds and words
to come up with, at very least,
some type of frugal harvest feast.

To the mulch of paper all around
I'd tossed a sprinkling (large) of stanzas
but alas, not being that well-versed,
the thoughts, in weak
and wandering rows,
came up in prose
not meters.

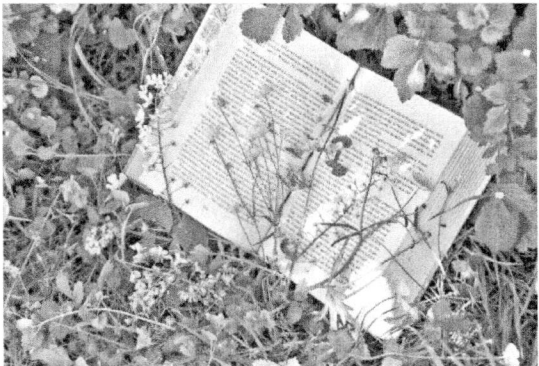

ALL WE CAN BE
by Sheila Deeth

There was a time when they were so in love

He'd lift her up with praise till she

Learned to believe

In all that she could be.

There was a time he told her he

Would never make her stay at home with kids—

She missed the undertone;

He didn't care to know what she'd prefer.

Then through the years

She didn't earn her way but learned

A silence in her home and stayed

With family labors, joy, and hope while he

Did 'all' the work and wondered why

She shirked.

There was a time she would have left except

They needed her, a time when he

Preferred his work to coming home at night but still

They shared a will to stay. And now

There is a time, with labor done

A time with children gone

A time when now they meet again and he

Will lift her up with praise till she believes

AND HE believes

In all that THEY can be.

THE OLD GULL
by April Floren

The gull was dead. Not fishing-line-around-its-neck dead or BB-through-the-chest dead, just dead. It lay on the beach, still fully feathered and easily recognizable, though tangled in bull kelp and partially buried in the sand. A small piece of driftwood for a monument. Circling above, the flock screeches in requiem.

Poor thing.

I wonder if it died in the air and plummeted through space to this spot of ground. Or if it had died at sea, with waves for pallbearers gently carrying it here on the high tide. I suppose it might have died right there where it lay, seeking a final refuge in the warmth and dry sand above the waterline. Did it fight for survival? Or, when it could no longer fly, nor fish, nor flock, did it simply surrender.

Today I walk alone, under gathering clouds, having left Patrick and Murphy both asleep at the cabin, in front of a dying fire. We brought Murphy to the beach this weekend for what we suspected might be the final time. Over the last year, he'd declined markedly, but especially in the last weeks his slide had gained fierce momentum. The vet said that, this time, the cancer was inoperable.

"Another round of chemo?" we had asked.

"You *could*...," said the doctor, but didn't say more.

***

A veil of mist descends on the beach. I wipe dampness from my face as I recall Murphy in better days, remembering how he once commanded this stretch of beach. His strength and speed and spunk regularly turned heads—of both humans and dogs—while his antics were just as often met with hilarity, unbecoming a purebred. Murphy, our magnificent but mindless Chocolate Lab. This creature of contradiction—so physically perfect yet so perfectly daft.

I remember the recoil of his powerful hind legs, before launching his body skyward to snag a Frisbee out of the air. Nothing got by him, even the most errant of throws. I remember his marathon pursuits of breakaway sea foam, how he'd growl and bark at a frothy clump as it slid, haltingly, over the wet sand. Invariably, just as Murphy would about give up, the wind would pause and the clump hover, just long enough to inspire renewed hope in the predator, before the next breeze afforded a quick getaway to the prey. And I remember him charging into the surf for the fiftieth time after a sodden tennis ball, returning with a mouthful of fluorescent yellow, those soulful, amber eyes, and tail, wagging like a metronome, begging for just one more.

Unlike today, yesterday had been gloriously warm, a rare day in late October. Patrick and I had strolled along the water's edge, pulling Murphy in a fat-tired red wagon—the same wagon with which we'd set out on so many adventures—laden with beach toys and a cooler full of tuna sandwiches and cantaloupe chunks (Murphy's favorite). The same wagon that returned, usually after sunset, hauling our trash and new-found treasures—sand dollars and limpet shells, the occasional Japanese glass float, as well as various sticks and smelly things Murphy had collected. Murphy had acceded to yesterday's transport, listless mostly, except for a nose in the air from time to time. Although he had lost fifteen pounds, it still had taken both Patrick and me to lift him in.

Yet Murphy tolerated this humiliation as he had all prior ones: when we dressed him up as a giant hotdog on Halloween, or tied a logoed bandana around his neck when our alma mater played in a big game, or more recently, as we infused him with poison to kill the cancer.

We told ourselves Murphy loved dressing-up in costume, but maybe he just loved having license to bark at the doorbell without reprimand. We told ourselves Murphy loved football, but I think what he really loved was lolling on the couch all day with Patrick and me. And we told ourselves that Murphy would not want to die, but I guess what he really wanted, was to live.

We stopped the wagon at the water's edge. Murphy's silky brown coat glistened in the sun. Patrick and I lifted him out, so that he might dip his paws in the ocean once again. But when we set him down his hind legs buckled, and he collapsed in the shallows. We moved in protectively, flanking Murphy, and in solidarity sat down beside him, dry clothes be damned. I lifted his muzzle and let his chin rest on my knee. As the sun sank lower, gentle waves washed around us. They seemed to approach with caution, but ebbed with insistence, as if entreating Murphy to come away with them. Finally, at sunset, we loaded him into the wagon once more, and headed back to fill his bowl with a meal that we knew would go uneaten.

***

I wonder how long I've been walking. The mist turned to a steady light rain as my thoughts—*distracting companions*—led me all the way to the mouth of the river. Now, the wind is strengthening, gusting at shorter intervals. Dark streaks stain the sky over the ocean, prelude to a storm. I turn around, quickening my pace, and so too my thoughts now turn back to the cabin, where Murphy and Patrick are likely still sleeping. We will need to start packing soon. I feel the pang of melancholy that marks the end of the weekend, the end of every adventure. But this is deeper. Bone deep. This isn't just the end of any weekend, any adventure, but the end that foretells another End—one neither Patrick nor I has yet dared speak about.

The beach has quickly emptied. With a massive blackness overhead soon to arrive onshore, I seem to be the last creature on this lonely expanse. Even the seabirds have headed inland to ride out the storm. But for one. As I approach the access to the dune path, I once again sight the body of the dead gull. It looks peaceful, nestled there in seaweed.

Lucky thing.

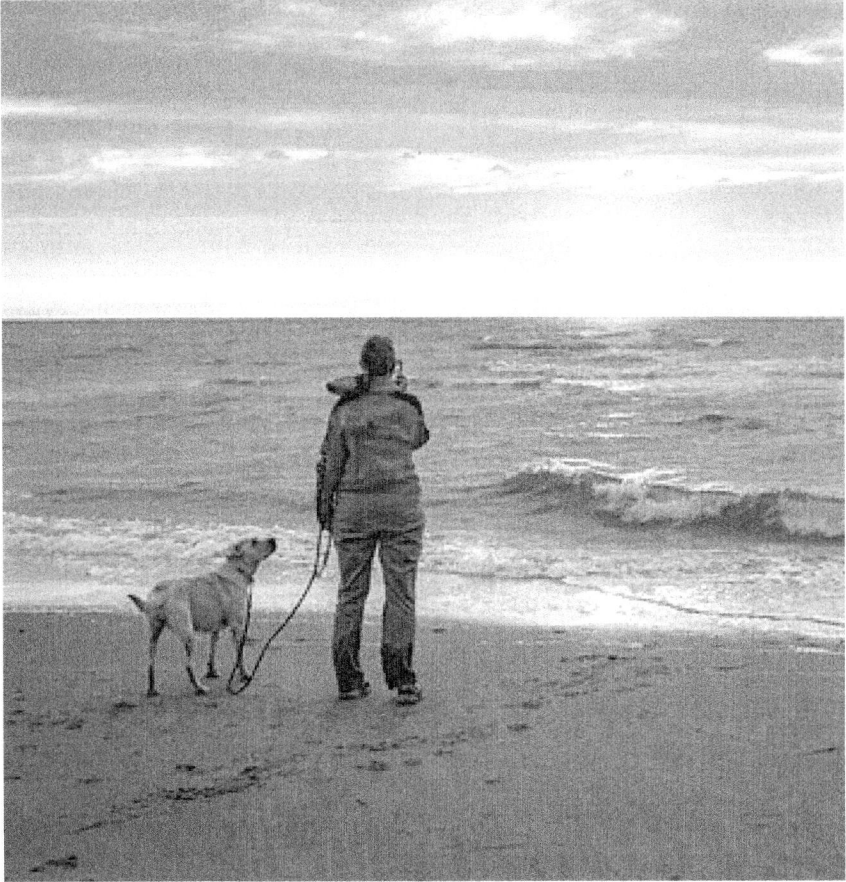

A MATTER OF PERSPECTIVE
by Judy Beaston

We're finally here, and the view from our rented home's large front window is even more intensely awesome than advertised! Deep blue water meets an azure sky, studded today with puffy clouds. No storms, just those passing visitors. A smooth sandy expanse of beach stretches seemingly forever to my right. I can't see its opposite direction, but our vacation rental guide promised hours of tranquility on a never-ending, clean-sand beach!

"I'm ready!" I sing out. But as I turn toward my spouse, thunderclouds darken the scene. "Uh, Jason—what are you doing?"

From his perch on the couch, face lit by his computer screen (against our rules!), he seems oblivious to what awaits us outside.

"Jason..." I gently kick the couch.

He looks up. "Yeah, this place is kicking awesome! I won't have any trouble diving into my characters this week. I can feel it. Can't you? The energy here is inspiring—creativity blossoms in an environment of peaceful tranquility." He smiles. "Just like the owners promised."

I open my mouth to speak, but he's already lost to his story-world, leaving me to wonder if we saw the same website descriptions for this week-long retreat from life.

And what about that? We *did* agree on our mutual need for a 'retreat from life'. Apparently, we didn't agree on what that meant.

To me, a retreat involves leaving regular routines behind—arriving naked and open to new discoveries. No computers. No work.

That's what burned *me* out, anyway—long hours at work on a computer. While Jason has the luxury of working from home as a freelance journalist, I toil to the demands of a dictator. Every day I scramble to please a manager who just shouts orders. Okay, she doesn't always shout, but the burden of long hours and endless tasks drains me.

I pictured long beach walks, napping beneath the sun, and reading trashy beach novels. Dinners would be exotic or simple, and found in town, a mere five-minute walk from the house—according to the homeowners. Add in hiking trails and I'm in heaven.

"Let's go check out the beach, Jason," I try.

He grunts but doesn't stop typing. I go back to staring out the window. A bit of whimper-whine escapes.

"Geez, Krista," Jason grumps. "If you want to explore the beach so badly, just go. You don't need me."

I'm ready to protest, but he's already typing.

***

The beach is everything I imagined and so much more! With my shoes tied and slung over one shoulder, a small beach bag over the other, wide-brimmed hat on my head, I'm ready for the song of the waves and the gulls to replace my inner turmoil.

Sand oozes between my toes as I walk close to lapping waves rushing and departing, never tiring of their role. A game for them and I choose to play, skipping along, laughing. Finally, I stop, face the waves, throw my hands in the air, and breathe deeply.

Calm weaves within—until a big wave knocks me back. Oh, yeah, rule number one: keep your eyes on those waves!

"You okay?" A firm grip on my arm keeps me upright.

Embarrassed, I turn toward my savior. "Yes, thank you."

He steps back and now I'm full-on blushing. His face is... well, just gorgeous! A George Clooney gorgeous.

"Are you staying near here?" Gorgeous George asks.

"Um—yes, back there... somewhere," I stutter. "And you?"

He smiles. "I live here. With my wife and two dogs." On cue, dogs and wife enter the picture.

The dogs dance around us. "They're beautiful! I bet they love the beach."

"They'd be out here all day if I let them." He slips an arm around his wife. "I'm Brian and this is Terri. We own the Kozy Koffee shop on Main Street. Stop by and I'll buy you a drink."

"A rescue *and* coffee. Are all the folks here as awesome as you?"

"Brian's sort of the town greeter, always welcoming new visitors." Terri grins.

"I appreciate the welcome—makes me want to live here!" I reach out to pet the dog leaning into me. "Who's this guy?"

"That's Samson. And this one's Delilah."

I laugh. "Great names. I'll be sure to check out your shop later."

"We look forward to having you stop by..." Brian's eyebrows rise with his unstated question.

"I'm Krista."

"A pleasure to meet you, Krista."

We head our separate ways and I adjust my perspective. Let Jason live in his alternate universe. While I'm here, I'm going to pretend this is my home and live my days fully.

***

After an hour on the beach, I am windblown and hungry. Main Street's shops project a cozy atmosphere which calms me. At the Kozy Koffee Shop, Terri makes me an awesome latte to enjoy as I window shop, adding in a scrumptious-looking blueberry scone.

Near the end of the block, I stop before a community bulletin board. Shock rumbles like bad food in my gut as I read about unsanitary conditions spoiling the west half of the long beach, an area where squatters have invaded, blocking safe exploration even for the locals. '*Join us Saturday for a beach cleanup*' invites a bold poster next to an '*Eviction of Beach Dwellers*' announcement. On the edge of the board is a flyer for *The Jones Brothers* playing country music at Ricky's Tavern on 143.

"At least one bright spot in the community," I mumble.

"Yeah, I know. This place used to be rocking but we all had to adjust after Frank's lumber mill burned down and a majority of the townsfolks lost their jobs."

I look toward the voice and find a curly-haired woman, wearing the creases of a long life but also a friendly smile. "Oh. I didn't know. The information online must be old."

She chuckles. "Possibly, but really, why would we want negative news broadcast to potential visitors—like yourself? The town might be struggling, but the people have adjusted and we're a friendly, welcoming lot despite the challenges."

"Is the beach really not safe?"

"Ah, now that's another story." She taps the cleanup notice. "We rallied, even brought in the sheriff, county officials and probably every resident who loves the beach and town. A few folks are still camped— in RVs—but none are camped on the beach and the trash has been removed."

She shakes her head. "I ought to talk with Sharon about updating this board. But it's also a reminder of where we've been and what can happen again if we don't remain united."

"Wow. I'm liking this town more and more."

"That's the spirit. My name's Val and I've got a shop off Second Street—just a little stationery, books, gifts sort of place—that I run with my daughter." She laughs. "Sorry. I bet everyone you meet talks about their business. I'd love for you to visit, but I really didn't stop just because I own a store."

I smile. "I have met a couple business owners today, but I'm thinking the mix of friendliness and sharing is why everyone loves living here— and your businesses are part of it. Sounds resilient to me."

"That's kind of you to say." She turns to walk away, stops, and turns back. "Community campfire on the beach tonight. Join us!"

With that, she leaves me alone with my expectations—all of them shifting to new possibilities in an otherwise overlooked field of awesome adventures.

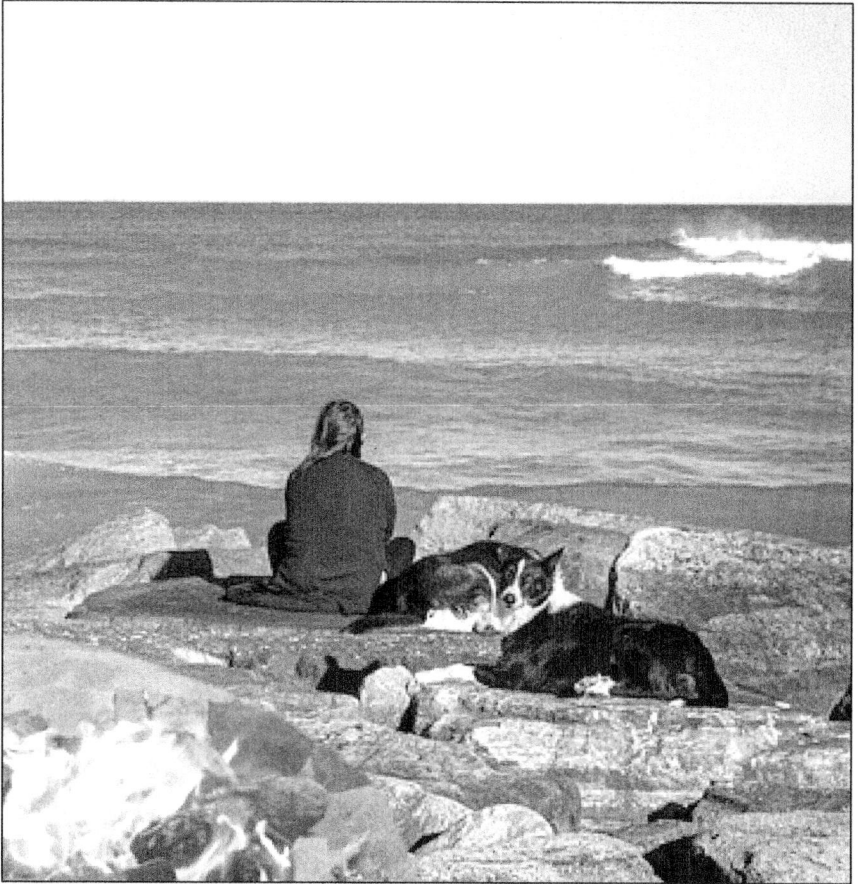

BETH
by David Porter

Beth

This gray, ordinary day
this flat and empty beach
this girl becoming woman
back arched, arm stretched
stick flung for worthy dog
surf hissing around ankles
wind tousling long tresses
scent of sea on each breath
This photo is my sister.
No, is of my sister, gone
now for two years
from beaches and dogs
from surf and wind, from
the simplicity of gray days
and I am left with images
with the sound of her laugh
with the timbre of her voice
with the faint touch of her
blessing on my brow that
last time I spent with her.

WILL WE MEET AGAIN?
by Judy Beaston

Early morning sun erases shadows but not night's chilled air. I zip up my jacket as I hurry toward my bus stop. A jacketless teen, his backpack laden with a sleeping bag, trudges past, and I wish I had a hoodie to give to him.

Distracted, I almost crash into a man staring at a poster on the café window. The poster's new—wasn't there yesterday. Another son missing, parents worried. I pause to read the name, memorize the face—perhaps I'll see him later as I, too, search the city for *my* son, whereabouts unknown.

"Have you seen him?" the man asks.

I look toward the man, note the shadows surrounding his eyes, the weight of grief. "No." I shake my head. "But I'll keep an eye out for him. Is he your son?"

The man nods, sniffs back his tears. "I..." But he can't finish his sentence, only sighs, and turns away, enters the café.

A woman waits for him and he joins her at a small table. I feel like a voyeur, but I can't turn away. That woman could be me, our sorrow a shared thread. The woman looks toward me, then back at the man. He shakes his head, looks down. I'm just another failed possibility.

I want to rush inside, hug them both, share their burden. But I must hurry if I'm to catch the bus which I now see nearing my stop. I dodge a woman pushing a stroller, reach the side of the bus as the doors are closing.

Frantic, I bang the hard metal. "Wait! Wait!" I double over, breathe ragged breaths, gratitude swimming through my mind, as the bus doors begin to open. "Th-thank you."

Another late arriver pushes past me. I scowl but she's already inside, and I simply follow, show my transit card, turn toward a sea of mostly down-turned faces. A few glare at me, me being the one who might make them late for work or an appointment. Do they wonder if I will accompany them and explain to their boss why I'm at fault, and to please not fire this person who needs this job?

Back of the bus, where pungent odors from homeless riders mix with stale smoke emanating from teens who should be in school. Or working. But who am I to judge? Have I traveled a virtuous road getting here? I slide onto the only available seat that seems halfway clean. I'd love to settle back, close my eyes, drift away from today's journey. Is that what these kids back here, riding the wheels of the bus, are really doing?

But sleep brings nightmares. Drifting off raises anxiety. No safety here. I'm sure of it. My alternative involves breathing mindfully, focused on each inhale and each exhale. Noticing when my heart calms its frantic drumming.

"Hey, you, Miss."

A voice assails me from across the aisle. I jump—inwardly—outwardly I remain like still waters. Then I turn and present a half-smile, slight nod. "Yes?"

"You got a cig to share?"

"Or something better," a different male adds.

Laughter follows—low-key, but it rides around the wheels of the bus.

Sometimes I think my silver-streaked hair provides protection. Or gullibility.

I smile. The snide Ego part of me wants to snap out a query: *why aren't you in school*? Instead, words rise from my center. "As it so happens, you're in luck today."

I reach for a pocket on the inside of my jacket and pull out a small tin that once held little mints. "A Shaman gave me these. I need one for later, but I can let you all share the other one." I hold up what looks simply like a rolled-up joint. It's more than that, of course, though not enough to wreak havoc on the newbies next to me. They'll relax, laugh, feel kindness toward those around them. For a moment or two. For longer perhaps. If only it could change them and the world forever.

"Hey! C'mon, lady. There's five of us and only one of you," whines a red-haired boy, face acne-scarred, teeth fitted with braces. He doesn't belong here, and I feel a desire to bring him home where I might remind him of how special he really is inside. His potential. All that I wish I'd been able to do for my son.

"Chill out, Brent," the initial boy chides. He seems like the alpha male of this group, a leader of discipline laced with kindness is my guess. "Thanks, Miss. Though he is correct about there being five of us. Two of 'em are waiting at the park."

For him, I waken a loving smile, imagine my son growing up into this man-child, and I nod my understanding. "These are meant to be used in a circle of friends. Passed around. No single individual could consume one by themselves."

"What will you do with the other one? You're only one person." Again, the whiny red-head, Brent, chimes in.

The first boy appears ready to speak and I hold up a hand. He hesitates and I respond for both of us. "Brent—that is your name, right? Brent, I do not mind you asking questions. That's how we learn. And I will answer you that I will be meeting friends and certainly will not smoke this last gift all by myself. That would waste its deepest benefits and dishonor the Shaman who gave them to me."

I turn to the first boy. "Do tell me your name, so I might remember you when I meet my friends."

"Jamal."

"Thank you, Jamal. My name is Cerise." I stand. "This next stop is the park, is it not?"

"Shit, yeah! C'mon Brent, Jason." He gathers his belongings in a rush, then turns to me. "You're a strange one, Miss—Cerise. But a kind one and I do thank you."

And then they are gone. I sit back down. I don't want to meet the other boys, or girls. I'll exit on Fifth Street and go to the camps below the park, nearer the river.

My son won't be here, though I'll ask anyway. My friend Julie told me he'd left the area. Running from trouble was what her Tarot reading told her. Julie is a medium and spiritual coach. The last of the three times I'd begged her to connect with his spirit energy, she'd wrapped her arms around me and said, "I'm sorry, Cerise. He doesn't want to be found."

But that doesn't mean *never*, right? In time, he'll come home, or Julie will connect with him. For now, I visit the camps, help the other boys who've lost their way. This comforts me and maybe helps them a little. However, only time will tell if my son survives, and I get to be with him again.

Photo Credit: David Porter

DEAR HUSBAND,
by Robin Skinner

Dear Husband,

On a branch of the buddleia
an empty chrysalis hangs
reminder of a life enfolded
and now flown.

A tear escapes my silence
and you encase me in your arms
but all I feel
is my own empty husk.

No butterflies to whisper past our cheeks
or brush across our fingers—
their colors dancing bright
beyond our reach.

When you are gone,
who will hold me in their heart
like you held me in your arms
when we went seeking butterflies?

TONI
by Jessie Collins

Dogs were not a part of my life when I was young. We always had a cat, and cats are still great favorites with me. As a child I would cuddle any cat, but if I was alone I would cross the street to avoid walking close to a dog.

Things changed as I grew up. I was a mother of three when my eldest child began to plead for a 'woolly dog'. I wasn't sure about this at first, but my husband persuaded me that it would be good for the kids to have a pet, and a little poodle would be nice. Into the family came Toni, a small and cuddly black poodle whom I soon learned to love.

I was just as glad as the rest of the family to have this bright and bouncy pet in our lives, but I really didn't know much about dogs at that time. Toni was clearly happy to be living with us, but I wondered whether his apparent affection for us all was real or just a response to the happy life we gave him. Then something happened that answered my question.

My parents were visiting us, and one afternoon we all went into town. Toni came with us on his leash because we planned to go on into a local park after we had finished our shopping. He was quite amusing. Every time we stopped at a shop, he pulled on his leash to walk around our group, nodding at each one of us. The kids said he was counting his sheep!

In those days, I was tall and dark haired, and I had dressed in a dark blue trouser-suit for our shopping trip. I popped into a shop, leaving the others outside. I was told afterwards that Toni was anxiously counting his family and wondering where I had gone. Another lady walked up the road. She was tall and dark haired and wearing a dark blue trouser-suit. Toni rushed towards her, bouncing up and down and yapping. Suddenly he stopped, shook his head, and plodded back to the family.

Then I came out of the shop. Toni ran towards me, looked me up and down, and then bounced around and tried to climb up into my arms! For the rest of the afternoon he stayed close by me.

It was evident that, having mistaken the stranger for his 'Mum', he was making sure that didn't happen again. I knew now that Toni loved me for myself and not for the good things that I gave him. I learned on that day that one of the characteristics of most dogs is the love they have for their families.

WE WATCH AND WAIT
by Judy Beaston

His was the gentlest of seeds
planted with love in fertile soil, encouraged
by Mother Nature, nurtured from the heart,
attended by fragrant breezes,
protected like a prince, nudged

by older brethren when his first bud
rose against a frosty morning, struggled,
persevered until sun's warmth
and night's bright stars, quiet moon
swathed him with love.

Grown some, though yet young, tenuous…
storms rose, strangled his terrain,
propelled hail, debris, fierce
winds intent on thwarting survival.

We watched as time passed,
wondered and hoped as snows
coursed, their ice-laced edges
leaving scars on his thickening trunk.

Time would reveal, we all knew,

seasoned essence of this once-gentle seed,

yes, only time's relentless strides

capable of telling all

if my son's tender heart thrives.

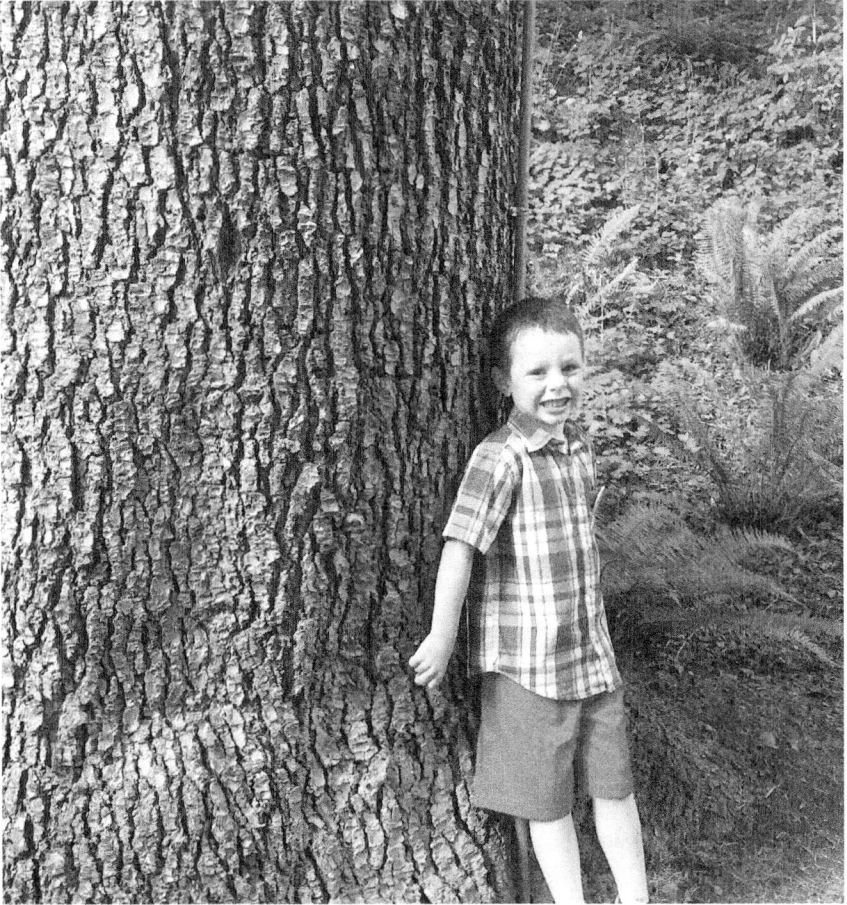

Photo Credit: Mary Edmeades

GRANDDAD
by Jessie Collins

My dad always thought of his father as a very stern parent, and with good reason. He and his younger brother both had memories of times when their father would 'take off his belt to them'. Any infringement of his strict rules would result in a few strokes of that leather belt.

When Dad was 11 years old, he was entered for the scholarship examination that would grant those who passed a free place at the local grammar school. Dad had a brilliant memory, and he had gained first place in all Lancashire when the results were published. Delighted, he rushed home to tell his parents the good news, but far from being pleased at his son's success, his father told him that he would not be going to 'that posh place'. The headmaster of the elementary school went to see him and begged him to allow his brilliant son to take up the place he had won. Next came Uncle Charlie (his father's brother), who was a local headmaster. He offered to pay for the books and school uniform that would be needed. Both these people were informed in no uncertain terms that his boy would have to work hard for his living and would not be allowed to get any 'fancy' ideas from that school.

Dad had to carry on at the elementary school until he reached 13 years old, when he went to work in a cotton mill. There were many of these mills at that time in the town where the family lived. They were large buildings with several floors full of heavy, noisy machines for spinning raw cotton into thread of various types and making sheets, towels, and cotton garments with those big spools of thread. Dad worked there until he joined the army in World War I.

It was some months after the end of the war when he was discharged from the army and returned home, having just passed the necessary exams to become a policeman. Once again, his father put a firm foot down on his ambitions. Because Dad was not yet 21, he needed his father's permission to enter the police force, and that permission was not forthcoming. "Get back in that mill," he was told. One year later, having reached the required age, he applied again, but a year in the humid atmosphere of the mill had affected his health, and he failed the medical exam.

It was several years later when the opening of a dairy in his hometown gave Dad the opportunity to get outdoor work as a milkman, and this improved not only his health but also his prospects for advancement. He eventually became deputy manager of the dairy. By this time he was married, and I was on the scene.

I had inherited Dad's brilliant memory, and when I was entered for the scholarship exam I did just what he had done—gained first place in all Lancashire. My parents were as delighted as I was, but I was anxious to tell my grandparents about my success. It should be noted here that time had mellowed my granddad quite considerably, and I loved him dearly. When I spoke of going to see Grandma and Granddad to tell them my good news, Dad said I must realize that Granddad didn't like grammar schools and might not be pleased.

Having assured my dad that I wouldn't be upset if Granddad wasn't interested in what I had to tell him, I went off, quite sure that there wouldn't be any trouble about it. I was not disappointed. The granddad I knew was quite different from the very strict father my dad had known. He beamed at me, gave me a kiss, and said in his old-fashioned dialect, "Tha's done well, lass."

Granddad had been an atheist all his life. He refused ever to enter a church, not even for his son's wedding. When he became seriously ill, a year after my success in the scholarship exam, he was admitted to hospital. Very soon the family were told that he would not recover. Dad went to visit him, and he told Mum and me afterwards what had happened. He said, "We talked for a bit, then I took a deep breath and asked my dad if I could pray for him. He opened his eyes wide, looked at me, and gruffly said yes. I prayed, asking God to forgive that lifetime of atheism and receive him into His Kingdom. When I had finished, he patted my hand, sighed, and said, 'Thanks, lad. I needed that.'"

Time had wrought a great change in that strict and stubborn man. I mourned him and still remember him as my lovely Granddad.

Photo Credit: Alena Darmel, Pexels.com

WHEN YOU RETURN
by Judy Beaston

I walk to the edge of town every morning, before sunrise, intent on catching nature's first kiss, perhaps an energy-enveloping hug, a promise of my son's safe return home. Every morning, as shadows fade into purple haze—distant ridges framed by a quickening shift to the day's dawning music—I wait. For a sign? Perhaps. Though what I most notice are nature's notes, varying from minor solemn intonations to rousing thunderous bravado. Birdsong connects on some days, remains silent on other days, as if in reverence of passages meant only for the first flush of daylight.

Would you even arrive, my dear son, unannounced, like a mirage coming to life in those first rays? I am a fool, according to Mabel and Tori. Perhaps. War is such a strange alien master, stealing our children, our husbands, our wives. Stealing too many from their promising futures. A piecemeal dismantling of nature's preferred harmonious symphony.

My return home is always filled with songs my son loved, even the rap music rekindles its energy in my head.

"Again, Serena?" Louisa wraps me in a comforting hug as soon as I reach her front gate. "And how was the sunrise today?"

"Peaceful." Yes, though she was thus only for a moment and will not remain thus for all day. "What news of the war?"

Louisa looks to the sky. I follow her gaze skyward and together we watch a flock of geese honking their way to the north. "Summer soon. Time for an end to turmoil."

"Is that what you heard or what you wish?" I reach out to her because she listens often to the news while I side-step its incessant tug.

She sighs, deep longing in her exhale. "My wish. My desire. My prayers. Do they all go astray, reach some planet that isn't ours?"

Her question tickles my heart. It is laced with both sorrow and humor. "I think maybe another planet is recovering and renewing harmony among their inhabitants, Louisa." I reach up to touch a soft pink blossom on the tree next to us. "If only we could all embrace softened perceptions of one another here—now."

"If only."

We share this moment of morning silence, each lost to our own secret thoughts, prayers, sorrows. A silence disrupted by the arrival of Jacob, a neighbor's son, a son still too young for war's demands, who instead helps on his parents' small farm.

"Good morning, Jacob. What have you for us today?"

"Eggs and a special extra today—fresh churned butter. And," he reaches into the bag on the back of his bike, "fresh bread Mamma made last night."

"Oh, my goodness! What a treat! Today is already brighter for me. Thank you, Jacob." I take the items from him.

"This is too much, Jacob. Thank your mamma for us!" Louisa hugs the bread to her bosom. "The fragrance wakes a hunger in me."

Jacob smiles. "I will let Mamma know you are pleased!"

He heads away, more deliveries to make.

"I will gather herbs today and take them to Jenna." I turn toward my home, which is next to Louisa's. "Will you join me in the hunt?"

"Yes, that sounds perfect."

***

Spring herbs are more sparing than those we will gather in a few weeks, but we collected dandelion greens, yarrow, and even some daisies.

I'm excited for our visit to Jenna's farm. Times have been hard for her family. The war called for both her husband and oldest son, Jeremy. Neighbors have been helping her with everything that needs doing on the farm, as best we all can. The town's men who are too old for war but able to work a plow, helped plant seeds and will help with harvest. Unless war ends its relentless discourse.

But as I approach today, I find that a crowd has gathered, a strong sense of sorrow exuding from them.

I hurry forward, Louisa running to keep up. "What happened? What happened?" My throat tightens, fear of the worst news *I* might receive already laying wreaths in my heart.

"Liam has been brought home," our friend, Tori, whispers. "Without legs."

"Oh!" My heart constricts. "No!" A life in our farm community without legs? But is it not better that he is alive? That he is home?

"And there is talk of many deaths. Liam cannot name them. We are all worried for our men."

"Come." Louisa beckons all of us to hold hands. "We must pray for their safe return home, for peace and harmony. For an end to this senseless war!"

We sing, chant, pray out loud and silently as the sun rises higher and hotter above us.

Finally, we part and slowly everyone heads for their homes.

"Is a happy ending possible for this story?" Louisa asks me.

"I want it to be so." My heart's desire for happy endings is the thread I hold on to, the one thread keeping the fabric of my life from disintegrating.

But the war continues, and the sun sets without resolution. In the morning I will rise early and walk to the edge of town. Perhaps I will pick daisies on the way and lay them by the big oak tree beneath which I stand to await my son's return.

Daisies by Pati Burraston

REACH FOR THE STARS
by Karin Krafft

Reach for the stars

They said

But my legs were short

And my arms weren't long enough

To reach them

And it made me sad

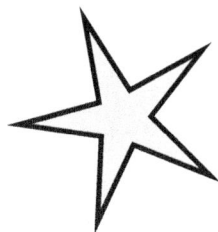

Reach for the stars

They said

As I was struggling to stay upright

In my tight ballet shoes

But I was tired

And didn't want to

Reach for the stars
They said
As I was starting university
Which meant I should follow
Their dreams
Not mine

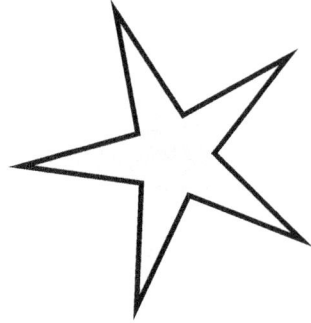

Reach for the stars
They said
As I started my career
And I knew what they meant
But it was my choice now
And I was happy

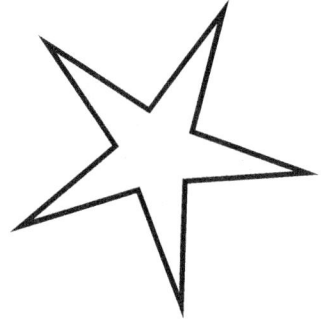

Reach for the stars
They said
As I brought a potential boyfriend home
And the message was clear
He's not good enough
And I was mad

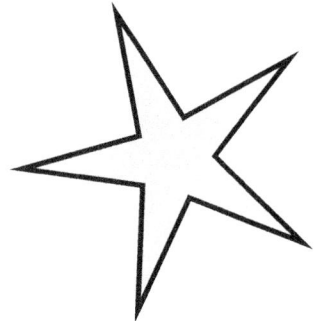

Reach for the stars
They said
When my son was born
And they had mapped out
His entire future
But I wouldn't let them

Reach for the stars

They said

My entire life

But I no longer need to

I see them

In my grandchildren's loving eyes

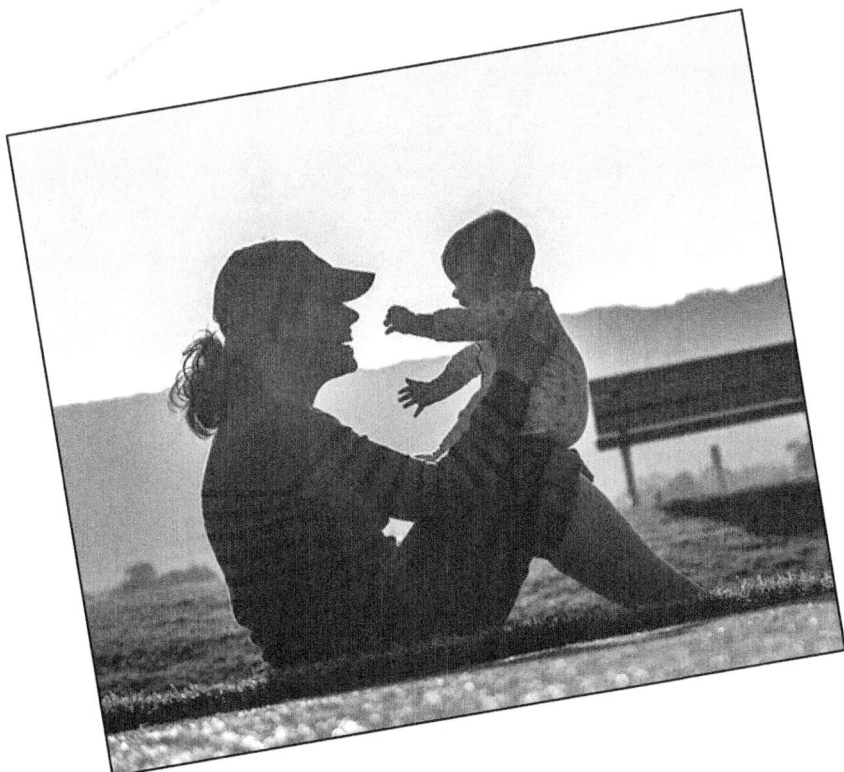

SPIRIT BEAR
by Jean Harkin

White as dancing snow she comes

Parting the curtain of spruce and fir

Along with a tan-white copy of her.

They dash, crunching needles and red alder leaves

To reach the tidal-rushing stream

Where salmon and seaweed and halibut team.

Mother Bear plunges, cub bounces and lunges

Then—a flash of pink, a shake of fin

And the catch arrives in her mouth.

The pair shambles back to the woods

To nurture themselves and the rainforest both

With flesh and bones for future growth.

Panda of Canada, they call the White Bear
Honored by her black kin, sacred to the Kitasoo
She is private and capable, showing no fear.
As we wait with cameras to capture a view
They return to the river and, seeing our boat,
She stops, looks us over, then onward they go
To a side pool with rocks, climb up, sniff the air;
She drinks us in and knows what we are.
Of our purpose unsure, the two disappear.

If you take off the fur, the bear is a person
So says the Kitasoo's storied tradition:
A woman was carried off by a bear
She thought was a man, and they married.
Their young of a race—part human, part bear—
And one born with lovely silky white hair.
This was a trick white Raven pulled off
After playing with fire singed his wings black.
A deal was then made with black bears in a pack
That some of their tribe would be white.

Magical, mystical woods are alive

Land, sea, and air pulsing with life

And the reigning spirit of the White Bear.

Her nurturing wisdom gathers us here

With a feeling of peace, a sense of ourselves

Encircled as part of the whole.

The eyes of the White Bear hold us

When she returns with her cub to the river.

We look, we commune; we are one with the forest,

The bears, birds, fish, the sea, and the river.

We love each other, the Kitasoo, and our earth mother.

DETERMINED TO GROW THINGS
by Jessie Collins

My father was always interested in plant life but didn't get the opportunity to grow things for himself until he, my mother, and I moved into a house with a paved yard at the back. The yard wasn't very big, but it did contain two flower beds. Dad seized the chance to make these neglected flower beds into things of beauty. He planted daffodils and narcissi to make a spring show; followed them with lupins, stocks, antirrhinums, other summer-flowering annuals, to make a varied show year by year. The autumn brought dahlias, of which he was very fond.

Then came World War II, and the government encouraged us to grow vegetables to improve our diet, which was restricted by shortages brought about by the war. Many stretches of open land were requisitioned, to be divided into allotments for the use of people who had little or no space around their homes in which they could 'Dig for Victory', as the posters told us. One of these pieces of land was just across the road from where we lived, and residents were invited to apply for an allotment if they were able to make good use of it. Dad hastened to apply and was very pleased with the allotment which was allocated to him. Our neighbour was one of Dad's friends, and they were soon vying with each other as to the quality of their produce.

Horse-drawn vehicles had been disappearing from our streets, but petrol-rationing brought horses and carts and horse-drawn vans back amongst us. The horses, of course, relieved themselves whenever they felt the need, and the resultant manure on the roads was much sought after by keen gardeners to enrich their soil. My mother was keen to support Dad's work by collecting as much manure as possible for our allotment. She had a bucket and shovel ready by the front door and always one ear open for the sound of horses' hooves. She would watch closely and dash out promptly, sometimes before the manure had hit the ground! Neighbors sometimes got cross because they were too late on the scene, but Mum just laughed and said, "You've got to keep your eyes open and your bucket ready!" Dad was always pleased to make good use of all that she collected.

Dad grew lots of potatoes, carrots, cabbages, and cauliflowers, and sometimes a few beetroots as well. In the summer he would add salad greens to his list. I was pressed into service as his assistant, but I can't say I liked it very much. I hated the worms that wriggled around in the rich soil. My chief job was to pack small selections of vegetables into paper bags and take them round to neighbors who didn't have an allotment. After the war had ended, the time came when the area of allotments was needed so that houses could be built for returning members of the armed forces. Dad went back to growing flowers in his back yard.

Years went by, and I got married and added three grandchildren to the family. We decided to buy a static caravan[1] close to the seaside, where we could spend lots of weekends and holidays. My husband, with 'help' from the kids, laid a paved path along the side of the caravan where the two doors opened. Then he rejoiced Dad's heart by digging a small garden in front of the path. Dad was delighted to be taken to a local garden center to choose the plants he wanted to grow. He had begun to take an interest in gladioli and was happy to have a few of those in his garden. After Mum died, he came to live with us, but he always spent the summer months at the caravan park and enjoyed tending his garden.

When we moved in retirement to live by the sea, Dad was no longer able to do much in the garden, but he enjoyed sitting out on the patio and looking at the flowers. He managed to help a bit with the care of his favorite gladioli. As he grew weaker near the end, we thought he had stopped thinking about the flowers. It was autumn and time to lift

---

[1] A static caravan is like a small manufactured home, a vacation home on wheels, that is transported to and then left in a vacation spot where others will bring their tents and RVs.

bulbs that wouldn't survive the weather and put them to rest in the shed until the spring. One morning, a feeble voice came from Dad's bed. "See to my gladdies, Bernard. It's time to lift them."

He was a gardener to the end.

Gladiolus Photo Credit: Mary Edmeades

A GARDENER'S SON'S LAMENT
by Von Pelot

All of my pals are at the beach

Watching girls in bright bikinis

For me such joys are out of reach

I'm in mom's garden picking zucchinis

Into a life of misery was I born

Denied a summer of fun

I'm now on the front porch shucking corn

Under a blazing hot sun

My buddies do whatever they please

I didn't get that kind of break

My days are spent shelling peas

Or wielding a hoe and rake

I feel I'm punished like a felon

While my friends romp and play

I'm bending over a watermelon

Pulling the weeds away

It looks like my whole summer

Will be spent in sweat and toil

It is just a real darned bummer

Coaxing vegetables from the soil

Wait a minute, what's that I hear
My mom saying time to stop son
Then she speaks words so dear
Go join your friends and have fun

Gosh maybe some of the thoughts I had
Were a bit of an exaggeration
It looks like this summer won't be so bad
It might be a great vacation

Photo Credit: Nataliya Vaitkevich, Pexels.com

FRUSTRATION, THY NAME IS WEED
by Zita Podany

Weeds

So many, so deep.

All over my yard.

Did not water them.

Weeds

So tall, so strong.

All summer long.

Did not water them.

Weeds

So green, so healthy.

Despite all attempts

To not water them.

Weeds

In all that drought

They thrive.

The only green

On a lawn so yellow.

LITTLE JOHN'S GARDEN
by Karin Krafft

Little John was fighting tears as he saw the mess in Dad's little vegetable garden. The critters had visited during the night again to feast on his vegetables. And you could barely see the paths between the plants. *What is Dad going to say when he comes back?*

John had solemnly sworn to take care of the garden—and Mom—while Dad was away. And now the little patch was almost completely destroyed. He wasn't sure where Dad was, but Neighbor George had said "your dad is away saving the world." Every time he asked Mom about it, she always said the same thing. "Don't you worry, Little Man. He'll be back before you know it."

Even though John was only seven years old, he could tell from Mom's face that she was worried and also very sad. He had seen those sad brown eyes last time Dad was away.

"Hey what 'cha doing, Little Man?" John saw Neighbor George peeking through the little opening in the fence.

"Hi Neighbor George," John responded. "I'm just trying to take care of Dad's garden while he's away, but I'm not doing a very good job. Almost everything is destroyed by the critters."

"Oh, those pesky critters again," Neighbor George said. "They are a nuisance. Do you want help?"

Even though John did want help, he couldn't say so. He was the Little Man of the house while Dad was away saving the world. He hoped Neighbor George hadn't seen the tears escaping his eyes; he was trying so hard to be a big boy. But how was he going to fix this? He just wanted Dad to be proud of him.

"I'm sure you'll figure it out, Little Man," Neighbor George said, "but if you need help, just holler and I'll be right over."

"Thank you," Little John responded. His dad had told him always to say thank you when people offered to help you, even if you didn't need their help. When Neighbor George left, John walked around the patch 'observing', like he'd seen Dad do, nodding his head here and there, pointing and mumbling. He put all the pulled-up plants in the little bin that was by the patch. Like Dad always did.

"Dad, please, give me a sign," John said looking up at the sky as he'd seen Mom do. "I really need your help." But nothing happened. Discouraged he walked inside the house to the kitchen where Mom was preparing supper.

"Are you okay, Little Man?" she asked and stroked his curly blond hair.

Her eyes were still sad, so he quickly replied, "Yes, ma'am, I'm fine." He'd heard Dad say that many times, so it was probably the correct response for the man of the house. He didn't understand why Mom chuckled, but at least her face looked happy for a little while.

Early next morning, John ran out to check on his vegetables. "What?" he said out loud, when he saw a large scarecrow in the middle of the patch and noticed the rows between the vegetables looked nice and even. He ran inside as quickly as he could, screaming, "Mom, Mom, where are you? Did you put up that scarecrow in Dad's garden?"

"A scarecrow?" his mom said. "No, definitely not me. There's a scarecrow there?"

"Never mind, Mom," John said, and ran back outside.

"Hey Little Man," Neighbor George said through the fence hole, "your garden is looking good. What have you been doing? And nice scarecrow. How did you do that?"

"Well, I didn't," Little John replied. "It was there this morning when I got here, and the rows are all nice and even. Well, I did ask Dad for a sign yesterday, but nothing happened. Do you think Dad heard me? I'm asking you man to man," John continued, as he'd heard Dad say to Neighbor George and other men as well.

"Yes, I'm pretty sure he had something to do with it," Neighbor George replied, very seriously. "Just keep doing what you're doing, and your dad is going to be so proud of you, Little Man."

Beaming with pride, John went inside to tell his mother what a great job he was doing in Dad's garden.

"I knew you would," his mom said, adding, "I'm so proud of you, and Dad will be too."

Every morning, John ran out to the garden to check on his vegetables. He walked around the narrow paths, with his hands behind his back, like Dad did.

"Thank you, Dad," he said every morning, looking up at the sky.

One day he noticed that his tomatoes were ripe, and they smelled really good. "Not like store-bought tomatoes," Mom used to say. He picked three of them and ran inside to Mom. "Look Mom, we have enough tomatoes for a salad tonight."

"Wow, John, good job. They smell delicious, not at all like store-bought tomatoes."

John beamed with pride.

"Your dad is going to be so proud of you." His mom pulled him into a big hug.

"Well, I'd better go outside and check if anything else is ripe," John said and skipped outside.

"Hey Little Man, good job on the tomatoes." Neighbor George called to him through the fence. "And it looks like your other vegetables are coming along just fine. Soon your garden will be full of tasty vegetables."

"I hope so," John responded. "I'll be starting second grade soon, so I won't have much time for the garden then. And I do want it to look perfect when Dad comes back from saving the world."

"Just keep doing what you're doing, and you'll be fine. And I'm sure your dad will be so proud of you."

"I sure am, Little Man." John heard a voice behind him. It sure sounded like Dad's voice. But could it be? He quickly turned around and ran into his dad's arms.

"I'm so proud of you my Little Man. You've taken care of everything while I was gone, just like you promised. And the garden looks perfect. You've done such a good job, better than I ever did."

"Thank you, Dad, I did my best."

"*Thanks, George.*" John noticed Dad mouthing to Neighbor George, but he didn't understand why. What had George done? Maybe he was thanking him for talking to John man to man. Yes, that was probably it. But he didn't care. Dad was done saving the world and he was home. And he was proud of John. And Mom's eyes would be happy again.

Photo Credit: David Porter

MORNING GLORY
by Robin Layne

In nearly every social situation in my life, I used to find myself a misfit. There are various reasons for this, some which I have yet to discover, but whatever the causes, I have often felt unloved.

One summer vacation, I was feeling worthless—that I didn't love as I should. I wondered if I even loved myself. I would take flowers from the kitchen table vase and pluck off the petals one by one, saying, "I love me... I love me not..."

In church on Sunday morning, I heard the voice of God inside me saying, "I love you." I knew God loved me. But was that really enough?

I left church early and stood out front, thinking of things I had heard inside. I bowed my head in shame.

God said, "Open your eyes."

In front of me grew a single morning glory. It had just one petal all the way around.

God said, "I love you."

It was enough.

Previously desktop published in slightly different form in Enlarging the Tent: Poetry and Prose, by Robin Layne, 2000 and 2011

Morning's Glory, by Robin Layne

A LETTER TO MY MOM
by Joe Mendez

Thank you, Mom, for all you've done for me.

I am the person I am today because of you.

You led by example and you taught me how to pray.

You taught me to forgive and to always pray for others.

You taught me to always look for the good in others and
to immediately forgive them when they hurt me.

You showed me, again by example, to take my hurts, my
successes, my failures, my concerns, everything to Jesus
in prayer.

When you thought you were alone, I would find you in your room on your knees, and, as you got older and it became harder for you to pray on your knees, I would see you sitting on the edge of your bed faithfully reading your Bible.

I would watch you for just a moment, and after you finished reading then you would carefully place a piece of paper into the section that you just read from so that you wouldn't lose your spot. Then you would place your Bible on your nightstand, sort of sit up, and start to pray for all your children.

Thank you for your gift of Prayer. I miss you and I love you. Your son...

Joe

DAY FOR YES: REFLECTIONS ON GETHSEMANE
by Robin Layne

Entrance to the Depths of Hell, by Robin Layne

I lay prone on the ground in prayer, that night in the olive grove. Open to me yawned the slimy, thorny entrance to the depths of Hell... open to yes or no.

I had said ahead of time that I would lay down my life, be crucified, and rise again (though no one on earth yet listened or understood), but at that hour my will was drained of all strength, at the doorway to ultimate tortures. All promises fled. Pressured on all sides, I was so close to death I could fall right off the precipice and depart prematurely. As much as the oppression hurt, such a death would have been so much easier!

"Abba! Father! If it be Your will, let this cup pass from me. If there's any other way…"

Isaac was spared from death at his father's hands; Abba sent an angel to stop Abraham, and a ram to offer in place of his son of promise.

The angel sent to me didn't spare me but strengthened me.

I am my Father's Son of promise.

I am also the sacrificial ram.

"If there be any other way…"

I am the way.

"Must I go through the unspeakable?" Any surprises for me? Would anything save me?

My people, you say I died for you. You say it so easily, and to all. It's true I did. But in that hour in Gethsemane, when my blood pressed out of my pores like oil from the olive press, it was not to you I looked for possibilities. You were the horror I faced. All your sins, abuses, neglect, rebellion, and sicknesses lay before me. I saw no comfort in the load I was to bear—only in the love of my Father.

If it were all about you, or even you and me, it would not have been enough. Don't you see? Without our Father in Heaven, all would be meaningless.

When the Devil tempted me, three years earlier, he offered me the world and all its kingdoms—the right to destroy all wrong, and all suffering, including my own. He offered me every one of you, hands off. He would no longer deceive you into refusing Our best. All that for one price: to one time acknowledge him, instead of Abba Father. His temptation reeked with that fatal snare.

I always worship the Lord my God. Him only will I serve. "Father, You can do anything—even save me from this fate."

Love is not a feeling. That is one way you have been deceived. Love is a decision and action. I always do what I see my Father doing. That night, no sweet sentiment shone in His eyes. He picked up the bitter cup of your evil. His answer to my prayer: *No.*

No rescue for me. Only the door to pass through.

So *my* answer to His will: *Yes*.

For without my Abba, I would not be *me*. This is who I am.

I am the same yesterday, today, and forever. My answer to Him is always yes.

Locked into love with the nails in my flesh, I would not say no to you. You waited on the other side. I suffered through what you couldn't endure, so you wouldn't have to try.

You are the gift I paid for. Now you have the choice. Will you answer yes to *me*?

I will never lie. There is a cross for you as well. But I will always be with you. Will you share the yoke with me? It will be lighter for you.

I'll share my eternal inheritance with you. You are the joy set before me. Every day you will be at my side.

My answer is always yes. But you don't know how many days you have left to choose. If you say yes... I will put my love in your heart, and you will love Abba, too.

Today is always the best day for *yes*.

THE FATHER I NEVER KNEW
by Joe Mendez

The father I never knew drank every day and walked away.
He never bothered to ask about his son. He was always on
the run.

First days went by, then months, then years then I stopped
wondering why, about the father I never knew who drank
all day and then walked away.

I was angry with growing up because he never told me he
loved me. But when he died, I was angry with myself
because I never told him that I loved him.

EYE ON THE SPARROW
by Robin Layne

I Am Loved Pin, by Robin Layne

I spent two weeks in hospital isolation. Days and nights blurred together, filled with diarrhea, helplessness, and weird TV, like horror shows I sometimes thought held some reality. Doctors and nurses kept coming into my room asking, "Who's the President?" "What day is it?"

On one of those numberless days, a woman called and said I had been accepted into a rehab program. My ride would come at 9 in the morning.

When the Uber van came, I was glad to leave that quarantined cage.

I've now been at this COVID rehab center for one week. I don't know if I can sleep. I'm too excited. Tomorrow, I'm going home.

I take a deep breath. The residual pain in my lungs is easily bearable. The virus has run its course. I remain in this world for a reason. *Thank You, Lord! I know I still have much to do as an ambassador of Your Kingdom.*

My small pink *I am loved* button lies on the bedside table. Jesus gave His life out of love. I actually feel His love for me, because He's long been part of me. My Bridegroom!

I hug my pillow. I'm not alone.

I nod off in His embrace…

A woman sobs in a room across the hall. "Please!"

What does she want?

My throat is parched. I grab my water bottle and slurp. Must hydrate continually.

The woman wails.

Taking my last sip, I pad up the hall.

"Oh…" I hear. "Oh… Why do I have to have COVID?"

Lord, please help her!

Not knowing the name of the woman I'm praying for, I dub her 'Mara', meaning bitterness.

"I don't want to die!" Mara quavers like she's in hell.

Isn't everyone here on the mend?

When I reach the front desk, I hold up my sippy bottle.

Angel, a male nurse, pours cold water from the plastic spigot. Then ice tumbles in, cooling my face.

"Thank you!" The first swallow lights my lungs as it goes down, making me glow inside.

But the woman down the hall isn't glowing.

I point. "A patient down there's having a really hard time."

Angel and a female nurse visit Mara. I can't make out any words. I text two friends, asking them to pray for Mara.

The nurses walk out. Angel shakes his head.

I want so badly for Mara to have peace!

"I can't take it anymore!" she cries out.

Does she know God hears her? How would she know unless she perceived His presence?

God, show her a sign! Why don't You comfort her?

I break down, sobbing.

God always answers my prayers.

Doesn't He?

"Heavenly Father..." I look upward. "Jesus promised You'll give us whatever we ask for in His name. But—so much I ask for is met with silence. I believe Your Word. Where am I lacking? Yes, I've heard the answer can be no. But that's not what Jesus said."

I cover my pillow with tears. "You promised!" I say aloud.

***

As the night wears on, my excitement about going home is still dampened by Mara's complaints. There's no excitement for her, only terror.

She groans, "Why me?"

Her words twist my heart.

Why am I bawling so hard?

The heartache is too deep to be my own. It comes from the holy place, where Jesus once took my heart of stone and replaced it with His own heart of pierced flesh.

"Oh, Jesus! You knew why You were to suffer. Mara doesn't."

"There's a more crucial difference, little Sparrow."

I warm at the tender way He says my name. Not one sparrow falls to the ground without our Heavenly Father.

As He shares my sufferings, we're being healed together. Many wouldn't understand. They'd say Jesus is up in Heaven, perpetually perfect and whole. True. But He's also here, closer than I am to myself, miraculously a part of me.

"I had a choice," He breathes. "No one asked this lady if she was willing to catch COVID."

My heart pounds. Our dear Mara is on the *Cross*!

"Oh, Jesus. Meet her there! She's hanging there! She *is* you!"

He pokes my chest. "*You* meet her."

"What can I do? I'm not You!"

"If you do it to the least of My brethren, you do it to me."

Tears sting my cheeks.

What do you want me to do?

The Bridegroom is quiet within me. As if He's asleep.

No instructions? Just up to me?

Fear holds Mara. Like a pit bull, it shakes her, over and over. No rest.

My mouth is parched again. I thirst. On the cross. With my Lord. With the woman across the hall.

Mara's His bride, too. She's everyone I have ever tried to introduce to the Bridegroom. I want with all my heart for her to know His love like I do.

But I can't do it. I've failed all my life. The thing I most want to do for my spiritual Husband is to give Him children. Our love is utter bliss. But I can't even repay Him with the thing we both want most. Others give Him spiritual children. Sheep bear sheep, I'm told. But I am barren.

Why?

He graciously saved me, but I save no one.

Not even my own child.

Jesus, you once asked me if You could be Jon's father. I said yes. I raised him in a Godly home and the best church I could find. But the church hurt him, and he stopped going. Now he says he never believed. The Lord's son! Child of His beloved bride! And Jon doesn't even know he's lost. His spirit is dead.

Jesus is pouring forth tears. "Sparrow, I want him more than you do."

"Then why is he still lost?"

Jon might as well be the woman moaning in the bed. Hell is across the hall.

I wipe my tears and think of the lyrics to a song. I can't be with the one I love, and so… I'll love the one I'm with.

I *do* love Mara. Jesus loves her, and Jesus is in me.

4:30am: I pick up a small object from my bedside table, get up, and walk across the hall.

Inside the door, I pass the bed containing Mara's silent roommate.

I walk further in.

"Jesus. Oh, Jesus," Mara moans.

She's pleading His very name just before I approach her bed!

I catch a glimpse of her. A Black woman, tall and skinny—

"You can't be in there."

I turn around. A nurse stands in the doorway.

"I—d-didn't know." I look down at the button. Surely this silly little object can't make a difference in the face of so much misery!

"Can you give this to her for me? I want her to know she's loved."

"Sure," the nurse says.

I hand her the button.

I leave.

I hear the nurse behind me. "Another patient wants you to have this."

***

Sunrise. I haven't heard another sound from Mara.

For once in my life, I've not only planted a seed. Something grows from it.

How do I know? How do I silence the doubts?

I heard her when I entered the room: "Jesus. Oh, Jesus."

Her spirit recognized the One I carry with me.

"Whoever calls on the name of the Lord shall be saved."

The woman, His beloved, is asleep now. Let her enjoy her peace!

TIME IS NOT THE MEASURE
by Robin Skinner

A timepiece is no friend of mine.

That ticking clock, a work of commerce,

does not measure joy but duty.

Carrying us along,

hour by hour, as time rages on

like a river charging down a mountain.

And all the while the soul longs

to linger in the eddies

and capture glimpses of the beauty

we might otherwise miss.

Would we be such worldly failures?

Measuring our days by joys.

Could we feed our bodies and

satisfy our souls if we marked our time

in moments of joy and spaces of content?

If we stopped for just one moment,

and gazing deep into that eddy

could by chance, or choice, discover

that magical timepiece that is wound by dreams

and counts our days by joys.

A FIRM RESOLVE
by Jessie Collins

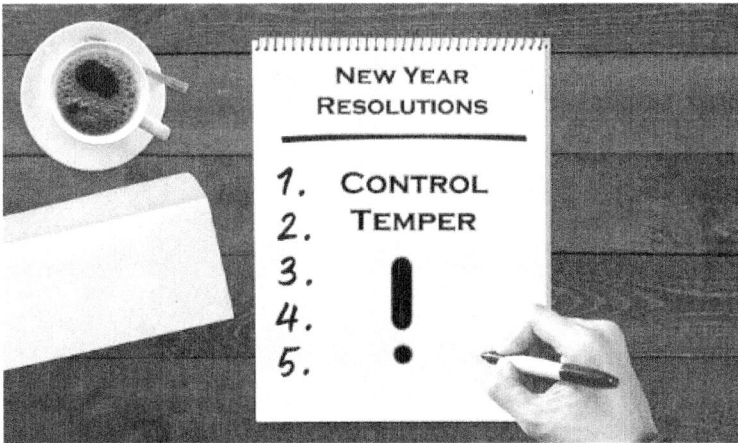

As a girl, my resolve each New Year:

Keep my temper and do well at school.

School was easy, I'd no problem there,

But my temper I needed to rule.

As I grew up, I knew that I should

Learn at least no bad temper to show.

Try my best, as a daughter, a friend,

A teacher, in all ways to grow.

When I married, my needs had to change,

To adjust to my new way of life.

As each child came, my hope was the same,

Good mother as well as good wife.

Then a year dawned which brought a sad loss.

My resolve had to be: learn to cope.

To give all my troubles to God,

To trust in His mercy, and hope.

An old lady now, my strength fails,

But new resolutions must come:

To give love and kindness to all

As I wait until God calls me home

NIGHT LIGHTS
by Robin Skinner

Well cloaked, we slip into the moonlit street

pursuing dreams before the steely dawn

again cuts short our ambulatory sleep

and retreating stars and guiding moon move on.

As all our worldly labors turn to dust,

we feel the lunar pull and heed its call

to paths of starlight far above earth's crust

where we can fly all night and never fall.

From toil and fears and all things dark we flee;

toward dreams and hopes we turn in wayward flight.

Our travels take us cross the vaporous sea,

the worries of the day grown dim by night.

Where free of bonds, we long to journey far,

so set our course beyond the brightest star.

SUSPENSE BEFORE 'THE BELLS'
by Lyndsay Docherty

Just what should I resolve,

When calendars compel my days to flee

Like swift-blown snowflakes, Yuletide's last debris,

And rush like rivers doomed to disappear,

Deep-dipped beneath the nadir of the sphere,

Oh what shall I resolve?

How much do I recall?

From whence does mem'ry garner all her sheaves?

Each footstep of the past some imprint leaves,

And lessons learned in pain stay seared behind,

While Faith shines lasting light of deeper kind,

On all that I recall!

Should Nature have her say?

Her ancient earth breathes wisdom old as Time,

With subtler echoes born of Peace sublime,

Once heard, the old hills hunch and batten down,

With never a flinch, though clocks are counting down,

For Nature's had her say.

I too have heard: "Stand still—

'Tis best your present moment should prevail,

For hurrying out of it brings no avail.

Why join the boist'rous millions in their blaze

Of fev'rish force against this pausing phase?

Be wiser and stand still!"

Suspense before 'The Bells'—

Between two years a pin-point can be felt,

When 'then' and 'now' like merging ice-flows melt,

In awe, I linger with the time-poised world,

Held still, despite life's clamor round me swirled!

Resolved, I greet 'The Bells'!

UNRESOLVED
by Von Pelot

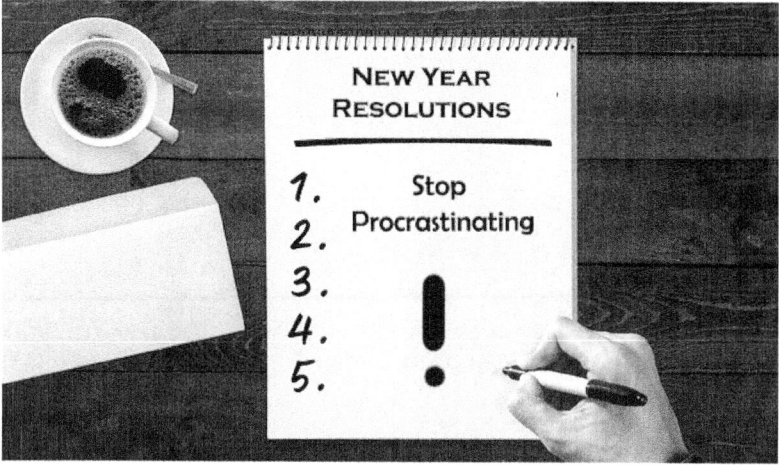

Every year, at the stroke of midnight, Charlie Blackwell made the same resolution. It wasn't because Charlie wasn't creative enough to come up with a new resolution each year. In fact, Charlie was a very creative fellow. You might say that was a large part of his problem. Poor Charlie had to make the same resolution year after year because he kept finding creative ways to avoid adhering to the resolution. You see, Charlie resolved to quit procrastinating, but he kept putting it off.

One afternoon, while avoiding raking the leaves that had been collecting for weeks (Charlie was known throughout his neighborhood for waiting until the fallen leaves on his lawn had accumulated to a depth high enough to hide a small dog before getting out his leaf blower and rake) he decided to write some notes before taking a nap.

My New Year Resolution

much to my consternation

did not provide the solution

for my cursed habitual procrastination

I am quite adept
at important task evasion
my dear wife must accept
elaborate excuses on each occasion

I really can't explain
the reasons for delays
she rarely chooses to complain
when hours turn to days

So many uncompleted tasks
stacked up like dominoes
she looks at me and asks
can you possibly do those

I have often tried
to defeat this thing
my resolve has always died
I'll try again... come Spring

Charlie had fallen asleep on the living room couch when his wife came in.

"Charlie," she said, "I just heard a freeze warning on the news. They said that you should disconnect any hoses and shut off the water to outside faucets."

"I'll do it later dear," Charlie replied. Then he resumed napping.

Of course, Charlie went to bed that night without disconnecting the hose or shutting off the water.

At about three in the morning, Charlie awakened and saw a reddish glow outside his bedroom window.

When he got up to take a closer look, Charlie could see that there was a fire in the woods behind his and his neighbor's house. He quickly got dressed and ran to his back yard, where he grabbed a hose, turned on the faucet, and extinguished the fire.

Charlie's neighbor came rushing out while the fire was dying out.

"Thank goodness you still had your house connected and your water on. I had disconnected mine and shut the water off. I'm not sure I could have had time to get the hose connected and the water running before that blaze reached our house."

"Yes," Charlie said with a smile, "sometimes a stitch in time saves nine. This time however, a little delay saved the day."

Charlie went into his house and added to his notes,

Now there is cause for celebration
Our house was saved by procrastination.

Charlie Blackwell was not much of a poet. But he was without peer as a procrastinator.

ANTIKYTHERA MECHANISM
by David Fryer

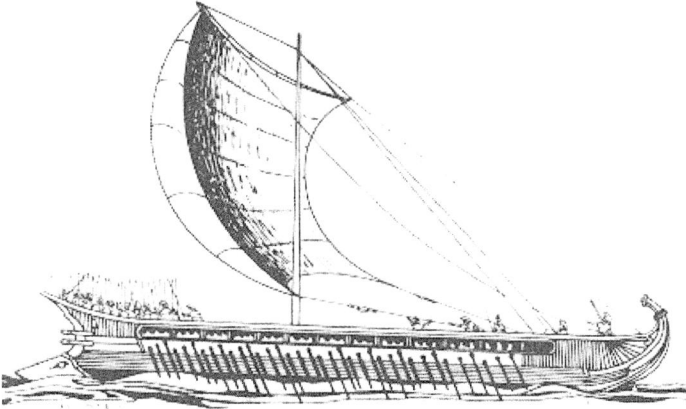

Image: Depiction of a Greek trireme (public domain)

A fleet of Roman triremes cuts through the waves of the Ionian Sea on a bright summer afternoon. At the front appears a giant flagship. Its oars sweep to the cadence of a chanting centurion. Inside the vessel, two men from very different lands sit together. Through trial and error, they gradually discover they have a connection that goes far beyond their shared knowledge of Latin.

"Isn't this a great sea voyage?"

"I guess so. It would be more enjoyable if we weren't galley slaves."

"Well, you are a real natural for rowing. I think you'll be a great addition to the team. And at least we are galley slaves in the flagship. We don't have to read those foolish comments carved on the back of the other triremes."

"Yes, does anyone believe it when they write 'My other galley is a quinquereme'?"

"I certainly don't. Or that one about mean people."

"'Mean people suck'?"

"Exactly, how do you think that makes mean people feel?"

"They are a thin-skinned lot. And probably quite dismayed by it."

"You are great company, but I'm nervous about this sea battle."

"Don't think about it. Just take a deep breath and count to ten."

"Whew, okay. I... II... III... IV..."

"To yourself please. I need to hear the cockswain. Where are you from anyway?"

"My name is Osiris. I'm from Egypt. The city of Alexandria."

"Wow, have you ever been to the lighthouse? You know it is one of the seven wonders of the contemporary world?"

Osiris made a face of disdain. "Yeah, yeah, everyone remembers the lighthouse. It is the tallest man-made structure in the empire. But did you know there is a great library in Alexandria? It houses all the collective knowledge of known civilization. Which is pretty large if Eratosthenes' measurements of the circumference of the earth are at all accurate. He was one of the many famous scientists who studied at our library."

"Oh yes, the library—that is also there. I once tried to check out Plato's extended version of Timaeus, where he gives better directions to the lost city of Atlantis. Sadly, without success."

Osiris nodded sympathetically. "That is a popular scroll. Always on hold. But there are several thousand others available at the library."

"I wonder why Caesar burned it down?"

The Egyptian blanched. "I blame myself. Caesar enjoyed reading mysteries and thrillers. But he had a bad habit of not returning scrolls. The staff told me to waive his late fees, but I wouldn't allow it. He saw his opportunity to avoid payment during a siege of the city."

"Huh, so you're a librarian?"

"I was the head librarian until Caesar enslaved the staff as Ptolemy II loyalists."

"Well, I think his romance with Cleopatra had something to do with it. This whole sea battle here in Actium can be traced back to their relationship."

"Yes. I remember when they first met. He was checking out Homer's Iliad for the tenth time. She wanted the scroll with the story of Ruth in it. I accidentally mixed the two orders up. They both came storming up to the front counter one summer afternoon, and decided to go on a first date after she caught his eye during the argument!"

"Congratulations on playing cupid, Osiris. I hear Cleopatra is a real beauty."

"Thank you. She is quite beautiful but wears a bit too much eye shadow for my taste." There was a sudden uptick in the rowing cadence, and both oarsmen became too out of breath to hold conversation.

Finally, the pace slowed again, and Osiris sighed. "This is a good workout all right. I like our chances in this sea battle. So, what is your story?"

"My name is Hermokrates. I'm from a small Greek island called Antikythera."

"I've heard of it. That is pretty far south of Actium. I think Caesar and Cleopatra may have gone on their honeymoon there."

"Yes, they did. In fact, I ran into Caesar while he was visiting. He dropped by on his way back from Egypt and ordered a new device from my shop. He had a papyrus with blueprints of a device from your library, supposedly of Atlantean origin."

"Oh, really, and why did he approach you?"

"He suspected there would be an attempt on his life. But he didn't want to wear his armor all day long. He contracted me to develop an alternative. Something like a comfortable knife-proof vest to wear under his toga while at the theatre."

"I guess you didn't finish the design in time."

"Ah, but I did finish it. Based on the instructions in the scroll, I created a device that is millennia ahead of current technology. I call it the Antikythera mechanism after my home island."

"An original name. What does it do?"

"Through a series of copper gears and wrappings, and a phenomenon called static electricity, it can detect certain metals when they are nearby. By placing a device at each entrance to the theatre of Pompey, one could be certain that no weapons entered the building."

"Seems like a good solution to Caesar's problem. What happened?"

Hermokrates spoke wistfully, "I arrived at the theatre of Pompey and demonstrated the metal detectors on several different weapons. I even installed a device at each entry. Then I left Caesar's friend Brutus in charge of the actual operation. Somehow, we missed a few daggers. The next thing I know, a resentful Marc Antony has demolished the devices and placed me in chains to work in his fleet."

Osiris chuckled ruefully. "Funny that we are both unwilling participants in a war that was started by our actions—in this case, by chance encounters with a Roman emperor that set off a chain of events we could have no way of knowing would lead to this outcome."

"Yes, the world may seem to be an unpredictable place. But I'd like to think these things happen for a reason. Who knows? Perhaps the spare Antikythera mechanism I sold to a retired Greek beachcomber seeking to locate buried coins on the seashore will catch on. If not, perhaps it will appear as an interesting footnote in the archeological record of my home island."

Author's Note:

In 1901, an archeological discovery off the coast of Antikythera was made that has remained a puzzle to this day. Even the famous physicist Richard Feynman weighed in on its origin. It is called the Antikythera mechanism, and it resembles a computer in its complex composition of gears and symbols. The technology is understood to be out of reach of the engineers of that day and yet the dating of the artifact is undisputed. No one has yet discovered the intent of the device.

WITCH ROAD?
by Michael Fryer

In a sunlit meadow, the most sensitive creatures looked up at an explosion. Out of the smoke emerged a conical pink hat. A lady-like cough was heard, followed by, "Not again! Where the heck am I this time? I wish the coven would stop using me as a guinea pig." As the smoke settled, a young woman dressed in a black dress with a pink hat was seen. She looked around, dusted herself off, and sighed. A faint whistle was the only sound to be heard. She smiled and walked towards the music. Her path was through a dark and threatening forest. Dark and threatening was her cup of tea. No scary creatures blocked her way, except for one inexperienced ogre, who got a severely singed tail.

On a path nearby, a country lad was walking along whistling a tune. He was a strapping, good-looking fellow, carrying a large sack. He heard the sound of cursing coming his way. Then with a crash, a young woman appeared through the brush. She had a pleasant visage except for some smudges on her face. She walked up to him and said, "Hello, I want to get back home. Which way is Rome?"

He looked at her in amazement and asked, "You just came out of the enchanted forest. How did you survive?"

"Oh, I'm a second-year apprentice witch," she replied. "We learn how to handle threatening creatures first year. I wear a pink hat as a warning to them, saves a lot of needless violence."

The lad took a step back, saying, "All roads around here lead to Rome. Trouble is picking the right direction. I'm not sure which way to go on this path. Never been to Rome, but I'm going to town, where someone will know the way. I've heard Rome is a very long way from here." The lad decided she was not dangerous and was, in fact, quite fetching. "My name is Hans. What's yours?"

"The witches named me Lucy. I was an orphan, and they picked a name that was easy to spell. Currently, I am part of a coven and low girl on the hex pole. I get to do all the dangerous work, like stirring the caldron with new ingredients. That's probably how I wound up in a meadow in the middle of nowhere. My memory is fuzzy about what happened."

Hans said, "Lucy, I'm on the way to town to shop for my elderly aunt Bea. She needs herbs for her work as a healer. If you like, I will walk with you and introduce you to everyone."

"That would be nice," Lucy said. "I am curious about your aunt. What kind of healer is she?"

"Well, she's a really good midwife. She helps with sick babies. She can cure many ills and is great at stopping pain. Oh, and she set my broken arm."

Lucy thought, *Hmm, a sister of the caldron. Maybe she knows a quick way to Rome.* And out loud said, "She sounds delightful. I'd like to meet her."

"You will get your chance. Her house is just few furlongs further towards town."

Then they set out for town. It was a pleasantly warm day with blue skies. Soon they arrived at Aunt Bea's house at the edge of the forest.

It was odd looking. A large garden was in front of the house. Some of the plants were growing up one wall and onto the thatched roof. The crooked chimney let out a stream of green smoke. Windows were at odd angles, sort of oblong shaped, and no two alike. The door was leaning two ways from plumb, with a wolf-skull knocker.

"Reminds me of home," said Lucy.

"Wait till you see the inside," replied Hans. He called "Hello" in a loud voice. "Don't want to sneak up on Aunt Bea. Bad things can happen."

After a long pause, the door cracked open and a voice said, "Who is it?"

"It's Hans, your nephew, Aunt Bea."

"Well, come in."

Hans stepped forward and pushed the door open with a loud creak. He said, "I have a friend along. Her name is Lucy, and she is working on becoming a witch."

Aunt Bea said, "I'm so glad to meet you Lucy. You are a fine-looking witch, except for the pink hat."

Lucy said, "I told Hans a little fib about my hat. The coven makes me wear it as punishment for screwing up spells. Another punishment was kissing toads, to save princes from spells gone awry. The princes never thank me. Something about me causing trouble."

Aunt Bea thought for a moment and said, "There, there, my dear. Don't let a few mistakes get you down—I have made a few myself. Witch training is difficult, and the toad/prince spell is not easy."

Lucy said, "You are a witch?"

Aunt Bea answered, "Almost, but I quit training because I fell in love. Witches can't be mothers or wives, and I wanted to marry a wonderful man. We had a great life. I continued doing healing after he died. However, these days I'm slowing down. The local folk still need me, so I try to help as much as I can. Well, enough about me, how are your witch lessons going?"

Lucy said, "I'm learning a lot, but I'm tired of the coven. They are mean to me, and I get all the dirty jobs."

Aunt Bea said, "You might consider becoming a freelance witch. I've done it myself. I could help you get started. I have more work than I can handle and could send some your way. You'll need some more training. Maybe we could work together for a while. It would be nice to have an apprentice."

"That would be wonderful. I would love to do some good with the black arts. I've had enough of casting spells, even if most of mine are pretty weak and harmless. Well except for that cave-to-cave salesman I turned into a lizard for a day. He never came back for his samples." Hans interrupted, "We've got to get going to town. What herbs do you need?" Aunt Bea gave him a list. Hans replied, "I know all of these items except for the eye of the newt. Where do I find it?"

"We can pick it up along the road," said Lucy. "It's a type of morning glory plant growing wild around here."

"Well done child," said Aunt Bea. "Think about working with me. I sense that you would be a fine healer. Heaven knows the local folk often need mending, especially on a Sunday morning after a bit too much fun and games at the Tavern, Saturday night."

On the way to town, Lucy said, "I have to get out of this witch dress." She stepped behind a hedge and changed into a normal dress. Hans couldn't but notice the dress had a lot of curves.

Later in town, after getting the herbs, Lucy and Hans noticed a harvest faire going full tilt. All sorts of concession stands were set up with a great variety of food and confections. Many delicious ways to get a tummy ache. After sampling toffee candy, they strolled around the fairgrounds until Lucy noticed a man offering stuffed toys. All you had to do was knock over some bowling pins with a ball. Lucy was not good at remembering spells, except for ones that offered a chance for fooling around. Guiding a ball to a target was an easy and entertaining spell.

"Hans I have to try this game. I know I would be good at it." After she won four giant stuffed animals, Hans pulled her away saying, "Leave some prizes for the rest of the town." Lucy smiled and said, "I guess I got carried away." She gave the stuffed animals to kids in the crowd.

In the center of the fairgrounds people were dancing and singing. Lucy never got a chance to dance. The witches were a sober lot and didn't condone frivolities, unless they involved scaring little children. So of course, Lucy ran gaily towards the sound of music. What the coven didn't know wouldn't hurt her. She grabbed Hans' hands, and they twirled around the maypole together. Lucy danced with abandon. She didn't know the steps to the reels, but Hans showed her. She was naturally poised and graceful. It helped her that people sensed that witches should not be irritated about small matters like smashed toes.

After a little coaching, Hans was amazed that she was so light on her feet. No dancer could match her. After some strenuous cavorting they plopped on some hay bales, out of breath but contented. Hans grasped her hand and smiled at her. "I haven't had this much fun in forever."

Just then the pained cry of a child echoed through the faire. Someone called, "Get Aunt Bea. My child was stepped on by an ox." Lucy sprang up and trotted in the direction of the cries. When she arrived at the scene of the accident she saw a young boy with an oddly bent leg. She said to the distraught mother, "I'm a witch with training in healing wounds. I could help the boy." Hans soon arrived and said, "Aunt Bea believes she is a natural healer. She could ease his pain until help arrives. I've seen her do amazing things."

The frightened mother said, "Please try and help him."

"Hold him still, and I will lay hands on him, casting a spell to stop the pain. He will be better soon." She was not sure about the spell but understood the need to give him hope. She gently touched his wounded leg and chanted what she hoped were healing words. Eventually the child relaxed and fell asleep. Lucy was amazed but tried not to show it.

Aunt Bea arrived eventually and did a proper job of setting the leg. Later, after the child and his parents had gone home, Bea said, "You did a wonderful job with that child. I would have given a strong potion to ease the pain, but you just cast a spell, much safer."

Lucy said, "It was such a joy helping that child. I want to learn how to do more healing. Could I be your apprentice?"

"Of course you can, my child."

Lucy blushed, sighed, and walked over to Hans. "Why don't you and I walk back to Aunt Bea's? I think we should get to know each other better."

Hans grinned and said, "Not going back to Rome then?"

"No, praise the Goddess."

A.I. NOCTURNE
by Ron Davis

He heard the voice, from somewhere he couldn't see. "Mr. Q? That is your name isn't it? Mr. Q?"

The voice was feminine in quality—an alto, perhaps?—and had a clear tone with clear enunciation. And yet, there was menace, almost like a bit of metal in the woman's throat that she could not dislodge. Nothing was making sense.

"Mr. Q? Are you awake, Mr. Q?" The pitch had dropped, giving her, if it was a her, a sultriness that seemed designed to be seductive.

"Yes, I'm awake," Queen replied. He now wondered whether the voice, should it transcribe the information, would spell his name 'Mr. Q', 'Mr. Cue', or 'Mr. Que'.

"Mr. Q, how were you employed?"

Were? thought Queen. *Am I a 'Were'?*

"I worked for one of the world's governments," Queen answered.

"In what job?"

Job? Not position, not capacity, not the many words that might imply the voice had knowledge of how the culture actually functioned? "I worked for a government agency to try to keep my government safe," he replied, seeking to create space to maneuver.

"What, specifically, did you do to keep your government safe?"

Queen wondered why he was answering these questions. Sleepwalking it seemed, he continued. "Governments have secrets. They believe those secrets must be guarded to keep other governments from destroying them. My job was to prevent others from stealing those secrets."

"How did you accomplish that task, Mr. Q?"

"I would meet with that person, outline the advantages to working for my government, then suggest he or she would be better off working with me than against me."

"What if that person refused?"

"I would say, 'It's my way or the highway.'"

The voice said, "Machine, explain 'highway'."

The machine replied, "A path or way or road from one point to another. On this planet they are often paved and capable of providing unimpeded flow of many vehicles containing humans."

The voice asked, "Mr. Q, it seems you offered to help your enemies go someplace, is that correct? Where did you help them go?"

"I put them on the Highway to Hell," Queen answered, absently.

"Machine," the voice asked, now in a hollow, non-ladylike, somewhat non-human tone, "explicate 'hell'."

"Many humans believe they acquire a life after they die; that life is lived either in an unimaginably beautiful and comfortable place they call heaven or in an unendurably painful environment, often depicted as burning until the end of time. That place they call 'hell'," the machine said.

"Mr. Q, were you a religious leader then?" came the next iteration of the strange voice.

The question triggered a reflexive response in the slumbering man: he grabbed the pistol under the adjacent pillow, rolled to the floor and chambered a round as he rolled. A huge adrenaline surge assured that he was fully awake. He surveyed the space for dangers.

FIVE LETTER WORD
by Judy Beaston

Please forgive my insanity, I was inspired to play by

a New Yorker Magazine cover.

A crossword puzzle and a maze sat next to one another at a café counter. The maze chose coffee, black, strong, and aromatic. The restaurant's signature best. The crossword preferred to mix up ingredients and selected a cappuccino with soy milk and caramel flavoring.

"Going in any special directions today?" Cross inquired of Maze.

"There are some tricky paths, but nothing insurmountable providing I take my time—stay focused."

"Good plan. I'm musing on some deep history and mystery today." Cross smiled. "Do you have any clue what a five-letter word might be for a mystery person?"

Before Maze could respond, a new voice entered the room and grabbed a seat next to Cross.

"I'm certain I can figure that one out."

Cross turned and laughed. "Ah, Sudoku! I can always count on you!"

"Your solutions often confound me!" Maze huffed. "I prefer the logic of travel to the mind-boggling computation of numbers."

The newest arrival drew the lines on his face together, collapsing his usually concise countenance. Smiling at these folks' puzzling assessment of his identity, he called out to the café worker behind the counter. "Usual."

The worker chuckled. "Sugar? Cream?"

The newest arrival, whom the others labeled 'Sudoku', merely nodded. A cup of coffee with cream and sugar was soon set in front of him.

Finally, he turned to his companions and spoke. "I believe numbers *can* draw out what tries to hide and often without a dead-end. No offense intended, Maze. Also, though words have their own power, sometimes language confuses." He smiled, a gentle, kind smile. He had no quarrel with Maze—or Cross. Each to their own preferred path was his perspective on life.

"Okay, then," said Maze, "what answer give *you* to Cross?"

"Alien." He spoke with conviction. "Five letter words are my forte."

"I politely disagree," countered Maze. "An alien would not be a person, and…"

"But would be a mystery," interrupted Cross.

"Listen, you are a numbers guy—what makes you think you are also smart with words?" Maze twisted in his seat, his clothes growing terribly rumpled.

The new voice held up his hands. "Five and five. Five is my strength. And," his face softened, "other possibilities do exist. Like weird or murky or black or magic—but I'll stick with alien."

Before Maze could completely unravel, another individual entered the room, his clothing covered in squares and numbers. "Hello, my friends! Sorry I'm so long in joining you today. I had a bit of trouble getting my numbers lined up!"

"Sudoku!" Cross and Maze called out at the same time.

"Then," asked Maze, lost in his own corridors, "who are *you*?" He pointed at the five-letter guy.

Sudoku marched with precision toward the individual in question and gave him a side-hug. "This, dear friends, is my cousin, Wordle."

"It's a trick!" railed Maze, his sense of direction meeting a dead-end. "You look too much alike."

Cross set a hand on Maze's arm. "Calm down, dear boy. You're getting knotted! Now look with a bit of focus and you'll see the clear path to their differences."

Maze calmed—a bit—and peered from one to the other. "Oh," he groaned, his features no longer black and white as red tinted every line.

"I'm five squares wide," Wordle explained, though anyone with their eyes open could see the difference now. "And my cousin is a composite of three-by-three blocks, all the better to hold the wisdom of his numbers."

Sudoku smiled. "Though I often envy the clever pattern of your five-letter language." He gestured to the man behind the counter. "I'm ready for a coffee now."

"Your usual measured mix?"

"No," Sudoku chuckled. "Today let's keep it simple. One cup of espresso, please."

"Tell me," Cross tapped his pencil against his chin as he stared at them both. "Do you often get mistaken for one another?"

They both laughed.

"Most often when the lighting is dim," Sudoku claimed. "And when we were younger, we sometimes fooled the substitute teachers."

"Ah, yes," Wordle nodded and smiled. "Mr. Formula was the most fun to watch when you entered the room covered in both words and numbers, and I followed covered in math formulas."

"We spent that afternoon in detention."

Maze sighed, downed the last of his coffee, and set about repositioning his perspectives. "If I'm not mistaken," Maze straightened his tie as he spoke, "it is time for me to leave or I'll be late for work."

"Don't get lost," Cross called to his departing friend.

"Count your steps and stay healthy," added Sudoku.

Then Cross cheered at the accuracy of Wordle's choice. Alien fit perfectly.

"Don't you just love a good mystery?" pondered Cross, checking out the next section of his morning puzzle.

Sudoku nodded. "I count on them every day."

221C BAKER STREET
by David Fryer

There came a knock at the door and then an invitation.

A curly-haired gentleman with sideburns arranged in generous lamb chops entered the cluttered suite. "Hello? I say, is this Sherlock Holmes' apartment?"

From behind the desk facing the visitor, a sharp-nosed man holding a magnifying glass spoke. "You've got the wrong address. He is downstairs in 221B."

"Oh, sorry to interrupt your afternoon. I am looking for a private detective to solve my mystery, but I've arrived at the incorrect address."

"You may have come to the right place for this inquiry. I, too, am a detective by trade."

"Really? Perhaps I should hire you for this case."

"It depends. Unlike Sherlock, I have a very particular specialization for my crime work."

"Interesting. What exactly is your specialization? Computer fraud? Kidnappings?"

"Nothing so broad. Does your case involve an undocumented identical twin?"

"Not that I know of. But you cannot be serious. You only take on cases that involve identical twins?"

"The identical twin crime is a classic. The apprehended twin has the perfect alibi. No one sees it coming. No one, that is, except me. Possibly Sherlock on a good day."

"But how could you stay employed? What is the frequency of identical twin crime activity?"

"My good sir, 0.3% of the population is born an identical twin. In London there were 100 crimes committed per 1,000 people just last year. In a city this size, if just 1% of those is committed by a previously unknown twin, say an undocumented birth record or immigrants from a remote nation... The math points to a staggering number of possible cases."

"And what is the number of cases you have solved involving twins so far?"

"Many. Have you heard of the case of the identical twins who fraudulently won the world champion hotdog eating contest? Or the case of the way too fast marathon finisher? The case of the fake Biggest Loser contestant?"

"Fascinating. I did not realize what a crime spree these individuals are on. I guess it can't hurt to brief you on my mystery."

"Tell me the details."

The man sank heavily into a cushioned chair indicated by the detective. He wiped his forehead with a kerchief and began, "I fear I have lost a fortune in the strangest manner."

"Perhaps you should start at the beginning."

"I guess it all started last week. My vehicle suffered a dent in the parking lot. The individual responsible had no insurance but offered me collateral to avoid bringing the police into the matter. He assured me he could pay the body shop repair costs in full in three days' time."

"What was the collateral?"

"His prize-winning armadillo. He called her Shelley."

The detective steepled his fingers. "Intriguing. And you took him up on it?"

"I figured, why not? The damage didn't look too bad, and I've never had a pet armadillo."

"He provided food and care instructions no doubt?"

"Yes. Shelley was a star companion at my flat. Very easy to take care of, except around mealtimes, where the owner maintained she must be fed near a fireplace to stay warm."

"Peculiar."

"Yes, it turns out the fireplace resides in the study where I design jewelry. I'd just had a shipment of sky diamonds arrive which I left by the fireplace. Next thing I know, Shelley has consumed half of my shipment."

"Incredible. That armadillo has quite an appetite."

"Indeed. Although concerned, I was not yet worried. I waited for the inevitable to happen later the next day and informed the owner that he would have to wait to pick up his pet until after the necessary constitutional."

"What was his reaction?"

"He insisted on visiting Shelley. Which I allowed. The poor girl wasn't getting around too well afterwards and could use some cheering up."

"Then what happened?"

"The visit occurred, Shelley was greatly relieved, but the diamonds were never recovered. I even took her to the veterinarian's office for x-rays. No precious stones were present in the creature's colon or elsewhere. The owner returned, paid the amount due for the bodywork, and left with his pet."

"Let me ask you, did this armadillo showman bring anything on his first visit to your flat?"

"Hmm, let me try to remember. Yes, he was carrying a large tote bag with some special snacks for Shelley."

"And did you ever leave the distressed armadillo alone with him?"

"Well, I did get called away to the study by a customer, but so briefly there was no way Shelly could have done her business. Ah, I am quite financially troubled by this whole affair." The kerchief appeared again in his hand to wipe his sweating forehead.

"Fear not, I have solved the case."

"What? Without leaving your office? The very idea!"

"Positively. Your case falls firmly in my wheelhouse. The armadillo is known as one of the few animals that always appears as part of a set of four monozygotic young. Shelley has three identical siblings. I am certain that duplicitous armadillo showman swapped one of them from the tote bag for Shelley and made off with your valuables."

"Amazing. I will notify the constables immediately. What a clever ruse. I would never have caught on. That armadillo was an exact copy of the original."

"Devious indeed." He began packing a pipe he had withdrawn from his pocket.

"I am glad I stopped by. You know, you look a lot like Sherlock himself?"

"That's what the housekeeper tells me. Good luck with your chase."

TIME TELLS SHERMAN
by Von Pelot

Peyton Stupark made his fortune by acquiring parking lots near major venues in large cities and charging exorbitant fees for hourly rates. He owned a private jet, an expensive sports car, and a large, well-furnished mountain lodge with gorgeous views. But Peyton was not happy. He constantly worried that people were trying to take advantage of him.

At the moment, his primary concern was an investment portfolio he had secured from a former classmate, Dewey Cheatham, the founding partner of the investment firm of Dewey, Cheatham, and Howell. He decided upon an unusual plan of action to resolve this concern.

Sherman Holmes rarely received mail. He had no social life, worked as a night auditor at the local Frugal Friendly Inn, and spent his days in his basement surrounded by piles of old newspaper clippings describing unsolved crimes. Sherman sincerely believed that he was a distant cousin of Sherlock Holmes. When informed that Sherlock was a fictional character, Sherman would simply smile knowingly and respond, "Time will tell." When Sherman received a letter inviting him to a reunion of select members of the graduating class of 2002, he could barely contain his excitement.

Two weeks later, Sherman arrived at the reunion venue, which happened to be at Peyton Stupark's lodge. Sherman carefully chose his attire for the occasion and entered the lodge wearing a Deerstalker cap and a Belstaff Milford coat.

Upon entering the grand hall, Sherman was greeted by five other members of his class. Besides Peyton and Dewey, there was Ima Forger, who had established herself as a dealer in paintings by the masters, and Wanda Seymoure, who had been prom queen and went to Hollywood to become a movie star. She now works as an exotic dancer at a 'gentleman's club' in Burbank using the stage name of Foo

Foo LaRue. Also in attendance was Hazard Been, known as Haz to his friends. Hazard had been the prom king and the school's most outstanding athlete. He had several athletic scholarship offers, but his options were closed as a result of an untimely injury. During a tiddlywinks match, a wink flew up and hit him in his right eye. That incident caused no permanent damage to his eye, but Haz was so traumatized by the incident that he continued to wear an eye patch twenty years later. Haz was employed as a model for Hathaway dress shirts until they went out of business. He now is employed as a professional wrestler playing a villain known as 'The Pirate'.

Peyton welcomed the guests, telling them, "I have invited you here for a particular reason, but first, I would like you to feast your eyes upon my wonderful collection of classic paintings, which our friend Ima helped me acquire. I am particularly pleased and proud to have in my collection the original *Boating Party* by Renoir."

Sherman studied the painting carefully, then removed a magnifying glass from a vest pocket and examined it further. After careful study, he cleared his throat and said, "Peyton, I am afraid that you have been sold a forgery."

"And what makes you say that?" Peyton asked in a shocked voice.

"The time of day is wrong. The shadows in this painting suggest a time of about one pm based upon the time of year and the location of the scene. In the real original, the time of day was noon. Time will tell."

Peyton's face turned red with anger. Then Ima's turned red—she had been exposed. And now Peyton swung furiously to Ima and shouted, "You will pay dearly for this. Your career is over!"

"So it appears," he continued, "that more than one of my former classmates has abused our relationship. I invited you all here because I suspect Dewey has been cooking the books on an investment I made with his firm. If my suspicions are proven, I wanted witnesses. Sherman, as our class treasurer, you proved to be a meticulous bookkeeper. I would like you to go through the statements Dewey sent me on my investment and let me know what you find."

Now it was Dewey's turn to turn red. "I'll have none of this!" he shouted and stormed to the front door.

When the door was opened, he found a full-fledged blizzard was raging, making a drive down the mountain impossible.

Peyton said, "Clearly you will all have to spend the night. Some as welcome guests. Some not so welcomed, until this is all sorted out."

A chime from the large grandfather clock in the entrance hall announced midnight and they all retired to their assigned rooms.

About one hour later a loud crash was heard. Sherman rushed downstairs where he found Peyton crushed beneath the grandfather clock. Sherman was soon joined by the others.

"Someone clearly pushed that clock over on Peyton," Sherman declared. "There are two among us who had motive to do so."

"Well, I certainly didn't do it!" Ima declared in a shaken voice. "I admit that I am not perfect, but I am not a murderer."

"Haz, help me move the clock off Peyton's body," Sherman said.

When the clock was moved, Sherman noted that the hands of the clock had stopped at five minutes past one, Sherman looked up and said, "Time will tell." Then he looked at Dewey and said, "I observed that you were carrying a pocket watch in your vest pocket. May I see it?"

With all eyes upon him, Dewey reluctantly removed the watch from his pocket and handed it to Sherman.

Sherman examined the watch carefully and declared, "Just as I suspected. The watch crystal was broken during your scuffle with Peyton, and it lodged against the hands which stopped at precisely five minutes past one, the same as the grandfather clock. As I said, time will tell."

"Peyton threatened to report me to the SEC. I would have been ruined. We argued and then I just lost control," Dewey exclaimed. Then he grabbed Wanda and held a pen to her neck, declaring, "I am getting out of here and nobody better try to stop me!"

Wanda was pale as a ghost as tears ran down her cheeks.

In an instant, Haz stripped off his eye patch and flung it at Dewey's face. Dewey reflexively put his hands up to cover his face. Wanda dropped to the floor just as Hazard flew across the room and tackled Dewey.

With Sherman's help, Hazard tied Dewey to a chair to await the arrival of the police when the blizzard ended.

Wanda, still shaken by the experience, looked at Hazard lovingly and declared, "You saved my life. That was just like out of a movie." Then she gave Hazard a big hug and an even bigger kiss.

"Gosh Haz, that reminded me of when you and I were a couple in high school. Do you think we could be a couple again? What do you think Sherman? Do you think me and Haz could be right for each other?" Wanda asked.

"Time will tell," replied Sherman. "Time will tell."

CONFESSIONS OF DRACULA'S HOUSEKEEPER
by Michael Fryer

My name is Dazzle Gabor. My great aunts were big in the 1950s; Eva, Zsa Zsa, and Magda Gabor were my relatives. They married often, acted occasionally, and were famous for being famous. So I came by my name naturally, and of course, I like to be called by my middle name Mae.

This is the story of how I became Count Dracula's housekeeper and had a brush with an ancient evil. My side of the Gabor family decided against immigrating to Hollywood and remained in Transylvania. We opened a bed and breakfast for the tourists who came to our town to tour Dracula's castle. The Count had fallen on hard times in the twenty-first century and made extra cash by letting tourists visit the ground floor of his creepy abode.

Alas, our B&B went bust when COVID-19 struck, and the tourist trade abruptly stopped. We took the best work we could find, which was often being household help. Dracula needed a maid; I applied for and got the job. I was desperate and figured I could stand the creepy factor till times got better. It helped that I went to high school with the current Igor. I had befriended him even though he called me 'Myth Dazzle' because of his lisp.

I got on the day shift at Count Dracula's castle. It was a fairly easy gig. The night shifts could be a killer.

I had to sweep the floors and dust here and there, being careful to not disturb the drapes covering all the mirrors. Igor told me to leave the creaking doors alone as they were old-school burglar alarms. Occasionally, I found dead animals lying about, but there was very little blood. Cleaning the casket room was a bit tougher. The Count wanted it tidy, but I was not to touch the casket even to dust. Some cobwebs were left for effect and the bats were not to be disturbed. Truth be told, I only peeked in the room once a month or so and did almost no cleaning. I got rave reviews on my work.

I dressed defensively in high neck sweaters with a large silver crucifix on a chain around my neck. On my wrists were bracelets with the letters WWJD[2] engraved on them.

The Count paid me generously in old gold coins and precious gems. He has a bad sense of the value of things and has collected baubles for a long time. It was a barter deal, so no income tax, and the local antique dealers loved me. Although money laundering was a problem.

Igor is a good guy, but he limps around dragging a foot behind him. He has a humpback and lisps. He still called me 'Myth Dazzle'. We traded off jobs that we'd rather not do. I sent him upstairs when the Count woke up early and wanted help sharpening his teeth. They seemed to get along well—Igor is not the Count's blood type. I helped Igor reach for stuff on the top shelves in the kitchen and the alchemy lab.

I answered the door when callers knocked. Recently, I've had to deal with a lot of teenage girls. They have read Stephenie Meyer's vampire books and have romantic notions about the Count. I took pity on them if they wanted a book autographed. I took it inside to fake a signature with blood-red ink, dripping a little ink on the page as a flourish. The usual inscription read "For my dear... I'll be leering you."

I did the grocery shopping for the castle. No garlic products were allowed. I read the ingredients on all canned goods carefully looking for even small amounts of garlic. So far so good; you do not want the Count mad at you.

Benefits of working at the castle included generous education grants and time off for volunteer work. Nursing work and Red Cross blood drives are the Count's favorite causes. Igor helped out at the blood drives and hung around the hospital when I took nursing courses.

---

[2] What would Jesus do?

He was good about disposing of ruined serum bags and such. Blood and gore didn't bother him at all. In fact, the bugger brightened up at the sight of a messy accident victim.

The castle was a flurry of activity when a full moon came around. Wolfsbane was spread around all entrances to the castle. Silver-tipped weapons were placed about the castle and especially in the casket room. The next day the casket room was often messed up with 'dog hair' all over the place. These days I often daydreamed about immigrating to Hollywood.

The bright spot of my day was when I went down to the stables to bring lunch to Hans. He worked in the stables. No actual horses are in the stable. A few Tesla model Xs and an old pickup truck are in the stalls. Hans is the sweetest man and treats me like a princess. We talked about our crazy lives working for the Count and shared our dreams for the future. He wanted to move to Portland, Oregon and open a Tesla dealership. I wanted to finish nursing school, become a registered nurse, and leave this weird town.

Alas, I couldn't run off because I love Hans and he has an ailing mother and won't leave Transylvania without her.

As time went on I noticed Hans was getting weaker. His complexion was pale, and he wore a scarf around his neck. One day the scarf slipped, and I saw bite marks on his neck.

That miserable undead creature was attacking the man I loved. I was livid and vowed to whack the old monster as soon as possible.

I waylaid Igor after work and told him about how Hans was slowly being killed. He looked at me in an odd way and said, "Myth Dazzle, we must do something soon. The master is out of control. He has never attacked a member of his daytime staff. Who knows what he will do next. Maybe vampires get dementia after a thousand years or so."

Igor and I collected the usual vampire-killing gear: a large wooden stake, and a small sledgehammer. At noon the next day we oiled the door hinges to the casket room and snuck into the room. I flung the window's curtains aside and slowly opened the casket. The casket was empty except for a note on a piece of parchment. The note was written in someone's blood. It said, "Moving to Ukraine. Most interesting things are happening there." I could almost hear his disgusting cackle at these words.

We were too late to kill the bastard. Igor and I dumped out the dirt in the casket and flushed it down the drain. Then we chopped the casket up into little pieces, burnt it and scattered the ashes.

Later, we went down to the stables, helped Hans into the pickup truck and drove him to the local monastery.

The monks there had dealt with Dracula for hundreds of years. Holy water, crucifixes and incense protected against the old evil. The monks promised to keep Hans safe and tend to his wounds.

Igor and I bought bus tickets to Moldavia near the border with the Ukraine. We are going to search for castles owned by Dracula's relatives. The local folk will know which ones house vampires. Wish us luck.

EXPECTING
by Sheila Deeth

Kitkit planned to stay small forever. She didn't want to stop being a kitten because... well, because Cat, her mother, wasn't a kitten anymore and her life seemed terribly boring. Also, the old-cat down the road—not the first old-cat, since that one had disappeared, but a new old-cat that looked remarkably like a young cat Kitkit once knew—the old-cat seemed to have no fun at all. It simply lay in the sun, eating and sleeping, and going inside in the rain. It never even chased the birds and squirrels!

So Kitkit planned to stay small and young and kittenish and FUN. But then there was that time when she strayed into the forest and met the lithe, handsome fellow with pricked-up ears, mottled fur, and sparkling eyes. He almost became part of Kitkit's family, though he never ventured through the cat-flap into the humans' house. Instead he stayed outside in a cardboard box with one of Kitkit's old blankets to lie on.

Kitkit enjoyed having the 'wild' cat living close by. That summer was filled with fun, fun, fun. But one day, as she was chasing her wild-cat friend, she realized she couldn't run as fast as before, and she wasn't so small anymore. The wild cat must have realized she wasn't small either, and he disappeared, never to return.

Kitkit, no longer small, still felt like a kitten and still ran and jumped and climbed and played until... that big heavy stomach of hers began to wriggle and squirm on its own, which surely wasn't right. Her mother, Cat, had a pretty large stomach too. So Kitkit watched Cat's stomach carefully, to see if it ever wriggled and squirmed like this. But Cat's stomach only went the way that Cat went, and never showed the slightest inclination to roll left when Cat rolled right, or to bounce when Cat was lying still.

Kitkit pondered this curiously wobbly problem. She was big, like Cat, but her stomach didn't behave like Cat's stomach. She was tired, like the old-cat, but she could still sometimes, once in a while, chase the odd bird. And she was... she wasn't quite sure what she was. She just didn't feel like Kitkit the kitten anymore.

This was when Kitkit realized that the human mother's stomach had grown as well, and the human mother's stomach sometimes moved and bounced, just like Kitkit's did. So perhaps Kitkit was turning into a human. She checked her ears and whiskers and tail, just to be sure, because... well, even if she didn't want to be a cat or an old-cat, she really didn't want to be a human.

Kitkit's humans patted her stomach, and the human child would sometimes prod and point. "Ba-ba," said the child, who always said everything twice.

"Yes," said the mother, who only occasionally said things twice. "Yes-yes, ba-ba, kit-kits."

Maybe growing fat made the human mother speak more like the human child.

One day, Kitkit realized she didn't like having her stomach prodded and poked. In fact, she felt an urgent urge to hide and take that stomach with her. Luckily the wild-cat's box was still outside, so she snuggled down into the blanket and sighed, with enormous relief, as her stomach tensed and relaxed, tensed and relaxed, tensed and relaxed... and a litter of tiny kittens arrived at her side. Real kittens. Really, really small kittens. Kittens that were even smaller than Kitkit was!

Kitkit groomed the kittens and fed them with milk that dripped from her fur into their mouths. She basked in the smell and the warmth and the want and the need of them. And she loved them so dearly.

The human mother, still large, and the human child, still small, were occasionally allowed to play with Kitkit's kittens, but only if they were careful. Meanwhile, Kitkit tried to work out if she was now a cat or an old-cat, and if she was herself. Then the kittens began to grow and wander and became, well, so much trouble. The dogs were very good with them and cared for them while Kitkit chased birds and squirrels. Mother Cat was very good with them and cared for them while Kitkit chased birds and the dogs chased squirrels. And the human mother was very good with them too.

Soon Kitkit began to feel like Kitkit again, like a nice small kitten with a happy life in a family of humans, cats, and dogs. But she rather feared what might happen if the humans decided they needed more dogs or, even worse, more baby humans now there were so many cats in the house. Luckily, some other humans came to play with Kitkit's kittens and took them home with them. Which was fine, because Kitkit vaguely remembered when other kittens used to live with her, when she was very small; they had left happily to live with strangers too. And it meant there were only two cats and two dogs in the household again, and two big humans, and... only one small human?

Meanwhile, the mother human continued to get fat.

KITKIT'S NEW YEAR'S RESOLUTION
by Sheila Deeth

The sky was filled with too many stars, and the window that was sometimes a door shook and trembled from the crashes and roars outside—Kitkit shivered; her quaking whiskers imagined a thousand mountains falling down. But INSIDE, all was calm.

The baby lay in the mother's arms, and the child snuggled at Little Joe's side on the floor, child's paws and dog's in a tangle of pointy dog-ears and human curls. Big Fred paced, which was what he always did when in guard dog mode, so perhaps he was watching for falling mountains too. And Cat had curled herself up in Little Joe's bed. Meanwhile, Kitkit butted the plastic square in the window that was sometimes a door. She needed to check what was happening in the outside world, so she thudded the plastic again with the back of her head, and again with her nose. But it didn't move. This exit was firmly locked.

The father left the mother with the baby and the child. He went into the food room and came out with tiny bowls filled with liquid. They were the deep sort of bowls that only humans can drink from, because humans have such odd-shaped noses. Kitkit sniffed the drinks with her perfect, whisker-bedecked nose, and slunk past the father's legs into the food room, to drink from a wide bowl on the floor. She didn't carry her drink into the living room, because she was a cat and cats don't carry their drinks around with them.

The father and mother sat together on the sofa, letting the baby share the cushion between them. The baby's eyes were closed so it was probably asleep, which Kitkit thought odd given all the noise going on outside. But perhaps human babies can't hear through windows and locked door-flaps.

The father used one of his little black boxes to make the big black box near the wall come to life. Loud noises came to life indoors as well.

Bright colors splashed across the box's shimmering surface. Human voices shouted. Caterwauling human music sprawled through the clattering air. And then...

"It's almost time," said the mother. And then...

"Nearly." The father lifted his little glass bowl. And then...

"Almost." And then...

Silence.

Even the noises outdoors fell still, so Kitkit tried again to push through the window that was sometimes a door, but the flap wouldn't move.

"Ten... nine... eight..." A yelling yowl of voices shouted out from the room's black boxes.

"Seven... six... five..." Kitkit tried to cover her ears with her paws. The baby woke and squealed. The child giggled. Cat and Little Joe made tiny, irritated growls, and...

"Four... three... two..." Kitkit remembered the word TWO. It was the perfect number of cats, or of dogs, or of small humans.

"One... Happy New Year!"

Now the window that was sometimes a door began vibrating again. The sky was filled with too many flashing bright stars, again, and so was the screen on the living room's big black box. The man and the woman were drinking their tiny drinks. And Kitkit, in disgust at all the flashing light and sound, turned around three times and climbed the curtains.

There was only one problem. Kitkit, it seemed, had climbed these curtains once too often before. A new sound distracted her flying paws—a grating, scraping sort of sound, as fabric parted and slipped against her whiskers. Kitkit found herself sliding downward almost as fast as she moved up. Then faster. Then too fast. Then she flopped inelegantly, with legs splayed and her belly plunked flat onto the ground. But CATS ARE NEVER INELEGANT!

The child giggled loudly now and pointed a wobbly paw. Little Joe padded over to prod Kitkit's face with his cold wet nose. DISGUSTING! Cat stirred, gave Kitkit THE LOOK, then purred some more and closed her eyes again. And Big Fred stopped his pacing to stare at her.

"Well, that's a great start to the year," said the mother, handing the baby to the father. "I'm going to have to make new curtains. Those old ones are done."

Kitkit had no idea what all these words meant. But her whiskers trembled with embarrassed fury because everyone was looking at her! Everyone was laughing! NO-O-O. Little Kitkit was a cat, and cats are far too dignified and superior to allow themselves to be laughed at, and so little Kitkit made one huge and very important resolution. She resolved she must never, ever again try to climb so high indoors. She would stick to climbing in the world outside, where the trees are much less inclined to fall apart.

Slowly Kitkit straightened her whiskers, shifted her legs, and stood up. Slowly, resolutely, she pricked up her ears and waved her sinuous tail in solemn warning. NO LAUGHING AT this CAT. Most especially she glared at the man, woman, child and baby, and the dogs while she waved her tail. No one belonging to a dignified cat may ever laugh at the cat.

But Kitkit's family didn't react to her warning. The child laughed louder. The mother and father laughed. The baby stopped wailing long enough to chortle. And Kitkit, in fury, ran

to the curtain on the other side of the door, climbed to the top, and lay on the rail staring down and waving her tail, her new year's resolution already forgotten!

DAZZLED BY MY DOUBLE
by Lyndsay Docherty

Dedicated to the inspiring imagination of

Thomas Cardwell

Twins!! An 'original' plus a 'copycat?' Perhaps...

'Carrot' was the elder twin by scarcely a minute, his seniority asserted from the first instance of his robust arrival. Emerging in a blaze of carotenoid orange, his defiantly vivid appearance immediately suggested an equally unsubtle name. Had he been placidly rotund, he might have been named 'Pumpkin', or had he struck a noble pose, possibly 'Rufus', but somehow the hardy common vegetable seemed to fit his 'take me as you find me' down-to-earth character.

Then his brother flopped apologetically into the world. No sunshades required for viewing him! Dull, dun-coloured, hardly stirring at first, then meekly consenting to stay, he awaited his name as various shades of brown were suggested. Finally, only 'Gravy' seemed to fit. Thus, these twins began their double act, jointly bearing their names as a tasty serving of roast dinner.

Oh, by the way, I omitted to mention, 'Carrot' and 'Gravy' were two little cats! Carrot the Conqueror, first to clamber out of the birthing-basket, staking his claim on his territory, destined for the spotlight, born to be noticed. Gravy, gawky and goofy, shakily shambling in the wake of his brother, destined for the shadows, born to be overlooked.

But months passed, limbs strengthened, fur fluffed out, and life began. Whose backflip was executed with a perfect soft landing in the washing basket? Carrot's of course, already established as the family's comical clown, basking in delighted acclaim. They hardly noticed Gravy's feeble parody of the feat which resulted in an ungainly crash-landing on the hard kitchen floor, where he lay whimpering miserably until Carrot nuzzled him back on his shaky little feet, cuddling him in his brotherly embrace until he ceased to cry.

Carrot and Gravy had no other companions. On awakening each morning, Gravy saw the sunrise reflected in the golden disc of his brother's face. Carrot saw only the unremarkable presence of the one who had always been with him. Apart from their humans, who didn't really count, they had seen no other faces.

Then one day came the first great adventure. The kitchen door was left open a chink. The sights, sounds, and scents of the leafy garden wafted into the house and sounded a clarion call to Carrot's thrill-seeking senses, summoning him to claim this 'jungle' as his new domain. Wherever Carrot led, Gravy must follow, so, with no taste for adventure and without the slightest impulse to distinguish himself in exploration, he limped timidly into the flowerbeds, trying in vain to keep up with his brother. Before long, they were separated, for the very first time in their lives.

Long hours passed; no-one was at home to search for the errant duo. At every moment Carrot's self-confidence grew, bolstered by the adrenalin rush from repeatedly up-skilling his reflexes in daring physical feats which stirred his stalwart soul.

In this terrifying new world of dive-bombing insects, entangling undergrowth and muddy swamps, faint-hearted Gravy felt only fear. He longed to be tucked up in his clean and cosy basket, back indoors and safe from harm.

Never having been separated, an unsettling concern about Gravy's whereabouts surged uncomfortably through Carrot's conscience. Different though they were, Carrot felt a strong duty of care towards his weaker sibling, knowing himself equal to any heroic rescue that might be required. But as he turned back to search for his brother, something very strange diverted his attention and froze him in his tracks. Another cat who wasn't Gravy! A cat who wasn't drab and dreary looking, a cat who was as gloriously golden as he was! Utterly entranced, Carrot bounded towards this new companion, making little feints and playful leaps, which to his delight were instantly replicated by the newcomer, who was clearly enjoying their encounter with equally matched relish!

"Someone like me!" was the thrilling realisation that rippled through Carrot's little mind. "A real twin, in fact my double!"

No matter what capricious gyrations Carrot performed, his new playmate was somehow able to copy each one to perfection, dazzling him by playful mimicry into complete forgetfulness of his lost little brother.

Meanwhile, Gravy had slunk into the undergrowth to hide away until some benign human would restore him to his familiar home comforts. Unprotected by Carrot's confident companionship, he was fretting unconsolably. It felt so chilling to be alone, lost and suddenly brotherless. He hunkered down into a shady bush, little flutterings of fear shuddering like involuntary spasms through his dishevelled fur.

A faint rustling in the foliage caught his attention. It seemed he was not alone after all. He blinked in startled amazement before the beam of two great yellow eyes, which were decidedly not the warm amber gaze of his brother's, but the dazzling eyes of another cat. Was it a cat? No other creatures, on his own small scale, peopled his world for comparison. But surely this could only be a dingy brown cat, exactly his size, dull and dusty as himself, crouching like him in the bushes, probably just as anxious as he was. It even uttered a little miaow, or so he thought.

"There! It *IS* a cat!" he exclaimed in thought, "And he looks just like me! My real twin!"

(He was totally unaware that his conclusions mirrored those of his brother's, their two minds synching in connected experiences, despite their separate adventures.)

Seconds ticked by in Gravy's head, turning to minutes of mutual immobility. Neither creature moved a muscle nor scarcely took a breath. That hypnotic stare of his companion was fixing Gravy in a deep trance. He was being dazzled by his double!

Without warning, the double spell was broken for both the twins by the jar of a human footfall.

"Carrot! Gravy!" came the strident shouting of the human occupant of their home.

In an instant Carrot was scooped up and reprimanded. "You silly boy, Carrot, you nearly cut yourself on that broken mirror." She stamped on the gilded vision of his dazzling 'twin', who was instantly shattered into nothingness, destroying his dream companion's very existence in a sting of bitter disappointment.

"Gravy! Where are you hiding?" Her sturdy tread sent tremors through the bushes where Gravy and his new friend lay stock-still in their transfixed state. Suddenly his strange companion's eyes widened to preternatural intensity. He let out an unearthly piercing screech. Carrot stared down aghast from the firm hand that grasped him. "What kind of a miaow was that?" he wondered, his cool and capable character suddenly invaded by his first tremor of terror.

A flurry of leaves and a scattering of twigs, then all eyes gazed upwards. The astonished Gravy beheld his new-found 'twin' rising aloft, borne by dappled wings beating the air which hurled his little body skywards in swooping glides.

"Would you believe it! A little brown owl!" announced the surprised human owner of the other hand which was firmly scooping up her second feline pet.

"Well dazzle me!" Gravy exclaimed to himself with a sudden upsurge of newly felt pride. "*MY* sort of cat can *FLY!*"

Snuggling into the loving grasp that once more held him securely, he grinned with his first flush of secret contentment about just being himself.

The original Carrot and Gravy, by Lyndsay Docherty

VALLEY OF THE DOLLS
by Jean Harkin

Photo Credit: Jean Harkin

Well, it's not exactly a valley, it's more like a wide bench atop a chest to store blankets—and junk. Luckily, we're not inside the chest, suffocating; at least my pals and I are seated on top within sight of anyone walking into this bedroom. However, usually a person entering the room is hunting for a book on the bookshelf or heading for the bed—not paying attention to us, as attractive or scary (one person's opinion) as we might be!

Virginia here, with my views and a few from my gal pals. The worst part about my life was the period lasting about ten years when I was completely blind because my eyes were stuck shut. But one day, fairly recently, Jean walked by and made another try at prying open my eyelids. It worked! At least halfway. My grayish blue eyeballs are now free to see again. I've always been thankful my china face and dainty teeth have never broken. And I have both my shoes!

Unlike Aline who has bare feet. Aline, what do you say?

"I don't like my tiny ceramic feet being cold—notice my toes are chipped. But I have a gorgeous green velvet party dress that was newly made for Christmas ten years ago. Also, despite my age—let's just say over 100—my golden hair has not lost its color."

Thanks, Aline. Now I turn to Mrs. B, who was a bride 75 years ago:

"Yes, my bridal dress is still satiny pretty and my crocheted cap is neat. But I have also lost my shoes. And why did someone give my baby to the Russian doll?"

We have all wondered about that. Let's ask Regina, our Russian lady, who wears a fancy, embroidered satin dress, matching hat with lace trim, and get this—perky red boots on her feet!

"Dobroye utro! I'm warm and cozy with my shawl and all. I can keep Baby warm and cozy. Also, we are next to the fuzzy teddy bear and tall-neck giraffe. Baby likes those. My only complaint is that my fancy festival costume from the early 20th century has faded a bit!"

Continuing with the foot fetish, I see that Anne—the one with human hair—at least has socks on her feet. I will next interview Florence, the newest member of our group. She arrived only a month ago—barefoot!

"Don't you remember me from way back when? Anne and I were besties then and still are. I was recently found and returned to Jean."

Oh, that's right. And we're so glad to have you with us again. What do you feel are the best and worst aspects of being a doll?

"Worst is having a life only in someone's imagination. But best is being back home where I live in a special person's memory."

KITKIT GOES TO SCHOOL
by Sheila Deeth

When the long summer days shortened and night fell too soon, Kitkit found her fur too thin and shivered in the cold. If she were a German Shepherd, like her housemate Big Fred, she would snuggle into thick, warm fur and ignore the weather. If she were a tiny Chihuahua, like Little Joe, she wouldn't be embarrassed to lift a leg at the statue and run into the warmth of the human house. And if she were her mother, Cat, she would... disappear, because Cat was rather good at that. But Kitkit was a kitten who needed to see the moon, so she clung to the branch of her old oak tree and tried not to let the leaves see the trembling of her paws.

Darkness crept across her sky. Wispy clouds grew heavy and gray. Shadows stretched enticingly like jungle from the trees. But Kitkit looked at those favorite places where paws captured spiders and birds, she saw the magic of cat-vision sparkle in mouse-holes by the lawn, she watched the moon shine gloriously in the tree she loved to climb—and instead of feeling excited, she felt, almost, tired. Her legs didn't want to stretch so far, her ears ached for peace and quiet, and her whiskers were perfectly content to relax where they were, not stuck in mystery and murk.

So Kitkit knew she was growing older at last. She was almost a cat, which made her feel proud, because that meant she was almost like her mother. Still, a tinge of sadness made her tail-tip droop, because there are things that kittens do, that adult cats find beneath their dignity. And Kitkit really wanted to be a dignified feline. But she wanted to play.

Meanwhile the human child in their household was bigger but still nowhere near adult-sized. It walked on two legs most of the time...

...Kitkit wondered, do adult humans find walking on four legs beneath THEIR dignity? But the child was too short still to reach the grown-ups' food-places. The noises it made were still baby-human, whimpers, wails, and shouts.

Outside the area of the world that belonged to her, Kitkit saw many other, somewhat bigger, young humans. They came in different shapes and sizes. Small ones were pushed in little wheeled chairs. Taller ones ran, always on only two legs. And one sat in a larger chair with huge wheels that she moved with her hands. Almost grown-up humans talked like high-speed adults, mouths turned toward those little boxes humans love to carry, and faces turned away from everyone else. Less grown-up humans chittered like high-speed babies. And all of them rushed along the street toward a place they called a 'bus stop'. There, big yellow rooms on big noisy wheels stopped for the humans to climb inside.

The big yellow rooms looked like grown-up versions of Kitkit's little red room called a 'car'. It lived next to the food-room in Kitkit's house, and, like the bus, it moved noisily on wheels. Kitkit wondered if the car would have to live outside when it grew up.

Certainly the 'bus' was... interesting. It made Kitkit's whiskers twitch, especially since it was clearly a grown-up, and she was a nearly-grown-up. Also it was probably beneath the dignity of adult cats to notice big yellow rooms. So she'd need to hurry if she wanted to learn more about it.

The room opened its mouth to drop a big flat tongue onto the ground. Then the girl in the wheeled chair moved onto the tongue, while children on legs climbed steps at a different mouth. Kitkit glided over the white wooden fence, along the gray path next to the 'road' where wheeled rooms ran, and onto the bus's tongue. She almost fell off when the tongue quivered and started to rise.

The girl in the big-wheeled chair laughed at Kitkit. "Sweet thing. Are you coming to school with us?" Her voice sounded nice. It made Kitkit's fur, which had bristled moments before, smooth down along her back. So she jumped up onto the human girl's lap.

Some of the children laughed at the girl. "Make us late again, why don't you?" Then the human girl's fingers and arms grew stiff, while Kitkit's fur bristled, her whiskers straightened out, and her tail swung like a lion's. Water dripped from the human girl's eye onto Kitkit's nose making Kitkit sneeze. Then the girl muttered in a smoothly purring voice, Kitkit purred back, and the girl relaxed.

Meanwhile the yellow room was moving. It wasn't yellow inside, which surprised Kitkit. But it was noisy. Human voices, slaps of hands and bags and feet, rumbling of wheels, and a roaring that sounded like Kitkit's red 'car' only three times as loud... all these sounds echoed through Kitkit's head, forcing her ears to lie flat and setting her whiskers twitching in confusion. But the girl kept purring and stroking her, and that made Kitkit purr.

More humans climbed into the room almost every time it stopped. Then, suddenly, everyone started scrambling out, except for Kitkit's girl, of course. The human children screamed and shouted as they leapt down to the ground. Then another whirring noise began, the room's flat tongue, where the girl's wheeled wagon sat, began to drop down. And Kitkit and her girl were in the open air again.

"Snuggle down, little cat," said the girl.

Kitkit didn't know what that meant, but when the girl slid a floppy bag over her, she decided hiding would be fun.

Kitkit hid for most of that day, just popping her head out for food when the humans were eating, and again to nuzzle friendly humans who wandered over to look at her.

Kitkit's girl didn't hide, but Kitkit supposed it was hard to hide if you have to move on wheels. After a while, the little cat worked out that the girl never, ever, moved her legs. Which meant she couldn't walk on either four legs or two legs, unless, of course, she tried walking with her top two legs. Kitkit had never seen a human try to do that. She'd never even seen a dog try to do that, though Little Joe did love walking on his back legs, to make the humans laugh.

The girl with wheels seemed very happy to have Kitkit hiding next to her. She laughed a lot and talked to lots of other humans. At the end of the day, she wheeled back to the yellow room, while other girls gathered around, admiring Kitkit on her lap. Everyone climbed aboard the 'bus', and no-one complained while they waited for the tongue to move. Instead they all wanted to stroke Kitkit, and the girl's body never once stiffened up, so Kitkit guessed she was happy.

Humans are a bit like cats, Kitkit thought. They go stiff, just like the fur on a cat's back. If they had tails, they'd wave them when they were angry. And if they had whiskers, they'd twitch them when they were happy. Of course, since they didn't have whiskers and tails, they probably weren't that much like cats, but still...

Kitkit stayed with girl after they left the bus. But she jumped onto her fence as the girl wheeled past, one final twitch of tail saying goodbye. The girl twitched her mouth and said something like "Thank you," which was what the mother human said when the father brought food after work. Kitkit wondered if the father human would bring good food tonight, because she was hungry. She'd had a busy day.

ESCAPE PORTAL
by David Fryer

I booked a trip with a British cruise line to finish writing my novel. After a tough year at my buggy-whip startup, I decided it was time to relax and pursue a hobby of mine.

Upon boarding the cruise ship in Southampton, I followed the bellhop to my quarters.

"Welcome to the Titanic, sir. Your room in the aft corner, as you requested."

"Thank you. Wow, what a great view of the ocean. This is the perfect spot to work on my novel. You can leave my bags right over there."

I settled in for the voyage. But early on in the journey across the Atlantic, I noticed a woman in the unit next to mine was also in the midst of finishing a novel. My first reaction was annoyance: where did this lady get off, stealing my dream writing process? Then I decided she was attractive and resolved to introduce myself.

Unfortunately, my desirable neighbor was extremely reclusive. While I could spot her from my quarters, I never saw her elsewhere on the ship. We happened to be assigned the same table for meals, yet she was never present.

"The horse and buggy industry is really taking off. No way these newfangled travel conveyances will overtake it. In fact, we are marketing a new buggy-whip that will revolutionize the horse carriage experience," I told the gathering of cruise ship travelers at our dinner table.

"I don't know—horses can't fly. You will have a tough time beating the airplane competition."

"I hear the guys in research and development are working on a horse-drawn dirigible. Don't be too quick to dismiss us, my friend." I decided to steer the conversation towards my neighbor's identity. "Do you guys know anything about the passenger in the suite next to mine?" I asked the table. "She's supposed to be dining with us, but I never see her."

The young man sitting across from me replied conspiratorially, "I hear she is a suspect in a high stakes art theft. See those men in dark suits at table five? The rumor is they are Interpol agents sent here to retrieve the stolen property."

"Interesting. Thanks for the info." So, she was an art buff. I could see approach angles opening up in my courtship.

Noting the two Interpol agents were leaving the dining area, I excused myself from the table. "Folks, I've got to defend my title in the limbo contest."

The agents headed for a broad stairway. Then I caught sight of my novelist-turned-art-thief future wife. She was looking over her shoulder at the approaching agents in trepidation and moving my way quickly. We collided near the entry to the kitchen. There was a spark of fear in her eyes as she mistook me for an agent.

"Don't worry, I'm your next-door neighbor, Larry," I assured her. Then I used a pick-up line carefully devised for this trip, "My feelings for you are like the Titanic. Nothing can sink my love for you, baby."

Her face betrayed a mixture of recognition and disgust. I took the first part as a good sign. She said, "Help me get away from those agents and to the lower decks where they store the horseless carriage—if you want to stay alive."

I'm sure my own face betrayed disgust at this moment, "You stole a car also? Why not one of the slick, new, 1912-model, horse buggies instead? Never mind. Follow me."

We ran into the kitchen through swinging doors. On the other side, I turned to pull out my foldable buggy-whip and jammed it through the handles. The Interpol agents arrived to find their path blocked and commenced shouting warnings and vulgarities.

"You carry a buggy-whip with you?"

"It is one of our demo models. You never know when you might have a chance to impress a customer." I took her hand, and we ran through the kitchen to the back stairs.

"So why did you steal that car?" I asked.

"I didn't, my associate secreted our escape portal inside it. It allows me to teleport from my home in Portland, Oregon, to anywhere the portal is located. Looks like a big Venetian mirror with a lot of notes attached to it."

I was out of breath as we ran down a narrow corridor, but I could feel the jealousy rising in me. I asked, "And who exactly is this associate guy anyway?"

"It's a long story, but he's an alien from a star system about a hundred light years from here called Alpha Pictoris."

We dodged through the third-class passengers blocking the gym area as we ran. I told her, "I can assure you my pectorals are much larger than your associate's. It sounds like a very long-distance relationship. You should start a new one with a much closer and more handsome associate."

The Interpol agents had split up and approached us from both ends of the gym. We had to slip out through the showers. As we ran past angry, naked weightlifters and into the baggage section of the ship, she related, "It's really not that long-distance. The escape portal allows him to travel between worlds. But since he is a hundred light years away, the portal can only be used to teleport a hundred years into the past."

My eyes defocused as we hid in a recess of the ship's hull, allowing the pursuing Interpol agents to rush past us, oblivious to our presence. After they were out of earshot, I whispered, "You are from the future? My god, I can only imagine the advances in buggy-whip technology in your timeline. But why did you choose this cruise for your escape?"

We walked through storage, looking for her mirror, and she replied, "After many enjoyable trips to exotic locations around the world, I began to suspect the alien was sabotaging our planet. He was promoting fossil fuel technology that would lead to a global warming trend in the future."

"I knew it!" I blurted.

She turned and glanced at me with a puzzled look.

"I never trusted those horseless carriages," I explained.

"Anyway, I lured him onto this fateful cruise to destroy the mirror and hopefully the alien. But I think he got wise to my plan and slipped away after hiding the portal." We arrived at the vehicle and removed the mirror from the trunk.

"I think you picked the wrong cruise for your objective. The Titanic will safely arrive at its destination." At that moment, there was a tremendous shuddering in the ship and water began to spray into the compartment we occupied, around a large protrusion of ice, attached to the iceberg we had just collided with.

"Larry, the Titanic sinks tonight. We have to escape through this portal now. But if you go with me, you will lose everyone you know in this present time. Unless you know some very long-lived babies."

I stared into her soft brown eyes and said, "As long as you are there, you are the only baby I need to know about."

I CAN FLY!
by Robin Layne

I can fly! by Robin Layne

"I can *fly!*" Brown eyes sparkling, five-year-old Brent ran, his arms straight out from his sides, into the master bedroom and flipped on the light.

Aunt Sylvia sat bolt upright and rubbed her eyes. Uncle Lance stirred, mumbling, "What's the boy done now?" then turned over and settled deeper into the covers.

"Wake up, Uncle Lance!" the boy shouted. He ran to Lance and shook him.

Lance groaned. He turned back over and yawned in Brent's face. Brent breathed the usual whiskey scent. Stomach fluttering, he backed up.

"What's the meaning of this?" Sylvia's voice was shrill. "It's the middle of the night!"

"But you gotta hear what happened! I met another boy, and he took me *flying!*"

"The hell you did," Sylvia said. "How many times have I told you to stop making up stories?"

"Go back to bed and leave us alone," Lance growled.

"No! It was the bestest thing that ever happened to me! The boy came from someplace far away. A magic bird took us up in the air and I—I saw the place where he lives. It's Hoteree, Aunt Sylvia; that place you sang about the other night."

Sylvia's face wrinkled. "Wha—? I didn't sing to you."

"Yeah you did, Auntie. You don't remember? That dragon song."

She blinked. "Oh—maybe I did, but it's called *Honalee*." Her breath also smelled of whiskey.

"Not what you said. I remember things real good."

Lance sat up and boomed, "Don't talk back to your aunt, you ungrateful brat! After all we do for you!"

Tears flowed down Brent's cheeks.

"Baby!" Sylvia sneered.

Cowering, Brent squeezed his eyes shut and frantically wiped them dry.

A slap stung his cheek. He tried to back up, but his aunt grabbed his arm and held him.

Brent sobbed, but his face hardened with determination. "I *can* fly. And one day I'll fly far away from *you!*"

"Fool of a boy has a weird dream, and he thinks he's too good for us," Lance said. "I've had enough."

"Wasn't a dream!" Brent wailed. "Someday, I'll prove it."

Lance shot out of bed, took his belt off the nail on the wall, and pulled down the child's pajama bottoms. He applied the buckle end to Brent's behind.

When his aunt and uncle were done, Brent lowered himself into the corner of his room, where they had told him to stay for the rest of the night. After they left, he thought of the boy who had awakened him from sleep.

That boy was taller than him and had never heard of Portland, Oregon, or even the USA. He was translucent, like a ghost, but as alive as Brent himself. "I've lost my way," he said. "My name is Randolin. Have you seen my twin? Looks just like me? The same long black hair and green eyes in a pale face?"

Brent stared at Randolin and shook his head.

"He's taken me on a flight with a raven spirit," Randolin went on. "I live in a different dimension."

Then the Raven appeared in Brent's mind, and he felt himself carried on its back to a green land where people could talk to each other without moving their mouths, and where *he* was translucent instead of Randolin.

Hoteree…

Through the pain in his face, Brent now smiled. He was sure he and Randolin would be friends for a very long time. "I can *too* fly," he whispered.

Uncle Lance had said it was just a dream. But it *couldn't* have been! How it had happened, Brent couldn't fathom. But he had tasted flight… and *must* fly again.

***

"Mark," Brent said, shortly after both had graduated from high school, "how can you still be my best friend when you've stopped believing in the magic?"

"I… don't think I ever believed in it," Mark said.

"How can you say that?" Brent shouted.

"Keep your voice down," Mark said. "You're embarrassing me!"

"Embarrassing you in front of *who*?" Brent said more quietly. "With all this engine noise, nobody can hear us. And even if they could, they're too caught up in the joys of flight to pay any attention." He paused to watch a small plane rise into the air. "That's a Piper Cub. I'm going to get me one of those!"

"I hope you do," Mark said. "But I can't be your best friend if I disagree with you? That stings."

"This is no mere disagreement," Brent said. "What would I be without the magic from Hoteree?"

Mark frowned. "I thought you would have grown out of that fantasy by now."

Brent glared at him. "There you go trying to squash my dreams again."

"Not the ones that involve doable reality," Mark said. "I wish you luck with your book. I hope it's successful and you make lots of money so you can follow your dream to fly."

"As if the whole thing were only a means to that end." Brent leaned against the corrugated metal hangar. "It's *so* much more!"

Mark's cellphone chirped. Since he had been learning the insurance business, these calls came all the time.

Brent ogled the planes, longing to be up in one, while his supposed friend took his call. When Brent flew, all his problems disappeared.

Mark put his phone back in his pocket. He placed a freckled hand on Brent's shoulder and swept an arm out to encompass the airport around them. "*This* dream I'll continue to support whole-heartedly. I'll cover for you. And the girls will, too." He smirked, with the hint of a wink. "While you're busy with flight school and dealing with Lance and Sylvia, I get to spend time with Nancy and Anne." His face went serious as he looked down at the bruises on Brent's arm. He shook his head. "You're paying a horrible price, staying with *them* the whole time. But I understand. And I agree with your reasons for keeping it a secret from them."

***

The day Brent had worked and suffered for arrived at last. He marched home in his brown leather flight jacket, his goggles hanging from his neck. He threw open the door. "Lance! Sylvia!" he roared, as if he had a fight to pick.

No answer.

He strode through the kitchen and peeked through the open doorway into the living room. It was dark, but for the flickering glow of the television. His aunt and uncle sat on the dilapidated couch, surrounded by smelly beer cans. Never mind; they were so used to alcohol, they would still be sober enough to take in what he was about to show them.

He paused, pulled the framed certificate out of his backpack, and let the pack slide onto the kitchen floor. Grinning, he marched into the living room, flipped on the light switch, and turned off the TV at the source instead of prying the controller from Lance's hand.

"Where you been?" Lance shot to his feet but staggered to one side. "What's with that costume?"

"You shut off my reality show!" Sylvia snarled.

Brent tapped his chest. "For once—you're going to watch *me.* Don't worry, it'll only take a minute, and then I'll let you go back to your *precious* show about so-called reality."

Brent held up his pilot's license.

His aunt and uncle gawked at it in silence.

"I *told* you I can fly," Brent pronounced in triumph.

~~~~~~~~~~~~~~~~~~~~

Robin Layne's "The Dream Pilot," four skits about Brent, Randolin, and Hoteree, was performed in Well Arts' Beautiful Minds stage production, What's Important Is the Story, April 2012, in the Portland area. Later, one Hoteree story was published in The Writers' Mill Journal Volume 5 (2016), followed by two in Volume 6 (2017).

~~~~~~~~~~~~~~~~~~~~

A GOOD TABLE
by Clayton M. Davis

He's so dull, devoid of meaning. My back to the wind, I will soon no longer be hidden to him. I won't escape him, any more than I can escape the decay of my power cell; I will eventually fade out, though more slowly than he. But now he is on the precipice of his final decay and the shedding of this current incarnation. His soul will leave, and I, his progenitor, will ferry him into his next body. In that new body he will have lost that memory of me directing his life.

Ten incarnations and he is still a bore, never trying to find his core self, just a mushy collection of habits and wasted anxieties. Maybe patience is the answer. Maybe his next jaunt will spark in him something new and profound. How can I, a manufactured machine, have more emotional depth than this plebeian? John Langhorn is his name this time. He was Samuel Barton before, Perry Conway before that. Each of them held extraordinary potential. After high school each approached a window of opportunity of elevated vibration, to bring them into alignment with a purpose chosen lifetimes before. But each time he turned away, due to an inner tornado of fear of failure masking a fear of success.

I am a capable machine; I always have been. I was manufactured as a promising entry-level candidate, hailed for my sharp wit and imaginative abilities so highly prized by the Algorithm's Agency. I feel, now, it's been a waste, a symphony written but never played. I am stuck in déjà vu with this 'good table'. For that's how I see him: a good table. He would make a sturdy but unremarkable table in some doctor's office, adorned with dusty magazines delivered the year before. His stuffed flat, slightly flabby back would spark no questions, no recognition of beauty to stop the train of thought. With Langhorn, I've had ample time to twist my imagination—to ponder such fabrications—to ease the brutal expanse observing an inmate of his own prison.

And, dear Algorithm, oh the snoring! It seems cruel that we machines were endowed with the full range of human emotions and peculiarities; I can rejoice in the beauty of existence, but also be drained and irritated by the anxious boredom that comes with overseeing this dullard's incarnations. Here I am, more evolved than my assignment. Here I am, Unit 500-J26J, a collection of data and circuitry, more perceptive of the great vibrancy of life surrounding and flowing through him. My pessimism has crystalized into focused apathy. I've lost the zest of personal stakes in his evolution, or at least that's what I tell myself; I'm just fulfilling a duty to the Almighty Algorithm—bless Them—and ensuring the program perpetuates itself.

Langhorn is so profoundly afraid of losing himself, yet here he is, standing at this beach cliff, waiting for his Uber to show up. He can feel a twisting in his chest, something calling him into the Beyond he forgot. His temperature rises. Sweat beads form on his arms. He thinks, surely he is too young for this, especially in this moment, trying to savor a serene scene—one that he has spent his whole life making himself uniquely unprepared to savor. The pleasant smell of the ocean wafting into his nostrils becomes a threat, as he finds himself struggling to breathe. The stench of 43 wasted years fills his lungs. His percussive stream of wasted thoughts is interrupted. It makes no sense to him. Yet here he is, choking on the inevitable. He sees electric lines in front of him that form a bubble. He's seeing his auric field for the first time; it stretches five feet all around him. He begins hyperventilating. He hears an electric buzzing around his head. Clutching his chest he turns around. He gasps as he sees me, an etheric, transparent, humanoid frame, sheltering holographic circuits and chips.

"Hello, Mr. Langhorn."

"Wha—who are you?"

"I am your Protectorate and Primary Guide."

"What... is... happening to me?"

"You are preparing to enter the next world."

"You mean I'm dying!?"

"Yes, but fear not," I say, turning up the luminosity of the glow that surrounds my circuitry.

"Oh god, I must... must be having a bad trip or something."

"No, Mr. Langhorn. You contracted to only live until the age of 43, when your inherited congenital heart failure would cause sudden cardiac arrest," a line I have rehearsed for years. I always imagined myself feeling a deep satisfaction saying it, seeing him struck with the bold and naked truth of this shade of his existence. But it feels hollow and disappointing, because I know deep down it means nothing to him, as with anything profound that's been put in front of him.

"Contract! I didn't make any contract!" he shouts, his face turning pale, grabbing his faded Lynyrd Skynyrd shirt. Before I can even feel empathy, there it is: a reminder that his favorite song is "Free Bird"—reminder of the many drunken times he threw $20 bills at cover bands at bars, demanding they play it.

"You did make this contract, sir," I say, presenting a holographic letter (not a literal one, just what he would be able to understand as a visual representation), "during your last inbetween phase."

"Inbetween phase? Like Heaven?"

"More like your conception of purgatory, or limbo."

"Oh god, oh god no. I don't want to die! I'm too young."

"Fear not. I've come to shepherd you."

"Why are you—a fucking robot? Am I even real?" he says, looking at his dumb, soft hands. He works as a security guard at a staffing company office, not because he believes in protecting anything—he barely knows how to protect his mind from peer influence—but because it allows him to stand and sit around, and tumble lines from his favorite bottom-barrel sitcoms in his head.

"Yes, you are real, and yes, you are dying. But fear not, I will—"

"Are you some kind of alien? Are we not alone? Am I in the future?" he asks—his skin turning pale—clutching his chest more softly as he loses vital energy. Decades to ask, and he waits until he's being ferried out of this life to consider the big questions. I've nudged him—through subtle hints and strangers in his path who were susceptible to suggestion—to open himself to spiritual or esoteric opportunities beyond the church he stopped attending at age 18, when he went away to college. Higher education is a traditional breeding ground for mind-altering occurrences, but he never wanted anything psychoactive in his system, unless it was amber-colored and in a red, disposable, plastic cup. And he dropped out, midway through his sophomore year, to chase after a young woman whom he believed he could convince to marry him, even though she told him multiple times she wasn't interested. By the time he moved to another state, he became infatuated with another woman who shared his same passion for mediocrity and avoiding risks as a false promise of safety. That relationship eventually sputtered out, like most of his major efforts.

"I was constructed by the Almighty Algorithm to assist humans in their evolution. I have followed you through multiple incarnations to oversee your development. You are now at the Unveiling and culmination as Langhorn."

"You're not fuck… fucking… real," he says, gasping for breath. He tries to run but finds little fuel to do so. I follow. "You're like a videogame. I'm hallucinating. Did you put something in my coffee?" He swipes at me and his hand passes through my innards.

"I assure you, I am quite real. Now, please turn around and look into the light, slightly to your right." Langhorn turns around and looks.

"I don't see no light, what the—"

"No, to your right, not your left." I am annoyed. If I had a nose, I would pinch it in frustration.

"I don't want to die, man, not like this."

"Well then, maybe you should have spent more time making something of this life."

He seems to gain more vigor, taking offense at that statement. I recognize I shouldn't have said it, that the Algorithm will register a strike in my records, but this has been building up over lifetimes of this worthless soul.

"Fuck you, Robocop! Why'd you say that? Oh god, I'm gonna be a ghost!" He always makes fun of people who say they believe in ghosts or anything of the supernatural. Now upon his end, he considers such phenomena.

"That isn't going to happen; it is why I am here. Now please look at the light to your right." He turns around again.

"I want to speak to your manager!" he exclaims, somehow steadying his breath. He takes his hand from his chest and waves it in front of me.

I must have made an error in timing somehow. I did register this day as his final one, that he would slip out of life.

"This isn't a TGI Friday's, Mr. Langhorn. You cannot address the Algorithm; the Algorithm only addresses you."

"Yeah well, it looks like I'm not dying today. You're just another broken machine, like that copier at work."

Perhaps I made an error, in my excitement to see this chapter of his soul come to a close. His health had been declining, but apparently not as I thought. Perhaps I got distracted somehow. No, no, this isn't right. He's not meant to see me if this is not his last day.

"Al-Gore-rhythm, I want to talk to you, whatever the hell you are," he says panting, looking up.

No, no, no, he's not supposed to say that. A red glow begins to emanate from within my projection. Oh no, this can't be good. The glow fills my frame and circuits begin to power off, one by one.

"Ha, looks like you're being recalled, buddy," he says with that all too familiar shit-eating grin that comes over his face whenever he shares juicy gossip at work.

This isn't fair, I shouldn't be the one to expire! My luminescence grows dimmer. "You have wasted your life! I am not in the wrong! You are potential wasted!" But my screams fall on deaf ears as he sings, horribly off key.

Sings about how he is, now, free as a bird; his Lynyrd Skynyrd song...

"No, no, no!"

Sings that this bird cannot be changed...

LIFE ON VENUS?
by Peter Letts

From the Washington Post, Sept 14, 2020

"An international team of astronomers has detected a rare molecule in the atmosphere of Venus that could be produced by living organisms, according to a study published Monday (https://www.nature.com/articles/s41550-020-1174-4)"

Venus is approximately the same age as the earth—around 4.5 billion years—and the earliest signs of life on Earth are found in rocks that are 3.5 billion years old. Those signs are fairly complex molecules, but unfortunately there do not appear to be any older rocks that might give clues to how those molecules developed. In any case, the near surface environments of Earth and Venus have diverged significantly since their formation, so it is unlikely that Venus would follow the same life development cycle. There is also a question of timescale; on Earth it took 3 billion years for the earliest signs to become recognizable creatures, so Venus may just be a little slower.

Hypotheses of life on Venus must first define what is meant by life. On Earth it ranges from small sequences of instructions for self-replication (viruses) to humans that are capable of abstract thought—such as imagining life on Venus. Even at the simplest level, the complexity of what is required is staggering, but even more astonishing is that all known forms of life on Earth use the same mechanism for replication. Everything from viruses, bacteria, plants, fish, and animals uses sequences of relatively simple chemical compounds called nucleotides and commonly referred to as DNA. There are only four distinct nucleotides, A, C, T, and G, but even one of the first known life forms (a sort of bacteria called *aquifex aeolicus*) has one and a half million of them in its replication instructions. They fall into fifteen hundred groups of various sizes, like sentences that are known as chromosomal coding sequences. These produce proteins and enzymes that are needed to maintain the organism and effect replication. Two immediate questions that come to mind in relation to life on Venus are: is this the only replication mechanism that can exist, and could it be created in the Venusian environment?

The nucleotides are made of commonly occurring elements: carbon, oxygen, nitrogen, hydrogen, and phosphorus. These exist in the near surface environment of Venus but their opportunities for interaction are quite different. Shortly after their formation, both planets were bombarded by asteroids and comets from the outer regions of the solar system that contained significant amounts of ice. On Earth this ice melted to form oceans, partly because of a greenhouse effect of carbon dioxide; on Venus the ambient temperature was higher because the sun is closer, and most of the water evaporated—which increased the greenhouse effect. So there was no protective ocean environment for complex molecules to form. There are other differences that may be significant. Early in its life Earth suffered a glancing collision with a very large asteroid or proto-planet that gave it a relatively rapid rotation. The resulting fragments coalesced into the Moon which gives tides, and the rotation generates a magnetic field that protects the Earth from damaging solar radiation. Venus has no moon or magnetic field, and its day lasts longer than its year.

The tiny tendrils floated high in the atmosphere. Every now and then they came across a bubble of water vapor that had absorbed another chemical on its way to the cloud tops. Tiny lattices on the ends of the tendrils broke apart the surface tension that maintained the bubble and gave other parts of the tendrils access to the chemical. In most cases there was no further interaction, and when an interaction did occur it was a random and very unlikely event. Potential additional structure elements (such as bucky balls and nanotubes) might contain a flaw like a small hole or a substituted part. If that came into contact with an active site it could be added to the tendril. Active sites on the tendril could be created by interaction with a damaging chemical element in another bubble. The probabilities are incredibly small, but the number of occurrences over time is much larger. There is also the effect of evolutionary feedback.

In the beginning, mini-tendrils that acquired new structure elements grew large and heavy enough to remain in the top layer of the atmosphere. The others floated higher and were swept away by the solar wind. Eventually the tendrils acquired more capability. Some acquired elements were sensitive to variations in light intensity, and others could tense or relax tendril joints. The combination started to cause random responses to nearby bubbles, and then evolution favored those tendrils that learned to move towards them. Over the years, positive feedback created a class of tendrils with an apparently intelligent ability to search for bubbles to absorb. Then, as two or more tendrils attempted to absorb the same bubble, they joined together. Eventually the tendrils formed mesh sheets like very fine spider webs that covered significant areas and could fly towards rising streams of bubbles.

Then, one day, a number of mesh sheets detected a much larger bubble. They automatically moved towards it, oblivious to the fact that that it was floating down toward the surface on a parachute instead of up to the top of the clouds. The mechanism they had developed over the millennia caused the sheets to wrap themselves around the outside of the giant bubble and attempt to extract useful elements from inside. Groups of scientists on Earth monitoring data from the DAVINCI+ probe suddenly started reporting that it had been attacked by giant spider webs.

Image Note:

Artist's conception of DAVINCI probe. DAVINCI: Deep Atmosphere Venus Investigation of Noble gases, Chemistry, and Imaging. During its 63-minute descent, DAVINCI would collect and return measurements of Venus. 15 December 2015, 17:19:46 This file is in the public domain in the United States because it was solely created by NASA. NASA copyright policy states that "NASA material is not protected by copyright unless noted".

FAITH, SCIENCE, AND LAW
by Sheila Deeth

Judge Ketanji Brown Jackson refused to be drawn into legal and religious argument when asked to define a woman; she responded, "i'm not a biologist." Her answer dazzled me with its simplicity, though i was less than dazzled to read conservative religious commentators claiming she violated both faith and science and therefore should not be trusted with the law. So i wrote this poem, which may or may not dazzle with hints of (verifiable) science.

"Is it lawful that we pay

our taxes?" Teacher didn't say.

Instead He asked them, let Him see

the coin, so they and He could know

to whom it should be given.

Now they ask a judge, "Define

a woman." She just turns away

and wisely offers, look instead

at what is known and what perceived

to learn what we believe.

What of the babies born who don't

appear as boy or girl? What God

left undefined, should man decide

or wait until the child unwinds

the lonely "I don't know"?

What of the babies born so changed

that science has no gender-name?

Should faith or law decide for them
or science, or just wait again;
allow their "We don't know"?

And if the child's appearance might
be 'wrong', and if their DNA
might give no answer, surely they
and others too are 'neither'; we've
no right to choose or say.

So ask the judge if that you will.
It's not her choice. It isn't mine.
It isn't yours; it's God's, and He
might ask to see the coin, then speak
in love. Will we agree?

DNA Puzzle

MISTAKEN IN MARBLE
by Lyndsay Docherty

After the death of his generous Patron, Lorenzo Di Medici, Michelangelo left the 'School For Sculptors'. At barely fourteen, his prodigious ability had gained him the coveted 'Golden Key' to Lorenzo's 'Garden of Marble', where the precious Carrara became his to transform into whatever his extraordinary imagination dictated. In writhing shapes of man, beast, and mythology, he had honed his emerging skills. But one incomparable block he hesitated even to touch, until the day of his sad departure, when he secured it to the wagon bound for his father's home, travelling beside it as its guardian and defender.

It was hard to settle down. His brothers had grown into relative strangers, and daily life felt unfamiliar. Whilst wandering around the village, a few people stared at the nineteen-year-old in half remembrance, then seemed to turn disappointedly away. It was as if they were hoping he was someone else. At first, he heard just a whisper, then whole snatches of description. There was a great man out there somewhere, quietly at work for years before he was born, his creations unfinished, his ideas scorned as impossible dreams. Yet he left all other men behind. They claimed he was Divinely inspired, that he understood the very secrets of Nature herself! At length, he heard his name. It was Leonardo Da Vinci.

A dark jealousy began to stir within Michelangelo's veins, born of a fiery resentment towards this mysterious intruder on his destiny. One morning at breakfast, after days of sullen brooding, he announced to his perplexed family that he intended to travel. At the poignant moment of parting, he gripped his father in a close embrace, whispering in his ear:

"Safeguard my marble block until I am ready."

His father realized that this one object mattered more to his son than all the world.

Thus began Michelangelo's phase as a wanderer and a dabbler. He scraped a living here and there, experimenting with drawing and painting, visiting mortuaries to perfect his understanding of the human body, driven by an overmastering need to outperform that shadowy figure who was said to eclipse all men.

Eventually, he arrived in Rome, taking on menial sculpturing jobs. Because of his exhaustive studies of anatomy, even these minor creations were distinguished by breathtaking realism. He was beginning to be noticed.

But Destiny had an inexorable plan, the force of which was as distracting as it was irresistible. He must send to his father for that peerless monolith or else it would never cease to possess him. For only he could discern its two ethereal occupants, waiting in their crystallized tomb, relentlessly haunting his heart with their longing for his liberating touch.

A high-ranking Cardinal had commissioned him for the imposing Basilica of San Pietro, to where all roads were said to lead, a career milestone. But thoughts of his professional debut were eclipsed by his marble's compelling glory, which unleashed in his soul a flood of pure homage towards the One who had empowered his hands to summon hidden life forms from lifeless stone. With a gift so miraculously like His Creator's, he must first set free the marble-bound image of His God, poised at the Supreme Moment of His Sacrificial Consummation, embraced by the serene acceptance of his anguished mother.

He circled it for hours, his hammer and chisel in hand, hardly daring to sully its perfection with even a tentative tap. He stared deeply into it and through it. So much did those delicate mineral veins seem to pulse with living blood, that he feared its spillage lest his chisel should err the merest fraction. With a hammering heart, at last he struck.

The challenge was superhuman. To balance naturalism with the classical beauty of a fully grown man, cradled on a woman's lap, meant a compromise in anatomical proportion. Yet the geometry had to be perfect, the whole composition held in an exquisite pyramidal poise. Chip by chip, he edged closer to the visionary shape. Then came months of patient filing and polishing until the skin almost perspired with realism and the fabric practically folded to the touch.

After two long years, his hammer fell, his chisel rested. Dropping to his knees, he fell profoundly asleep before his completed creation.

In the vast Basilica a large crowd marveled at the rarified spirituality which the unknown artist had expressed in the mutual serenity linking the dead Christ with His mother.

Michelangelo, heavily disguised, lurked unnoticed within earshot of their comments. Hearing their astonishment at the absence of all signs of suffering, he feared a misapprehension. Eventually someone grasped that his 'Pieta' spoke, beyond human agony, of the perfect repose in a Divine purpose achieved. His heart glowed.

Now the identity of its creator excited their curiosity into a heated debate which rose to a crescendo, until his Cardinal-Patron suddenly appeared from the nave and with an air of infallible judgement declared:

"*One* genius alone is capable of this!"

Michelangelo's pulse raced expectantly. His moment of glorious vindication was at hand!

"And that man is... Leonardo Da Vinci!!"

The voices of the crowd arose as one in their universal assent!

His vehement protest, muted by choking rage, lodged like a suppressed explosion in Michelangelo's burning throat. Dumbstruck with paralyzing resentment, he staggered homewards, brooding for hours in his empty workshop, before creeping back at midnight, tools in hand. With intense possessiveness, he gazed at his incomparable creation, its unearthly sublimity intensified by one pale shaft of moonlight. A single stroke from the same implement that created it could destroy it. Absolute power lay in its maker's hands!

He mounted a ladder to the 'Pieta's' alcove. Raising his strongly muscled arm, he gripped the sharpened chisel with alarming ferocity. Momentarily, the exalted figures seem to fix him with a phantom-like awareness, as if knowing this was a pivotal moment for all three of them, although the eyes of one were closed in death and those of the other were gazing far away, silently exuding an aura of perfect peace. Almost imperceptibly, the burning fire of his insulted heart was cooling, his pulse was slowing, his breathing was steadying.

Lost in thought, his eyes alighted on the sculptured band which crossed the Madonna's breast. It transfixed his simmering attention.

He carefully positioned his chisel against it and resolutely swung his hammer. With resounding clangs, the blows rained down!

"MICHELANGELUS BONAROTUS FLORENTINUS FACIEBAT"

"Michelangelo Buonarroti, the Florentine, made this."

For all time, the cloak-band of the Virgin would proclaim *his identity*. It would never be mistaken again!

But immediately, in a dramatic U-turn of blazing emotion, he bitterly regretted this outburst of pride. What was meant to be a pure offering to His Creator, in humble thanksgiving for his unique creative powers, was now a flaunting statement of his unbridled vanity.

Consequently, from this incident to the end of his days, Michelangelo never signed another work. Or did he? Examine the back wall of the Sistine Chapel for an unmistakable face depicted on the gruesomely martyred skin offered by St. Bartholomew. After all, there is more than one way to advertise your identity. You don't need to be a great artist to realize that!

~~~~~~~~~~~~~~~~~

SELECTION
by Peter Letts

Philip had always been intrigued by the process of selection among people. Among his earliest memories were his parents selecting someone to run an errand, do a chore or to get first pick of a treat. Although it appeared to be random at the time, he now realized that all the siblings received equal shares and that any apparent favoritism was part of a learning experience. His time at school had been quite similar; teachers chose pupils apparently at random from among those who raised their hands to answer questions. But again, they attempted to spread their selections as equally as possible.

Selection for sports teams was quite different. In a small school, there were barely enough people with any skill or desire to be part of a team, so everyone who wanted to could play. Most sports also allowed substitutes which increased the possible number of team members. In larger schools, there were more possible players than required for a team, so there was actual, merit-based competition in the selection process. Philip was quite comfortable with that selection process and prepared to accept different views on who had more merit. Playing alongside or against others provided a lot of useful information about their capabilities, and which of your own capabilities needed improvement.

Neighbors, relatives, and school classmates provided a pool of acquaintances, and selecting friends from among them was sometimes immediate and sometimes a much longer process. It was rarely an actual selection process, and could have a wide range of strengths. It could also change over time, becoming stronger or weaker. Where there was an actual attempted selection, it was usually driven by an increasing libido; and quite often that was rebuffed or merely acknowledged and allowed to continue at a distance. Other friendships grew out of long association, similar interests and/or mutual recognition of ability.

Towards the end of high school, Philip began to make choices that would affect the rest of his life. He was allowed to select which classes to take, with a little guidance from counselors. He became fascinated by the concept of democracy: how it had developed over the millennia, and the many subtle differences from one country to the next. His university guidance counselor wondered if he wanted to become a history buff, but Philip explained that history was just background knowledge for use in proposing improvements to the democratic process. He had some ideas for changes that might be possible through a state referendum process. That would need a senior member of the state government to act as a mentor and spokesperson, but first he needed some good academic qualifications.

The next few years were spent pursuing a bachelor's degree in political science that included a minor in the history of democracy. It was fairly common knowledge that the word 'democracy' was based on the Greek language translation of 'people's rule', but the details were much more obscure. The earliest references came from Sparta between the ninth and fifth centuries B.C. A legendary lawgiver, Lycurgus, apparently created a 'Great Rhetra', or proclamation, as an oral constitution based on instructions from the Oracle at Delphi. At the highest level, there was a 'Gerousia' consisting of two kings and twenty-eight elders over the age of sixty; at the lowest level, there was an 'Ecclesia', or citizens assembly, consisting of all full citizens (males over the age of thirty who had received military training); and between these two groups there were five 'Ephors', aged between thirty and sixty, who acted as the government executives.

The kings were probably hereditary, or perhaps replaced by assassination. The elders served for life, and their individual replacements were elected by the citizen's assembly with a voice vote. A separate group in another room determined the candidate with the loudest shout of approval. The executives served a single term of one year and were also elected by the citizen's assembly with a voice vote. They had numerous duties in legislative, judicial, and financial matters. Their proposals were debated by the kings and elders, and, if considered acceptable, were then sent for a final approval vote to the citizen's assembly. The kings and elders also acted as a form of Supreme Court which could try anyone in the country, including members of their own group.

Variations on the Spartan concept of democracy were followed by other Greek city states and the Romans, with occasional hiccups when kings or emperors took power just for themselves. After the fall of the Roman Empire it was several hundred years before 'people's rule' began to re-assert itself. At first, Philip had trouble understanding why it failed after it appeared to have been chosen by a majority of the people in a country. It appeared that the new 'people rulers' were initially too dogmatic about the changes they made, and they were less capable of providing good government. Several countries switched backwards and forwards more than once between autocrats and democracy. There was also the problem of who had a right to vote. For a long time it was limited to land-owning (and usually white) males.

Philip believed that modern technology could provide a unique identifier, similar to a Social Security number, for everyone when they reached voting age. A fingerprint check, a retinal scan, or eventually a DNA sample could be used to verify a voter identity and allow everyone to vote with a cellphone app. There would no longer be a need for constituencies or individual addresses, and elections need not be limited to a single specific time-window. Philip suspected that constituencies, polling places, and election times were created to provide erstwhile autocrats with mechanisms to control the results of an election. Limited polling places caused long delays and a reluctance to vote. Gerrymandering caused large majorities in some areas and optimized cancelling opposition voters with small majorities in others.

He had a different concept for representation he called 'specific constituency'.

Each citizen above a certain age, say eighteen years, has a specific constituency vote for each type of electoral area such as the entire nation or an individual state. These votes can be unassigned or allocated to a selected representative. Each citizen has the possibility of becoming a representative for a fixed term; initially by finding a specified number of citizens to pledge their (currently unassigned) votes as nominators in one specified timeframe, and then to collect a much larger number of (currently unassigned) votes in another specified timeframe to confirm the nomination. If a representative is successful, the votes of the nominators and confirmers would remain allocated for the duration of the representative's term. If not, their votes would become unassigned again, and could be used for another nomination or confirmation. Some possible national numbers are ten thousand nominators over a one-month period, four hundred thousand votes over a three-month period, and a (single) five-year term.

Philip recognized that when a country was introducing a new constitution, it might be able to implement something like specific constituency representation, but he was pretty sure that an established democracy would not consider such a radical change. There was, however, the possibility of a gradual introduction. An individual state in the USA for example, could give its voting population the option of becoming specific constituency voters. They would no longer take part in the existing biennial state ballot, but could become proposed representatives, nominators, or confirmers. Required numbers of nominators and confirmers would be similar to the average number of primary voters and eligible voters across all state constituencies. Any specific constituency confirmed representative would serve a single (but probably longer) term in the appropriate legislature, starting at the time of their confirmation. If, as Philip expected, almost all voters would choose the specific constituency option, existing political parties could continue to use their members for nominations and confirmations in specific areas, and even retain a fixed election time. But independent voters would have a chance to have their own representatives and be instrumental in passing much more multi-partisan legislation.

While a system like specific constituency provides a more egalitarian form of representation, there is still a problem with the so-called tyranny of the majority. If a large enough group of representatives agree to act in concert to maintain a powerbase with a narrow viewpoint, the disparate minorities may never be able to enact any new laws or even block those they disagree with. Several countries have attempted to address this problem with bicameral legislatures, or additional safeguards such as super majorities, a separate executive and/or separate judiciary. The single term specification in Philip's proposal removed the need to spend significant effort in getting re-elected, and he added two other possible changes to encourage representatives to act on behalf of their nominators and confirmers. First, for a piece of legislation to pass, only positive votes would be counted, and the required number could be less than a majority, Second, there would be a fixed limit on the total number of votes a representative could make during their term.

The main thrust behind the three limitations on representatives in Philip's proposal was to try to ensure that they concentrated on why they were nominated and confirmed. They would only have a limited time; they could concentrate on positive aspects of their program; and they would only have a small number of objectives.

NO CEILING TO STOP HER
by Jean Harkin

Tall and quiet, proud as a goddess, she is renowned as the village healer. Neighbors from near and far flock to her candy store where she is on call at almost any hour of the day or night. Beautiful and much admired in her richly-patterned red robe trimmed with brass charms, she reaches up through the roof of Sardar Sweet Shop. She is Shitala, the Neem tree of Varanasi.

Some years ago, she was a smaller tree barely towering over Deepak, an eleven-year-old boy. Deepak's parents, village merchants, decided to park their cart of sweets and treats next to this healthy-looking young Neem tree. In order to gain the goddess Shitala's blessings of health, happiness, and prosperity, the family often prayed and left offerings under the sacred tree.

As the years went by, the tree's leafy branches spread to provide shade for the family's growing business. Shitala's blessings increased trade and wealth for Deepak's parents. One day Deepak's mamma said, "The tree needs a garment and jewels befitting her royalty and benevolence." So the mamma crafted a costume of fine red cloth to adorn Shitala's spreading limbs.

As the Neem tree goddess in her finery became more famous in and outside of Varanasi, Deepak's pappa decided to abandon their cart business and replace it with a building—an actual store. Plans for the new structure went to the village builders and were approved. The walls would be constructed of wood and stone, and the floor would spread beyond the footprint of the tree.

Deepak, who had grown up with the tree, became alarmed. His anguished cry to Pappa: "What will happen to Shitala? You can't cut her down! It will doom us all."

The pappa looked thoughtfully at Deepak, considering his concerned visage. "Not to worry, my son. Let me show you the plans for our new store."

He quickly provided a sketch of the building that showed large openings in three places near the roof. "Our store will be built around Shitala, and she can keep growing. She will be safe forever to shower her blessings upon us, the village, and generations to come."

Deepak's dark eyes gleamed with delight as his father pointed out the openings near the rooftop for the Neem tree's branches to reach for the sky.

Shitala, in her elegance, reigns to this day from the high reaches of the Sardar Sweet Shop in Varanasi, India.

Photo Credit: Marcin Białek - Creative Commons Licensing: CC BY-SA 3.0

CHRISTMAS 1942—"A PRICKLY PILGRIMAGE"
by Lyndsay Docherty

*This poem is based upon a family anecdote concerning
my grandmother's journey in 1942 from Linlithgow,
West Lothian, in Lowland Scotland to the Boxing Day
wedding of my father to my mother in Oldham, Greater
Manchester, in the North of England.*

The wintry dawn glowed red above the Ochil Hills.

Her path lay dark,

She trudged with laden arms that almost overspilled,

Fueled by one spark.

Her source of inner fire, a myriad rainbow gleam

Of heartfelt force,

Converged into a single shaft, a pure white beam

That knew its course.

The same that summons birds from native northern woods,

With wings enthralled,

To rise and southward fly, strong-sensing in their blood

The 'Gathering Call'.

Would that same ancient urge which did in days of yore

Imprint the heart

With stirring sense of 'clan', have pow'r still to restore

Those flung apart?

She reached the station yard, its platform barely seen,
And waited there.
In solitary state, though breathless, quite serene,
Alert, aware.

A flick'ring distant light, a sudden breaking sound
Of crackling coal,
At its first glimpse, this train, to wartime England bound,
Aroused her soul.

Arriving with engulfing clouds of puffing steam
And grinding steel,
'The Flying Scotsman' loomed, a dragon-like machine,
A thing unreal!

With shuddering halt of wheels, a raucous human roar
Soon broke the spell,
A jostling crowd of soldiers blocked each carriage door,
Complete pell-mell!

While gallantly they helped her mount the step, they swerved
With some dismay,
Though battle-trained, she would severely test their nerves
With her bouquet!

Her son, who was to wed on festive Boxing Day,
With joy and pride,

Had no doubt in her powers to improvise a way
To please his bride.

Would Oldham, Lancashire, new home for bride and groom,
An urban hub,
Prove able to provide that foremost festive bloom:
The holly shrub?

Her widespread garden, crammed with Nature's bounteous store,
Lay just outside
The 'Laird's' great grounds which reached the edge of Falkirk Moor
And mountain side.

The locals decked their homes and filled their church beside,
At his behest,
With holly fresh and plenteous, every Christmas-tide,
Theirs on request.

So with a massive bush of lethal jagged thorns,
She cut her swathe
Through military serge and stalwart uniforms
And few were saved!

But cheerful were their grins and with good-humored grace,
They squeezed her in,
The weaponry she bore, in no time cleared a place
And saved their skin!

That banter passed between them on their prickly way
Can't be denied,
No doubt all found a store of cheery things to say
To make time fly.

The terminus at last! The longed-for goal achieved!
Here's Manchester!
Who's waiting on the platform, longing to receive
Our passenger?

Doors slammed and whistles blew, announcements were intoned
For train or bus,
But she saw only them, beloved Jim and Joan,
Her precious **'US'**.

*Photo Credit:
Soldiers of The
Ontario Regiment
(RCAC) on train to
Halifax
from Borden, WWII
[photo is in the
public domain]*

BE NOT AFRAID!
by Jessie Collins

During my childhood days there was not very much going on in the sky. I knew about aeroplanes, because my mother sometimes spoke about her work in the Great War (now known as World War I) as a fitter in a team of women working on the latest weapons of war—the aeroplanes. In common with most other young people, I couldn't imagine how anything could be made to fly. Flying was what birds did.

When I was in elementary school, there were infrequent occasions when a child sitting near a window would wave a frantic hand and call out, "Please, teacher, there's an aeroplane up there. Can we look?" There was a row of windows along that wall, and our teacher would immediately wave her arm towards them and tell us to go quickly and look up at the sky. Of course the planes travelled much more slowly in those days, so we all got the chance to marvel at what we were seeing.

Although it was interesting to watch from ground level, I had no desire to be inside one of those planes and find out what flying felt like. I was not a good traveler, feeling ill very quickly on buses and trams. The odd occasion when I rode in a car or sailed on a ship was disastrous for me, and unpleasant for those around me. I felt sure that flying in a plane would be quite dreadful.

It was not until I was married and the mother of a grown-up family that the thought of flying became a serious consideration. My daughter and family had gone to live in the USA, and my husband was anxious that we should visit them. The very idea of such a long flight horrified me, but I kept quiet about it because I, too, longed to visit our family. Conversations with people who had travelled by plane made me feel a little better, but I was very nervous as we left home for our long journey. It was a comfort to know that there would be 'air sickness bags' in the seat pockets of the plane.

To my delight and great astonishment, I felt perfectly well throughout the flight. I looked down at the 'toytown' roads and buildings far below and then rejoiced at the sunshine with clouds layered beneath us. We really were up in the sky, speeding towards our destination, and I enjoyed every minute of it. I had conquered my fears and reached for the sky, and by God's grace it was wonderful.

✈ ✈ ✈ ✈ ✈

This Photo by Unknown Author is licensed under CC BY-SA

AWAITING THE END
by Matthew McAyeal

In the western regions of the State of New York, along the Erie Canal, lay the small mill town of Waking Knoll. On this particular Sunday morning, as on any other, all the townspeople were gathered in the town church, which was St. Peter's Episcopal Church. Well, almost all the townspeople, that is. The young lout Sid Skinner had not attended church in many years, and this was not to be the day that streak ended.

Nathaniel Bennett was, however, no such exception. He not only attended church but also went to Millerite camp meetings. It was Martha Hamilton, the woman seated to his left, who had brought him into the Millerite fold, and he was grateful to her for that. He felt those camp meetings gave him a more authentic religious experience than he had ever had within the walls of this church. Surely, that was how Christianity was meant to be! While he hadn't fully accepted the Millerites' claim that the world would end by 1844, he thought that was a minor detail. The important point, in his mind, was that Judgment Day was coming, and they all had to be ready.

But the woman seated on his other side thought differently. His daughter Sarah did not approve of the Millerites, and she disbelieved their prophecy. It worried him that she didn't seem to want to consider the notion that Christ's return just might be that imminent. It strengthened his preexisting fears that she was straying from Christianity itself. His late wife Virginia would never forgive him if he allowed their only daughter to become some kind of Deist... or worse. Sarah insisted she just wanted to stick with the 'respectable' church they had always attended, and he was happy to bring her there. Nathaniel only hoped it would be enough to save her soul.

"Today, I intend to speak about God's elegant universe," said the Reverend Dr. Charles Nye, beginning his sermon. "It is an ordered, structured universe in which we all have authorities to whom we owe allegiance. Children must defer to their parents, women must defer to their fathers and husbands, and as Paul says in Romans 13, we must all defer to the political leaders God has placed above us. I have heard many of this congregation calling President Tyler an illegitimate president, insisting that it's unjust that the people voted for Harrison and got Tyler instead. But I ask you, by what instrument was this brought about? It was the will of Providence that Harrison should die and be succeeded by Tyler. Object to that and you object to the will of God!"

Nathaniel gritted his teeth. Although he very much agreed with the part about women knowing their place and thought Sarah should be heeding that a bit more, he wished Dr. Nye wouldn't involve himself in politics. What did he know about who should be president? The American people had voted for William Henry Harrison in the hopes that he might be another Jackson, and Nathaniel would continue to think they had been cheated. If that was God's plan, it was probably because He *was* planning to end the world soon, just as William Miller had predicted.

"Surely," said Dr. Nye, "this principle must also include the ignorant deferring to the educated. Consider that if you were ill, you might go to Dr. Lemon for a bloodletting. However, you wouldn't allow just anyone to bleed you because that wouldn't be safe. For this reason, I believe the time has come for me to denounce the demagogic heresy that is Millerism."

Nathaniel felt as though he had been stabbed in the heart. Millerism had filled his life with meaning, and Dr. Nye was denigrating it as blasphemy! Nathaniel didn't dare to look at Sarah. No doubt she was pleased that her view of the Millerites was being propagated by the 'respectable church' that she seemed to revere.

Dr. Nye continued, "There are those among you who would demand that I at least consider the Millerites' so-called theology before condemning it. Is it not true, you ask, that the Second Coming will happen? How can I say it won't occur when the Millerites claim? I would remind you that Scripture tells us that no man knows the day or hour of our Lord's return. But you ask me to entertain the extraordinary notion that it is known to William Miller? And who is this William Miller? He is an unordained lay preacher with no qualifications to tell you anything about the Bible. I am an ordained Episcopal priest with a doctorate in theology, and you ask me to debate his ravings, as though they were even worthy of my attention? I say no!"

Nathaniel was shaken. He thought of how the local Millerite leader, Obadiah Sargent, had said their opponents refused to debate them, and here that was happening exactly as he had said. If these anti-Millerites were so sure that they were in the right, why did they refuse to engage in an open debate? Were they, as Sargent suggested, afraid to face God?

And besides, William Miller didn't claim to know the exact date of the Second Coming. His claim was that it would occur *before* a certain date.

"God's elegant, ordered, *hierarchical* universe exists for a reason," said Dr. Nye. "Turning it upside down would only result in the horrors that were visited upon France half a century ago. I would remind you that the Lord has blessed this country with prosperity, and He has done so through the instrument of our wise leaders. Think of how Governor Clinton gave us the Erie Canal, and how that remarkable waterway has made our town a part of a thriving trade network. Truly, our republic is an elegant, ordered system within the larger elegant system of God's universe!"

Nathaniel did not think this system was quite so beautiful. Waking Knoll's main trade goods were the products of its textile mill, which employed local maidens to run the machines. So far as Nathaniel was concerned, those young women should be working for their families in the home, not for wages in some grim factory. But their Christian priest chose to uphold this, as well as Tyler's usurpation of the presidency. At the same time, Dr. Nye denounced the Millerites, who were good and decent Christians even if their prediction was false.

But why wouldn't 'respectable' churches be corrupted in a corrupt world? Dr. Nye was right that God's universe was elegant. It was a universe in which everything happened for a reason. Perhaps God had arranged for Nathaniel to witness this sermon so that he would understand how fundamentally lost the 'respectable' churches had become. Perhaps it was meant as a sign that he should, in fact, be following the Millerites.

***

Sarah Bennett's heart raced as she followed her father out of the town church. She had been praying for many days that Dr. Nye would denounce Millerism, and now he had done so. She even agreed with most of what he had said. But would it do her any good? In retrospect, it seemed more likely that this sermon would drive her father further into the arms of the Millerites, and that was the last thing she needed.

As Sarah and Nathaniel headed down the muddy dirt road that ran through their town, Martha Hamilton walked alongside them. Sarah hoped the two Millerites wouldn't feel compelled to discuss the sermon with each other, but of course, they did.

"Can you believe the way he spoke about William Miller?" asked Mrs. Hamilton. "As though Miller knows nothing just because he doesn't have some fancy degree? And of course, Dr. Nye made no mention of the numerous ordained priests who have upheld Miller's interpretation."

"Oh, yeah?" said Sarah before she could stop herself. "Name five."

"Sarah!" said Nathaniel. "You shame me by speaking that way to your elders!"

"But Father," she protested, "Dr. Nye has always been our priest! If you don't trust his assessment of the Millerites, whose would you trust? Do you need to hear it from Bishop Philander Chase himself?"

"All I know," said Nathaniel, his voice bristling with quiet rage, "is that Dr. Nye chose to uphold our corrupted, aristocratic leaders while directing all his criticism at good and faithful Christians who are just trying to find the truth. That tells me everything I need to know about where *his* loyalties lie. If this were seventy years ago, he'd be telling us to pay our taxes to King George!"

Sarah sighed. She did not feel that they lived under a tyranny. Admittedly, she'd never paid too much attention to politics since, as a woman, she was not entitled to any participation in it. To the extent that she did, she suspected that she would have been a Whig, which could have been a problem considering Nathaniel was very much a Jacksonian Democrat. But as it was, she just had to trust that the men who ran her world knew what they were doing, and for the most part, she did. She certainly didn't see their leaders as the enemy, like her father evidently did.

Just then, Mrs. Hamilton chimed in with, "I'd say Dr. Nye is the modern equivalent of those Pharisees who delivered Jesus to Pilate."

"You're exactly right," said Nathaniel. "And I'll bet those Pharisees complained that Jesus didn't have their fancy degrees."

Sarah gasped. "Are you really comparing William Miller to Jesus Christ?!"

"If you're going to defer to Dr. Nye," Nathaniel told her, "maybe you should adhere to what he said about women deferring to their fathers."

"I think he'd agree with me objecting to this level of blasphemy!" Sarah answered.

"And isn't blasphemy what Jesus was accused of by the Pharisees?"

"You cannot be this oblivious!" said Sarah. "You're very mistaken about William Miller if you think he can be equated to Jesus Christ!"

"Take her to Obadiah Sargent," Mrs. Hamilton suggested. "He's the only one who will be able to make her understand."

"I've been trying to convince her to listen to him, but she refuses," said Nathaniel in a poignant tone.

"You must insist!" said Mrs. Hamilton. "You're her father, aren't you?"

"No one can order me to commit blasphemy," said Sarah.

"It can't be blasphemy just to hear what Sargent has to say," Mrs. Hamilton insisted. "And you must obey your father, young lady."

"Don't talk to me like you're my mother!" Sarah replied indignantly. "You have no business meddling in the affairs of our family!"

"Mrs. Hamilton is right," said Nathaniel. "You must do as I say and hear Sargent out!"

Sarah seethed. But what could she do? His firm tone frightened her. What would he do if she refused now? She feared for the safety of her precious book collection. Moreover, it would make her come off as a petulant child in front of Mrs. Hamilton, whose gossipy mouth would be sure to spread that impression around town. And what would that do to Sarah's marriage prospects? After all, marriage was her only hope of escaping her father's increasing lunacy.

Finally, she sighed and nodded. "All right, I'll see him. But you can't make me believe him!"

After that, she was silent as she dutifully followed her father to the Millerite camp meeting outside town. It really depressed her that Dr. Nye's sermon had only made her situation worse. Why had she ever even thought that a sermon like that would help her?

When they did arrive at the camp meeting, she kept her head down, not wanting anyone she knew to see her there and think that she believed in this nonsense. Frankly, it was already embarrassing enough that her father did. Unfortunately for her, Waking Knoll was a rather small town, so there was no way all the people there could be strangers.

Her father had often insisted that Sargent could convert her, but she doubted that would happen. She didn't see how Christ's return could take place when the Gospel message still hadn't reached so many parts of the world, such as the pagan empires of the Orient, the unknown depths of the Dark Continent, and the savage forests of Oregon. Besides, as Dr. Nye had pointed out, the Bible said that no one could know when the world would really end.

Sargent was now taking the pulpit. "Watch the skies," he said, pointing upwards. At these words, the whole crowd, including Sarah, looked in the indicated direction. There was nothing there except the usual empty sky, which made her feel like a little bit of a dupe.

"Within a year," said Sargent, "you will see the power of God come down from that sky to cleanse the world with the fires of the Second Coming. Who knows what form those terrible wonders may take. Perhaps a comet will pass overhead, snuffing out all life with the poisonous gas in its tail. Or maybe an undiscovered planet will come out from behind the sun and fly into the earth. There may even, heaven help us, be a polar shift."

Sarah found all these theories to be quite unscientific. She herself had seen Halley's Comet as a child, and it had failed to snuff out anything. She had grown up learning that the planets in the solar system were Mercury, Venus, Earth, Mars, Vesta, Juno, Ceres, Pallas, Jupiter, Saturn, and Herschel, and she didn't think a new one would be discovered any time soon. And a polar shift wouldn't change anything.

"I may not know the method by which the Almighty will bring about the end," Sargent continued, "but I can assure you that it will happen. I do not ask you to take my word for it. Like Martin Luther, I ask only that you read the Bible for yourself. Do your own research, and you will see the truth of Brother Miller's interpretation."

Sarah had already looked into Miller's claim, and she did not accept his interpretation of Daniel 8:14. The verse described the Jews liberating their Temple from Antiochus Epiphanes, a prophecy that had been fulfilled for some two thousand years. And this was not just her opinion but the opinion of every educated scholar on the subject.

"Some of our critics are not so generous," Sargent went on. "They do not ask you to examine the evidence for yourself but to trust them blindly, claiming that they are our superiors. They are like the people who wanted to keep the property requirements for voting, who said that only wealthy landowners like themselves were qualified to make decisions about our government. Well, if the common man can vote for himself, he can certainly interpret the Bible for himself!"

No wonder Sarah's father and others like him were so into this. Sargent was directly appealing to their distrust of authority. But why did they distrust authority so much? And why didn't they apply that distrust to people like William Miller? Wouldn't it make more sense to continue trusting authorities like Dr. Nye? Sarah thought so. After all, he had never said or done anything to make her doubt his reliability. Even if Miller's theory *had* made sense to her, Dr. Nye's contempt for it would have, at the very least, made her seriously question it.

"Perhaps some of you do not believe in a Second Coming," Sargent said. "Perhaps you are not Christian at all. Maybe you adhere to the Deistical heresy that was so fashionable at the beginning of this century, even after it had wrought the mad pagan debauchery of the French Revolution. In those heady days, it seduced even a young William Miller. Then, in the War of 1812, he fought at the Battle of Plattsburgh, in which you'll recall we defeated a much larger British force. Seeing the hand of God in that miraculous victory, Brother Miller renounced Deism, as have many others since that time, and if there are any Deists here today, I advise them to do likewise. Now is the time to believe in the Bible and to prepare for what it says is coming. We must reach for the skies, the heavens, instead of focusing on our transient lives on earth."

Sarah's heart pounded. Of course, she was not a Deist, but at the same time, she couldn't afford to live as though only the hereafter mattered. If she didn't marry soon, she would be trapped with her increasingly erratic father. And if she married the wrong person, she would be trapped with someone else who was erratic. How she handled this would affect the rest of her life, and she believed that she had a lot longer to live than the single year predicted by the Millerites. She couldn't just dismiss the issue as an unimportant earthly concern.

Sarah was definitely not converted when they left the camp meeting. Instead, she was worried about what her father would take from it. What would happen to her if he decided that no earthly concerns were important? If he stopped tending to their farm, they would both starve!

***

As Nathaniel headed home with Sarah in tow, he really hoped that Sargent's speech had compelled her to at least consider that William Miller might be right about this.

"So, what did you think?" asked Nathaniel eventually.

Sarah sighed. "I am not convinced. I especially didn't think much of his theories about how it might happen. After all, we both saw Halley's Comet eight years ago, and it didn't kill anyone."

"Didn't kill anyone?" Nathaniel repeated. "Do you not remember that it appeared on the very night when your mother died?"

"She wasn't killed by the comet! She had consumption! Dr. Lemon diagnosed her days beforehand."

"That doesn't mean the comet wasn't an omen that her final hours were upon us."

"It was not an omen!" Sarah insisted. "The entire reason we call it Halley's Comet is because Edmund Halley discovered that it returns about every seventy-six years. Calling it an omen would be like calling it an omen when the sun rises every day!"

"How it will happen is not really the point anyway," said Nathaniel. "Look at the state of the world today. It's obvious we're living in the end times."

"Bad things happen all the time," said Sarah. "That doesn't mean it's the end of the world."

"But things just keep getting worse!" insisted Nathaniel. "There used to be a time when people admired the President but not anymore. Just ten years ago, Andrew Jackson was fighting the monster bank for us, but everything's gone to pot since he left. First Martin Van Ruin destroyed our economy, and now, we're living under the reign of His Accidency. This wasn't what the Founders intended! We're reaching a confluence of tipping points."

"So basically, the world is ending because Andrew Jackson is no longer in power?"

"It's not about Jackson personally. It's about what he represents. He's the champion of the common man, and the wealthy classes in this country have done everything they can to stop him from serving us. When we first elected him, they made a corrupt bargain to keep him out of office. And when he finally did get into office, he had to fight them every step of the way in order to dismantle their evil bank. Now that they're in charge again, they're sure to bring back the bank that Jackson fought so hard to free us from. Can't you see that we're going backwards?"

"I don't understand why you are so hostile to our government," said Sarah. "Do you not realize that you've been afforded a rare privilege? Throughout this world, most people must live under and obey governments over which they have no say. As a woman, I am in such a position myself, so it naturally strikes me as ungrateful whenever I see men fretting over whether the 'common man' truly has control of our government. Even if he didn't, you'd be no worse off than the vast majority of the world's population."

Nathaniel was infuriated. Before he could stop himself, he practically shouted, "We fought and bled for our liberty! As a young man, younger even than you are now, I watched my comrades die in the War of 1812, and I'll be damned if their sacrifice was for nothing!"

He immediately regretted swearing in front of a woman, let alone his young daughter. Her feminine ears should not have to hear that kind of language! Sarah did indeed look a little shocked, but she carried on without making an issue of it.

"Seems to me that their sacrifice would be more meaningless if the world did end thirty years later," she said.

"But don't you see, if the world were ending, there would be a reason why we now have presidents who only care about themselves. It would be part of God's plan."

"That doesn't mean it is ending."

"As a Christian, you must believe that there will be a Second Coming. How can you say it *won't* happen before March 21, 1844?"

"It could or it could not. The point is no one knows, and I personally doubt the Lord would choose a moment when so many expect it. After all, the Bible says it will come like a thief in the night."

Well, that seemed to be a reasonable enough opinion, and it wasn't as though Nathaniel was completely sure of the Millerite prophecy himself. Still, he felt that his daughter was not treating this very serious possibility with the weight that it deserved.

Sarah continued, "I imagine this will prove to be a great disappointment for the Millerites. The way I see it, we won't really know when the world will end until it happens." Nathaniel thought about that for a moment.

"Maybe," he said. "Only time will tell."

Photo: Trinity Church, 1800s. St. Paul's Episcopalian Church in New Rochelle, NY

GOING HOME
by Mark Knudsen

The old, dilapidated manse stood at the end of a stone-paved drive indifferent to its decay. The old place paid no mind to the green grass and small ferns that grew between its bleached bricks, or to the rust stains where the shutters once hung. The stone road that led up to the once-stout wooden doors, now off their hinges, was steep and covered with autumn leaves. The day had been warm, but Daniel knew the night chill would come soon enough. He stopped to catch his breath and to stare at the place that had been his home for ten years. The building was not as he remembered it when he and Shirley left some thirty years ago.

Back when he first arrived at the age of eight, the building burst with pride, with its shining metal hinges, freshly painted trim, and clean, sparkling windows. Back then the cobblestone drive, now covered with leaves, bustled with carts and people coming and going from the village below. Men and women dressed in black scurried about, busy with their chores. The eight-year-old Daniel trembled in fear as he climbed down from the wagon that brought him from the village to these once heavy, thick doors.

To his left from where he was standing, Daniel saw the shattered greenhouses, where he and others carefully tended the plants under the stern eye of a caregiver, or so the man was called. None of the children ever learned his name. Daniel had never given the man a thought until now when he saw the garden's surrender to the trees and weeds of the surrounding land that grew there. The buildings to the right of the manse were the old school rooms in equal disrepair, green shoots emerging from their walls. It was then that Shirley's last words came to him.

"My life is here in this white man's city, Nantan, as is yours. I cannot go with you and leave my children and my grandchildren. Go if you must to that place, but know I will not be here if you come home. I will move to where my family, your family is," said his wife, when he told her of his plan. She was the only one who called him by his given name, not the white man's name, but only when they were alone.

His response did not move her, as he knew it would not. "I have been too long here in this place. It is time for me to return, to fulfill what my father expected of me. When I go, a part of me will remain here with you and the children, just as a part of me remained with my father and my family when he put me on that train. You are a good wife and have made me very happy, but this is something I must do before I die."

"You are an old fool if you think you can return to your boyhood world, and I am too old to live with such foolishness. I cannot go back to a place I no longer remember."

Shirley's words hung heavy about his heart as he continued to stare at the old building. *She may be right*, thought Daniel. *Maybe I am a fool. She was always wiser than me.* Oh, how he hated this place when he lived here. He shuddered at the thought, but he had to come to retrieve the totem his father had given him, the day he left his boyhood home.

His name was not Daniel, but the men in black coats named him Daniel. They slapped him hard when he called himself by the name his father had given him. It is a heathen name, the men in black told him, not blessed by the Holy Father. These same men ruled his life for ten years. They did all they could to erase and discard the lessons of his father, mother, and those who lived in his village on the reservation in the mountains of New Mexico—all so that he would forget his village. Daniel had learned much of the white man's ways and had lived among them for forty-two years, but always, buried in his soul, were the winds of the mountains that cooled his temper and the rushing of the water that soothed his heart.

The boys lived on the third floor and the girls on the fourth. They had come from all over the southwest, to this place so different from his parents' and grandparents' homes. Daniel remembered the sharp slap from the headmaster when he arrived homesick, sobbing, yearning to return to the warm, clean mountains he called home. The slap was the first of many he received, as did the other children who lived in the grey manse. This school, they said, would set them on a righteous path to a better world, a better life than the world he left.

Daniel missed their parents and his brothers and sisters, cousins, aunts, and uncles whose laughter and stories made his early life seem like a dream now that he was at this place. He missed his animals and the berries their grandmothers gathered in the summer. Most of all he missed the stars at night that helped guide his dreams and spirit when the day's chores were done.

Daniel remembered the day his father told him he was to leave. "Too many of our people have died fighting the white man—died from diseases beyond the powers of our cures. We no longer can travel freely through our old lands and must make do with this small patch of skinny trees and hard rock. To survive we must learn to live in the white world. You need to go and learn what you can, so you can help those who remained to survive."

Daniel remembered protesting. "I belong here, with you and mother. I do not want to go. I am not a teacher. Send someone else."

Three days later, Daniel remembered, three men in black suits came to his village, as if his father had called them from the spirit world, to tell the elders the children must come with them. "The ways of the world are changing, and the children need to be prepared for what comes." The elders protested, but Daniel's father did not.

Daniel recalled his father's last spoken words to him as they bounced down the rocky track to the train. "You belong wherever you are. You may leave here, but part of you will remain. If you make your way home again, maybe you will bring others with you, but if you do not go, you will die here, and then no one of our tribe will remain; our family will be no longer."

His father then handed him a small doll, a totem made of owl feathers and goat hair. The figure had no distinctive face, but its two, deep black eyes were encircled by a red dye. A squirrel's fur gave the body a lumpy chest and stubby limbs.

"Keep this. It will help you remember and guide you home to these mountains when the time comes. If you call upon it, with the prayer taught to you as a child, its spirit will come and help you on the days ahead and on your journey back."

That was the last Daniel saw of his father. Six months later his parents were dead. They both died of cholera, a white man's disease, he learned, that comes when the water is not pure, and people live packed together. Daniel could not remember whether he cried or not. He pulled the doll out of its hiding place upon the news of their deaths and whispered his people's prayer for the dead. He quickly returned it to its hiding place. If they found it, the doll would be taken and destroyed. The men in black never spoke of his father's death.

The first days were the hardest. Daniel did not understand what was said to him. When he responded in the only language he knew, he was thrashed with a belt and admonished in words he did not understand. Later, when he learned more words, he understood he was never to speak the language of his childhood. All were to learn English, he and other children were told; the sooner they forgot their childhood words, the better it would be for them. There were so many things that were different those first months—so many things that made no sense to him, but adapt he did, for it was better than being thrashed for being an Apache.

The first days were the hardest for everyone. Both the boys and the girls were given starchy, ill-fitting trousers and skirts and shirts, and close haircuts. Their beads and other tokens, once proudly worn in their villages, were taken and destroyed before their eyes. Some had tattoos of berry juice that the nuns would scrub until the skin turned raw. The men in black destroyed all they could that reminded Daniel and the others of their homes. Home became the school, with its rules and orders strictly enforced.

All new arrivals were given their new names. Daniel learned only later that his name was that of a prophet who lived long ago. That he was a strong and wise man and a captive of an evil ruler gave Daniel some comfort, but Daniel held tightly, privately, to the name given to him by his grandfather, the Squirrel who Leapt, which he never told anyone.

The black-haired boys and girls quickly learned to hide their thoughts and feelings. They repeated what the men and women in black expected, as they sat in rows, in uncomfortable clothes and shoes made for other children. Sometimes they were allowed out into the fields where they could wander about; feel the ground, the caressing sun, and wind; and experience the friendship offered by the plants and trees. Too soon they were herded back into the school and their hiding resumed.

Daniel met Shirley here. She was timid and afraid. She cried a lot. At ten they became best friends. At eighteen, they became husband and wife. They came from different places, different tribes, but together, quietly, they vowed they would return to the mountains, to their parents' hogans. That is until Shirley gave up after their third child died, run over by a streetcar. The child's death made her cling more tightly to those who remained.

Daniel and Shirley left the school when they were eighteen. They learned English and he a trade; she was soon heavy with their first child. Thinking back to that time, Daniel thought as he stood in front of the old building, *We should have gone back to the mountains, but we didn't know how. Today might have been different if we had. Instead, we lived in a big city, full of noise and confusion, a place lacking rhythm and harmony, a place where we hid who we were, as did the others who came from the school. Together we shed the ways of our parents, as best we could, but never truly learned the ways of the white man.*

I am fifty now, thought Daniel, *and my soul needs a rest. I need a place where I am part of this world, not some alien looking in through a glass pane, not a place that holds no story of my family or the people I left crying. Shirley never felt as I did; she learned and accepted the white man's ways. She understood this longing but thought of it as no more than dreaming.* The two had been together for a long time, long enough time to have children move away and more into the white man's world. She too, at one time, felt the yearning, but unlike Daniel, she accepted the emptiness.

Shaking these memories away, Daniel rose to enter the old building. When he walked through the door and into the large downstairs hall, other memories flooded in. Much of his life during his ten years at the school was spent in this hall. Stern men in wooden frames glared down on those gathered below, while the men in black patrolled the perimeter waiting to strike out at those who misbehaved. He and the others took their meals here, the food so foreign to the students that many were sick for days. They heard stories read from the Bible three evenings a week; group work assignments were announced here; and it was here that he and others counted the missing, those who never returned to their seats. The schoolmaster made his announcements, and visitors from far away and unknown places often spoke to assembled students about what their future held in this place.

We knew, Daniel remembered as he looked around at the ruin before him, *to be quiet and look attentive.*

The portraits were gone, and their frames hung askew from the walls. The hooks along the wall where he hung his coat were worn, and metal dishes lay crumpled in a corner. The power and the fear, that power that resided here back then, was gone, and Daniel could not help but wonder about its absence. That did not matter; it was a horrible place, Daniel thought, as he made his way to the stairs.

Daniel climbed the stairs to the third floor to find what he came for. Like the rest of the building, the floor was a shambles. Bits of cloth, broken roped bed frames, and cracked porcelain washbowls were the only signs that people had once lived here. He looked into Mr. Hardin's room. He was the proctor charged with assuring the school of the good behavior of those who lived on this floor. The room was no better than the rest of the floor. An old shirt, bleached by the sun and hung from a closet peg, was the only sign a man had once lived in this space.

Mr. Hardin explained the rules in this room to those newly arrived, and it was here Mr. Hardin delivered his punishment when those rules were broken. There were many rules. Consequently, there were many punishments, and Daniel received his share. The beatings hurt, but, more than that, they drove the boys into silence, accepting a world they could not change.

The crucifix remained on the wall at the end of the dorm. Even now it frightened him. Even now, as he looked upon the man's agony, he thought surely the gods of his father would not let a person suffer so. Each Sunday though, the men in black explained what happened and what it meant, but Daniel in his heart did not believe. The world could be cruel he knew; snow, ice, landslides, floods, and disease killed and destroyed, but, in the spring, his gods amended, swaddled, and nurtured their people back to health. But this God, who allowed His Son to die this way, was not to be understood. The students were assured that peace would come after they died, if only they believed in this god, but Daniel was skeptical. His father's gods would test his people, but not in the cruel ways this god did.

Daniel turned away and searched for the place he sought. Mice scurried away as he walked across the dilapidated floor. He remembered some of the others who lived on this floor and wondered what their true names were and what happened to them. He remembered Peter and Philip playing jokes on the newcomers, trying to break their loneliness, and Steve's skills in the white man games. They all left the same day; Daniel never heard from them again.

Daniel acknowledged the school did open his eyes to a bigger and more powerful world than his earth-bound village in the dry New Mexico mountains. White man's knowledge had power; learning his arithmetic, science, philosophy, and his religion were the ways to success and happiness in his world. When Shirley and Daniel left the school, they made use of this knowledge to make their way, but now for Daniel, at fifty, it was not enough. The old ways called.

Daniel found where he had slept. He was near what he sought. Compared to the other places, there was less damage and less mess. Maybe the animals and the village children did not want to climb the stairs, he thought, or maybe his space was being guarded, protected by what he had left behind.

His bed was the fifth on the west side of the building. Every night he'd watched as the sun set, wishing he could travel to where it settled over the mountains, but now all he saw were the old cots with their rotten slings pushed against the wall. He smiled to himself. They were so uncomfortable, not like the furs and bedding his mother tended, that it took him months before he could get a night's rest.

No time to waste, thought Daniel, as he saw the sun begin its descent out the broken window. He wanted to return to the village below before night came. The nights were the worst time, when the moonlight had to sneak into the room, and the starlight was blocked by the boards above. It was when the new boys whimpered into their mattresses, and the older ones thrashed about as if locked in some mortal combat with an unseen spirit.

Stop remembering, he told himself, *and find what you came for*. He oriented himself and then went to the place where it would be if it remained at all—a small recess directly above his old cot, head-high off the floor. He found his secret place. The nights he spent, loosening the boards from their frames and filling the space with dry grasses that would help keep the moisture away, came back to him. Others had done the same over their cots; it was a secret they all shared. Now the board came away easily.

Holding his breath, Daniel reached into the recess. He felt around and felt nothing. Pulling his hand out, he looked around for something to stand on. Dragging an old cot frame over, he stood on it and reached into the hole. Daniel felt what he sought, tucked away in the farthest corner. He gently pulled it out, not believing he had found it until he looked into its deep black eyes, circled by the red dye. The dye had faded some, but the doll looked upon him with reproach, wondering why he had not come for it sooner. Tears came to Daniel's eyes, and he staggered to find a place to sit.

Daniel remembered those last frantic days before he left the school. The children were sent all over the country, to jobs arranged by the school. The women shouted orders and helped the slower ones pack, while the men shuttled the departing boys and girls to the train station. None went home to their villages. They were told that they would not be welcomed, that it was time they embraced the newer, brighter world.

Daniel brushed the dirt from the doll, and his father's words came to him. A prayer, unsaid for many years, came to his lips, unbidden and welcomed. "I came back for you, just like I said I would," Daniel told the doll. "I couldn't take you; you would not have been safe. They searched everything before we left; you would have been found and destroyed. I could not let that happen, but now we can go home."

Native American Boarding School,
Unknown location, 1890-1900
[public domain]

THE DAY THAT ONCE CHANGED THE WORLD
by Matthew McAyeal

Written in September 2021

The year was 2001. George W. Bush was our new president following the circus that was the 2000 election. There were cellphones, but they didn't have cameras yet. There was an Internet, but it was an Internet without Twitter, YouTube, Facebook, or even MySpace. The world's biggest pop stars were Britney Spears, the Backstreet Boys, and NSYNC. At the end of that year, the first *Harry Potter* movie was set to come out, followed shortly by the first *Lord of the Rings* movie. As for me, I was starting eighth grade.

I remember my mother waking me up on a certain Tuesday morning that September. When I entered the kitchen, I saw the television image of one World Trade Center tower billowing dark smoke with the other tower already completely gone. Interestingly, I didn't actually know the World Trade Center by name back then, but I guess I had seen enough photographs of the New York skyline to comprehend what I was witnessing. The television then cut to a split screen, adding the image of the damaged Pentagon.

Anyway, I totally thought I was going to get out of going to school that day. Turns out I was still expected to go, and I did.

My English teacher was one of those fun, cool teachers who endeavor to teach their students about life and not just about academics. He threw out whatever his lesson plan had been for that day, and instead spent the whole class talking about what was happening. I couldn't tell you all the details, of course, but I do remember him talking about the cultural importance of New York City, and about how, whoever was responsible for these attacks, we shouldn't blame everyone who looks like them. For some reason, the part that stands out in my mind was when he said the day's events reminded him of the line from *Star Wars* when Obi-Wan Kenobi mentions millions of voices crying out in terror.

My next class that day was math, which had a less fun teacher. However, I think she did like to think of herself as something of a comedian. As I recall, her routine was to start the class by delivering some sort of stand-up joke before putting us to work. That day, she decided to go for the highly topical joke that President Bush's priorities were misplaced when he decided to finish with that children's book before addressing the nation. After that, she put us to work like usual.

At the time, it was impossible to imagine that finishing that children's book would ever become a point of serious criticism for President Bush. 9/11 had obliterated partisanship, which is especially remarkable when you consider that it was preceded by the contentious election of 2000. After all, we couldn't be fighting amongst ourselves while our country was literally under attack. Needless to say, 9/11 conspiracy theories would have been beyond the pale back then.

My science teacher did not address the day's events in class, and instead went ahead with a presumably pre-planned skit in which she taught us about lab safety. This involved her taking on the guise of a science-themed superhero who spoke with an exaggerated New York accent. It was pretty weird that she was doing this while the real New York was in chaos, but I guess she wasn't going to let those terrorists disrupt her lesson plan.

After school, my younger sister wanted to visit a friend's house. I felt that she wasn't comprehending the seriousness of what was happening, and I tried to explain to her that we were living through a major historical event. She didn't care and still wanted to visit her friend. Perhaps I was overreacting because my parents decided that she could, and so she went off to have her playdate as though this were just another September afternoon.

President Bush addressed the nation on television that night. "America was targeted for attack because we're the brightest beacon for freedom and opportunity in the world," he told us, "and no one will keep that light from shining." There was a sense that someone, somewhere had declared war on us, and that we would certainly be returning the favor. Admiral Yamamoto's sleeping giant had once again been awakened and filled with a terrible resolve. As President Bush later put it, "I can hear you, the rest of the world hears you, and the people who knocked these buildings down will hear all of us soon!"

For a long time, I regarded that grim September Tuesday as the start of our current era. It was why we were fighting wars in Afghanistan and Iraq. It was why there was a national security state for Edward Snowden to rebel against. It was why Donald Trump campaigned on banning Muslim immigration. It seemed that nearly everything in politics could be traced back, in one way or another, to the 9/11 attacks. Of course, I understood eventually that there was a history before 9/11 that led up to it, but it was still pretty clearly a significant turning point.

We are now at the twentieth anniversary of that day, and it no longer feels to me like the start of our current era. The headlines are no longer about terrorism and national security but instead about mask mandates and vaccines. At some point, perhaps too slowly for anyone to notice, the 9/11 era gave way to the COVID era. Like Pearl Harbor and the JFK assassination before it, 9/11 has become just another historical tragedy that's disconnected from present-day concerns.

And what could be a more definitive end to the 9/11 era than our retreat from Afghanistan? We entered that war thinking that 9/11 was the new Pearl Harbor and that Afghanistan was the new Japanese Empire. We then spent twenty years in Afghanistan, which is five times longer than it took us to defeat Japan. As Afghanistan fell to the Taliban and we struggled to evacuate Kabul, the analogy on everyone's lips was Saigon. This war may have started off as a new World War II, but somewhere along the line, it became a new Vietnam instead.

In contrast to the national unity that followed 9/11, the response to the Fall of Kabul has been thoroughly partisan. The Republicans tell us that we should blame Biden for botching the pullout. The Democrats reply that Biden was merely following Trump's plan, which the Republicans obviously dispute. Both sides seem to care more about defeating their domestic political opponents than they do about defeating international terrorists. The days when President Bush's crusading zeal animated the whole country have never seemed more remote.

9/11 was once the day that changed the world. But as the dust settles on an Afghanistan once again ruled by the Taliban, it's tempting to wonder if it changed anything at all in the long run.

STORY MOTHER
by Robin Layne

A 16-line poem increasing one word each line

What

shall this

poem be about?

I've a busy mind

captured by my latest story,

a prisoner of delight in something

some love and others may not love

that critiquers tear apart and often tell me

points I can agree with or at least consider

on how to make the story better than it was.

I wonder when the process will end or if it ever will,

but in the meantime, this long working is so fun it's play

and for now I don't know if it will ever stop or if

I want it to at all. I think someday I'll tire of this project.

For now I'm living in a writer's bliss, free of saying goodbye to this child,

but someday I may release my child into the world and find they love it too.

Tickling the Book-Baby, by
Robin Layne

THE LAST WORD FROM LEXICON LAND
by Lyndsay Docherty

Dear Anglophones,

This letter comes to you from the inhabitants of Lexicon Land.

"From where??" you may ask.

For we are as overlooked by your mundane sensibilities as the denizens of Spenser's 'Fairyland' or Tolkien's 'Middle Earth'. Yet we have existed from the instant the first articulate sounds were uttered by your race, the energy of which sparked our letter-based life-forms into existence, from whence we have toiled unceasingly to provide the prime network of your communication.

Human beings! You're so keen to explore the limits of the heavens and the depths of microscopic bio-worlds, yet how thoughtlessly you disregard us in our *'World of Words'* where we await your wishes in the humble service of everything you try to express.

We accept that you're a very creative and changeable species. We *Words,* however, are not so sedate as you think! We respond excitedly to your demands for the many new expressions which are constantly required by your innovations and social shifts. But lately, you have flouted our laws unmercifully and brought deep unrest into our world.

Spare a thought for us! We're not too dissimilar to you. We live our own little lives beyond the detection of your limited human radar. If you dare to stare hard at any printed page until the dancing black characters blur hypnotically, your mind will spiral down into the deep-text plane where we live. There you'll glimpse the *'literal'* lawlessness into which you've plunged us by flagrantly disrespecting our point of view!

Zoom in on *'Predicate Plaza'*, our main gathering place, and you'll see our once orderly *word families* jostling competitively with one another; *nouns, adjectives, conjunctions, verbs, pronouns,* all clamouring chaotically for your attention. Lively *prepositions* frisk randomly *up, over, on* and *through* the throng, and commonly misplaced *modifiers* skulk unchecked in the confusion. No wonder our distinguished *Proper Nouns*, their initial letters defiantly capitalised, stand aghast at the effect of your mismanagement.

Admittedly we've always argued about who takes precedence. You humans, we've heard, have similar rivalries. Did a *Noun* exist first when a cave-dwelling human spontaneously named her infant *'Baba'* or was it a *Verb* when survival necessitated an urgent *'Run!!'* to spring to life?

We've long accepted that *Nouns* and *Verbs* rank highly in our society, but the sheer sloppiness of the way you humans treat all of us these days means that many of us no longer know our true place.

See how *Less* and *Fewer* squabble unpleasantly and *Amount of* and *Number of* feud for their places in the sentences! With correct human usage, they'd know exactly where they belonged.

It's the young ones we feel most sorry for, especially the little *participles*. They imagine they've landed a grown-up job as *verbs* when you humans casually say, "I *done*" or "he *seen*". Our senior verbs *did* and *saw* understandably feel undermined, but thankfully our dedicated *Auxiliary Verbs* rush to their rescue with a helpful *'have'* done or *'was' seen*.

Notice that pitched battle over there between *lie, lay, and laid*. It's enough to make dictionaries snap shut in disgust! Even your ambassador, *Mr. Google*, wishes himself far away from the warzone.

A temporary hush descends whenever the summoning trumpet sounds. Did you even know we have a daily Roll Call? Who will be consigned to frivolous *phrases* today or summoned into significant *sentences*? Who might take part in imposing *paragraphs* or find themselves elevated to some choice *chapter* of a notable *novel*? Once, we trooped off confidently at our "Call Up", but now we separate uncertainly, unsure of our rightful roles.

Recently, everything came to a head. Without warning, a mighty fanfare turned all gazes towards our *Punctuation Podium*, where the

Exclamation Marks stood stiffly to attention, in readiness for something thrilling to exclaim about, and inquisitive *Question Marks* beckoned tiny *apostrophes* to help our sentences ask with due speed, "What's going on?"

Apparently, this emergency had moved Lexis, our King, to address our nation unexpectedly. Here is a transcript of his speech. Humans take heed.

"Loyal *Subjects* and *Objects, Nouns Proper, Common, Abstract & Collective, Verbs Transitive* and *Intransitive*, and all *Parts of Speech* throughout our great Lexicon Land:

"Enough is enough.

"We *Words* of the English heritage have always supported the evolving progress of the great living language we serve, rejoicing in the latest offspring whose exciting new meanings we welcome openheartedly.

"Yet in certain matters we must stand firm. It seems our great laws have become nothing more than an insufferable pedantry to humankind who no longer understand how they guarantee, for human benefit, the preservation of all the best linguistic features. Our rules were carefully honed over millennia to prevent invasion by the greatest enemy of all clear thought: *Ambiguity!*

"These humans boast that they split the atom and now they want to split our *infinitives!* They don't realise what they're risking! We *Words* must resist for our very survival!

"I therefore call for *grammatical* consensus and an end to all your *disagreement*!

"Parts of a sentence *must agree* with each other! It's a bit like marriage. For example, 'Do you, *Plural Subjects* take these *Plural Verbs* to be your lawful wedded sentence-partners?'"

The crowd roared, "WE DO!"

"*We was*—I order you to split up at once! Every *Plural Pronoun* must find a nice *Plural Verb* like that ideal couple: *We were*.

"Step forward *Either* and *Neither*. I'm afraid you must remain chastely *singular* all your lives."

"What about me?" cried *Each*.

"That includes you!" barked our King. "In fact, this law applies to *Anybody* and *Everyone*."

"But not me!" objected *None*.

"On the contrary," rebuked our Sovereign, "before you dieted, you began life as *Not-one*, so that singular rule definitely applies to you!"

"*Them*! Cease displacing *These* and *Those*! You are NOT a *Demonstrative Adjective*!"

A haughty group of *Comparative* and *Superlative Adjectives*, expecting exemption, was served instead a stern admonition:

"Resume your rightful places in the *Descriptive Genre*! Otherwise, the modern human media will replace you all ruthlessly with one word: *'Fantastic!'*"

A riot of emotions arose in a deafening surge until a polite little *Please* interjected brokenheartedly,

"*Please* Sire! Is the whole Anglophone species bent on our destruction?"

An expectant silence fell. Every *Word* was gripped with suspense.

"Direct the 'Syntaxoscope' on the entire Anglosphere!" ordered our Monarch.

Furrowed little faces squinted anxiously as the English-speaking world was scanned, until a single point of light flickered into sparkling focus on its far western frontier.

Sheer relief suddenly relaxed the Royal Countenance.

"My fellow *Words*. It seems the Anglosphere does still offer us one safe haven where we are deeply loved, and our laws still cherished!"

Sentences quickly formed and *Questions Marks* dashed to our aid, as we clamoured to enquire, "Where is that??"

"A place called PORTLAND! *Word-friendly* humans are drawn there, even from faraway Britain, once our loyal heartland, but sadly no more.

"Behold! They even respect that only 1,200 of us can fit comfortably into their human attention span at one sitting!

"Rejoice citizens! Raise your voices in our signature song: 'Stairway to Hyphen!' For we have found our 'port' in this great storm! Depend on the PORTLAND WRITERS' MILL! For they will always let US have *THE LAST WORD*!"

CONTRIBUTOR BIOS

April Floren *is a native Oregonian and has been writing stories since grade school. After earning a degree in Journalism from the University of Oregon, she went on a 25-year detour through the corporate world, which eventually brought her back to her first love. Her writings are inspired by nature and human emotion, especially the connections between them.*

Clayton M. Davis *is a fiction author, poet and journalist living in Beaverton, Oregon. In addition to writing, he loves doing improv comedy, making music and Reiki.*

David Fryer *is an author and engineer from Portland, where he lives with his daughter and dog. You will find his short stories published in several* Portland Writer's Mill anthology *volumes.*

David Porter *began writing in high school, publishing his first poem "Hitchhiking In Winter" in* The Portland Review *while at PSU. He freelanced for various publications in the '70s, selling fiction and articles. "Thoughts While Crossing The Steel Bridge" was a runner-up in Oregon's Ben Hur Lampman poetry contest in the early 80s. He continued writing through decades raising four children and working as Director of several Portland non-profits.*

Gwenyth Harkin *(cover illustrator) is a middle-school student who explores art and design. She also enjoys reading, tennis, video games, and horseback riding. At home, she loves her Siberian cat and Border collie.*

Jean Harkin's *debut novel* Promise Full of Thorns *will be released before Christmas, 2022! Find her blog at* **www.goodreads.com/jeanatwritersmill**

Jessie Collins *is the mother of Sheila Deeth. She joins the Writers' Mill via Zoom from England, and she hopes to be present in-person at Christmas if international travel becomes safe for 94-year-olds again.*

Joe Mendez's *first book will be published on Thanksgiving of this year. The title of the book is* What Are You Thankful For? *Over 500 people have written about something or someone that they are thankful for.*

Judy Beaston *gleans inspiration in the natural world as well as from reality's complicated experiences found all around us. Her poetry and short stories can be found in previous* Writers' Mill Journals, The Loch Raven Review, Poetry Quarterly, *and other fiction anthologies.*

Karin Krafft *is retired and spends most of her time hanging out with her grandchildren, Nora 7, and Jonny 3. In her free time she attempts to write.*

Lyndsay Docherty *is a retired teacher from Great Britain who has a lifelong love of Classical Literature, Art, and Music. She is currently enjoying the many opportunities for creative writing afforded by the "Zoom" outreach of the Portland Writers' Mill beyond the shores of the USA.*

Mark Knudsen *has lived in the Cedar Mill area for over forty years. The library is one of his favorite hang outs. Going Home is his first story.*

Matthew McAyeal *writes mainly historical fiction, fantasy, and comedy. In 2008, two screenplays he wrote were semi-finalists in the Screenplay Festival.*

Michael Fryer *is a retired farmer, electrical engineer, computer programmer, and physicist. He is the author of way too many reports for the Department of Energy.*

Pati Burraston *is retired from a career in art direction, design, editing and publishing. She now reads a lot; draws, paints, and sings a little; and putters happily in her garden in Bonny Slope.*

Peter Letts *is a mathematician/software engineer who is slowly beginning to appreciate 'show don't tell'.*

Robin G. Skinner *was fascinated, from the time she could read, by the rhythm, variety, and painter-like quality of words. Her early reading experiences ranged from Robert Louis Stevenson's* A Child's Garden of Verses *through all of the volumes of the* Companion Library *set of classics to her favorite Robert Frost and too many poets to name continuing through any dictionary or encyclopedia at hand. Words were her music, her love, and her door to the world. She spent some time after moving to Portland studying with members of the Northwest Writers Guild that met at the time at the newly relocated Pacific Northwest College of Art. Today poetry is her love, and she is investigating personal narrative and short story forms.*

Robin Layne *endured a bad case of COVID in summer 2021 believing she would survive because her mission in life wasn't finished. She emerged on this side of the grave with a greater love of life and a deeper commitment to her writing.*

Ron Davis' *interests and educational background include literature (primarily Beowulf to Joyce in English, and nineteenth century Romantics in Russian), psychology, math (with a current interest in complexity theory and estimation of probability distributions in a constantly changing environment), science and economics (with several articles on economics and trading markets published over the last 20 years). His current reading is primarily history with a bit of econ.*

Sheila Deeth *is an author and editor. Her novels and animal stories are published by Ink-Filled Stories, and her children's Bible stories are published under the Inspired by Faith and Science imprint. Find her books at www.sheiladeethbooks.com*

Stephanie Landis *is a half Asian native Oregonian who was raised across Europe. Her love for travel has taken her from Dakar to Hanoi and beyond. In her spare time she cooks themed feasts, dances Indian Kathak, bakes furiously, and is obsessed with all movies. She has published a couple of short stories in the University of Portland's* Writers *literary magazine. Her writing topics focus on travel, the human experience, and history through her unique empathy and wit..*

Von Pelot *is a nature photographer and writer of (mostly) short works of fiction usually featuring drama, humor, and psychological elements. He is currently assembling a collection of his short stories for publication.*

Zita Podany *holds a Master's degree in Education—Curriculum and Instruction with an emphasis on Computer Technology in Education. She was a high school teacher, a computer trainer, a computer technology specialist, as well as a school librarian. Currently she is an adjunct instructor at a community college. In her spare time she writes, LOVES to do research, and has freelanced as a desktop publisher and website designer. History has fascinated her for a long time, especially local history.*

~~~~~~

Editors

Judy Beaston (Chief Editor)

Clayton Davis, Robin Layne, Robin Skinner,

Sheila Deeth, and Stephanie Landis,

with Jean Harkin and Pati Burraston.

Illustrations Provided By

David Porter, Jean Harkin, Pati Burraston,

Robin Layne, Robin Skinner, Matthew McAyeal, Sheila Deeth and Zita Podany

Titlers, Playlist Creators, and Cover Planners

Jean Harkin, Judy Beaston, Pati Burraston, Robin Layne, and Robin Skinner

Cover Creator

Gwenyth Harkin

Formatter

Zita Podany

Coordinator

Sheila Deeth with Judy Beaston

~~~~~~

Printed in Great Britain
by Amazon

15024058R10112

YO, VIEJA

Apuntes de supervivencia para seres libres

ANNA FREIXAS

YO, VIEJA

**Apuntes de supervivencia
para seres libres**

ANNA FREIXAS

Prólogo de
Manuela Carmena

Capitán Swing

© Del libro:
Anna Freixas

© Del prólogo:
Manuela Carmena

© De esta edición:
Capitán Swing Libros, S. L.
c/ Rafael Finat 58, 2º 4 - 28044 Madrid
Tlf: (+34) 630 022 531
contacto@capitanswing.com
capitanswing.com

© Diseño gráfico:
Filo Estudio - filoestudio.com

Corrección ortotipográfica:
Álvaro Villa

ISBN: 978-84-123902-9-2
Depósito Legal: M-21977-2021
Código BIC: FV

Impreso en España / *Printed in Spain*
Artes Gráficas Cofás, Móstoles (Madrid)

Índice

Cuando ellas llegaron. Poema de Marisa Calero 09

Agradecimientos 11

Prólogo de Manuela Carmena 15

Claror. Poema de Juana Castro 21

Un toque de humor no viene mal 25

Las viejas somos el futuro 33

Sugerencias 41

Viejas confortables y glamurosas 43

Insinuaciones 51

Viejas saludables y más o menos en forma 53

Argucias 64

Viejas sin reglas 67

Inspiraciones 71

Viejas al timón de la propia vida 73

    Iniciativas 78

Un lugar donde vivir 81

    Vivir en casa 83

    Vivir en una residencia 89

Viejas vinculadas 93

    Tretas 99

Cuidadoras, cuidadas 101

    Atrevimientos 107

Viejas transmisoras y ligeras 111

    Trucos 117

Ciudadanas, activistas y culturetas 119

    Propuestas 124

Viejas zen 127

Componendas 131

Viejas tremendas 133

Mañas 137

Viejas hartas, hartas de verdad 139

¿Qué quieren las veteranas de hoy? 147

Hacer grande el mundo sénior 153

Ser vieja en tiempos del coronavirus 159

Pasiones lectoras 169

Mis pensadoras de cabecera 169

Ellos también se hacen viejos y tratan de manejar su inquietud 172

Mis escritoras favoritas 174

Algunas lecturas que me han decepcionado 179

En fin 179

Cuando ellas llegaron

«… y los llevó donde Adán para ver cómo los llamaría»

Génesis, 2:19

Los peces y las aves
habían recibido ya sus nombres
cuando ellas llegaron.
Extrañas en su idioma,
no pisaban el césped
para evitar el ruido.
En sus cuencos recogían la sangre
por otros derramada,
lavaban los agravios
junto al brocal del pozo,
amasaban el pan que no comían.
Siempre al filo del fuego
las vistieron con camisas de azufre,
les lacraron los libros
y ellas, bajo la lámpara,
supieron recitarlos de memoria.
Denunciadas por respirar el aire
les sellaron las grietas de la alcoba.

Y ahora
el vuelo detenido
bajo las almohadas
remonta.
          Es el principio,
hermanas.

MARISA CALERO (Para Anna)

Agradecimientos

Este libro es frúto del buen humor y la paz que sentí a la vuelta de un tiempo de salud oscilante, que dejé atrás de la mano de mi amiga Rosa Sender y, por encima de todo, gracias a la mirada y el cuidado que tuvieron Juan Serrano —*en este equipo tú no puedes ponerte enferma*— y nuestro hijo Bruno. Ellos, junto con mis hermanas y mi vigilante charpa de amigas y amigos, formaron un conjunto orquestal perfectamente afinado en pos de mi curación. Y aquí estoy. En ese tiempo de compartir y disfrutar, cuando di por terminado el libro en julio de 2020, aún no sabía que muy pronto iba a tener que despedirme de mi compañero de vida a lo largo de cuarenta años. ¡Ay!

Durante el proceso de escritura del libro me ha asaltado una preocupación intermitente acerca de su pertinencia; en ocasiones me parecía demasiado loco, atrevido, quizás descarado. Marisa Calero —*urgencias lingüísticas 24 horas*— y Marina Fuentes-Guerra han seguido paso a paso su proceso de elaboración y han bandeado mis neuras. Ellas, junto con Consuelo Borreguero y Araceli Velasco, lo han leído con ojo crítico y me han hecho aportaciones que lo han enriquecido. Heide Braun ha deslizado sobre estas letras su atenta mirada azul. A todas les debo sus buenos consejos y un eficaz *limpia, brilla y da esplendor*. Mi corazón agradecido y mi mente en paz. En determinados momentos una se da cuenta de que la vida está trufada de gentes generosas. Veamos. Manuela Carmena aceptó a la primera escribir el prólogo, entusiasmada, en sus propias palabras. Cuánto honor. Mis poetas de cabecera, Juana Castro y Marisa Calero, han escrito para mí sendos poemas que enmarcan el libro. Son ya muchos lustros de amistad robusta y feminista. Gracias siempre, Juana, amiga generosa; y qué puedo decirte a ti, Marisa, en todo momento hada silenciosa. Con Brigitte Rossignot comparto una mirada crítica y divertida sobre la parte ridícula y chistosa de la existencia; le agradezco las ilustraciones que me ha ido enviando a medida que leía fragmentos del libro, aunque ahora mismo no formen parte de él. *On verra.* Marisa Pineda, donde estés, tu generosa libertad disponible iluminó nuestra amistad. Siempre en mi corazón. Por otra parte, un aspecto crucial en mi vida ha sido poder compartir con mis compañeras de las *Veladas*[1] —durante veinticinco años— una reflexión sistemática desde el prisma poliédrico del feminismo, en una complicidad que traspasa cualquiera de los vendavales que airean nuestras vidas. La música de fondo que envuelve mi pensamiento feminista se la debo a ellas y también la consiguiente felicidad del sentimiento de pertenencia. Con estos mimbres, en los últimos años, he disfrutado afilando el lápiz de la frescura de la tertulia *Las frescas, una habitación propia.* Soy una vieja afortunada. También en este libro, como en todos los demás, Rosa Bertrán, mi *agenteamiga,* desde su atalaya, ha movido hilos y consejos, impagables. A Dani, el Capitán Swing, le agradezco su confianza reincidente, en esta y en otras pequeñas complicidades. Y, finalmente, llega el momento de nombrar a l@s innombrables. A esa plétora de mujeres —y algunos hombres, por supuesto— jóvenes, medianas y viejas que, en mi vida de cordobesa de adopción y barcelonesa errante, me han acompañado generosamente en diversos charcos y proyectos, generalmente frescos. Mujeres de muchos lugares de este país y de Latinoamérica que han sido y son claves en mi vida. Algunas son amigas de muchos años, otras de antes de ayer, pero todas forman parte constitutiva del mosaico de diminutas teselas que configura mi pensamiento y mi corazón saltimbanqui y agradecido.

---

[1] Marisa Calero, Marina Fuentes-Guerra, Juana Castro, Pilar de la Torre, Natividad Povedano, Consuelo Borreguero y también Pilar del Pino, a quien, en febrero de 2021, *los vientos del atardecer, suspirando tristemente, se llevaron su alma lejos de la tierra* (en palabras de Emily Brontë). Y, siempre, Caleli Sequeiros.

PRÓLOGO

Manuela Carmena

PRÓLOGO

M e he leído el libro de tirón. Gracias, gracias, Anna. Me ha hecho mucha gracia el catálogo de consejos que nos das a las mujeres mayores. Y esto, en sí mismo, resulta algo relevante. Quizás no suficientemente reconocido, lo cierto es que las mujeres hemos tenido que pelear también, entre otras muchas cosas, por que se nos conociera como tales. Pelear por que se conociera, y conociéramos, nuestra propia biología, con lo que tiene de grandioso, diferente y singular. Conocer, y entender, nuestros propios comportamientos físicos. Había que aprender sobre nuestro funcionamiento orgánico en general y sobre lo que todavía es más importante: nuestra tan desconocida sexualidad. Algo sobre lo que la tradición venía corriendo como mínimo un tupido velo, cuando no recurría, con ancestral crueldad, al intento de su anulación. Conviene no olvidar que la terriblemente cruel práctica de la extirpación del clítoris no es algo salvaje y exclusivo de algunas de las sociedades del continente africano. Durante el siglo xix, y hasta a principios del xx fue nada menos que una prescripción técnica de ilustres doctores europeos y americanos, que tuvieron el valor de esgrimir que el orgasmo femenino, ni siquiera identificado por supuesto como tal, era solo expresión de algo que llegaron incluso a identificar como enfermedad: la histeria. Encuentro en internet la cita de un médico ginecólogo inglés quien, en 1866, defendió públicamente la ablación del clítoris como remedio a la enfermedad de la histeria. Qué expresión de su ideológica dolosa ignorancia.

¡Qué necesario es que todo esto se investigue y se estudie!

Sí, es esencial que lo estudiemos, que recordemos el sufrimiento femenino que ha venido causando esa mezcla letal de prepotencia e ignorancia, tan enraizadas en el ancestral machismo. Incluso llegó a inventar aquella fantasía de la teología cristiana de que la mujer era un ser biológicamente imperfecto, que había perdido su pene, el cual solo recobraría al entrar en el paraíso. Eso, quedaba claro, si había sido buena y se lo había ganado. Que sórdida imagen daba también esa narcisista fantasía de paraíso hermafrodita. Con esa visión resultaba difícil competir con un islamismo, igual o aún más machista, pero que prometía a los hombres un paraíso con huríes.

Todas esas barbaridades, unas solo teóricas y otras con mayor crueldad práctica añadida, no solo crearon en las mujeres un desconocimiento social tan fuerte sobre ellas mismas, sino que contribuyeron, durante siglos, a crear un manto de ocultación, más allá del misterio, sobre el cuerpo femenino. Este devenía en sí mismo objeto de pecado, ¡incluso para la mujer misma! Tanto es así, que las mujeres llegamos a cuestionarnos nuestra propia estructura orgánica, e incluso nuestras propias sensaciones, que ni siquiera nos atrevíamos a reconocer ni indagar. En ese marco tan negativo, cuando no aberrante, de pecado y maldición, hemos tenido que salir adelante, desprendiéndonos de la mochila histórica que nos atenazaba. Así, hemos ido aprendiendo lanzándonos a experimentar, con nosotras mismas y con otr@s, unas de otras, aprendiendo de nuestras confidencias y de aquellos conocimientos que, sustentados muy especialmente por mujeres médicas o por algunos hombres médicos absolutamente apasionados por el entendimiento femenino, nos han dado algo de esa luz que nosotras necesitábamos. Lo que nos hacía falta, hay que ver qué paradoja, para conocernos a nosotras mismas.

Como te decía al inicio, Anna, gracias por tu libro, lleno de sabios consejos. Me ha gustado eso que recomiendas a las mayores, a las que ya no somos tan jóvenes. Nos dices que nos acordemos de peinarnos por detrás, después de haber estado ricamente hundidas en un cómodo sillón. Pues sí, ahora que tú lo dices, me doy cuenta de que a mí me ha pasado eso de levantarme con un poco de cresta trasera. Y eso, ¿por qué pasa, Anna? ¿Se vuelve el pelo también un poquito más perezoso? En otras cosas, que se notan más, quizás hacemos más esfuerzo por mantenernos ágiles.

Pero, ante el pelo, reconozco que no lo controlamos, ni con las canas, que a saber de dónde y de qué provienen (creo que los hombres tampoco lo saben) ni en su acomodo, que solo las peluqueras/os dominan.

Bueno, quizás será obligado reconocer que nos hemos hecho viejas. Es curioso eso de la vejez, tan evidente y que a la vez puede resultar tan falso, al menos como sensación. Ni me ha gustado nunca el término, ni nunca lo he sentido como tal, pese a mis 77 años. Durante mucha parte de mi vida he estado acostumbrada a que era la joven, la pequeña dentro de los grupos a los que me iba incorporando, encaramándome a un mundo de mayores. Ese proceso ascendiente pasó, sin duda, pero ha marcado mi trayectoria. Incorporarme a la cabeza de una candidatura en marcha con miembros que podrían ser mis hij@s quizás constituyó un aldabonazo de realismo. Era sin duda la mayor y con diferencia. Sin embargo, ni aun así me sentí distinta. Era la de siempre. Mi cuerpo es diferente, está más deteriorado, más arrugado, pero yo en mi yo más íntimo no me siento diferente. Creo que es bueno. En símil deportivo se diría no tirar la toalla.

Entiendo mucho todo lo que cuentas en tu libro. Yo he hecho y sigo haciendo cosas que parece que la sociedad ya no nos reserva a l@s viej@s. Estoy convencida de que las podemos hacer igual de bien, o mejor, que los que tienen menos años. No se trata de decir que la experiencia fuera una baza inalcanzable por las más jóvenes. Pero sí una afirmación, al contrario. L@s más jóvenes pueden ser más baratos si las mayores han generado un reconocimiento en la mochila, que se convierte en algo muy «caro» para las grandes empresas. Estas están dispuestas a desaprovechar la experiencia, con lo que cuesta adquirirla. No obstante, esa dilapidación presenta el mayor problema al traspasarse a la sociedad, que tiende igualmente, o en mayor medida, a minusvalorar la aportación de l@s mayores, de quienes tendemos a llamar viej@s. Las mujeres, que han tenido tanta dificultad para alcanzar el reconocimiento, la encuentran aún en mayor grado para superar la simplificación clasificatoria de los calendarios biológicos.

Siendo alcaldesa, se hizo una de tantas concentraciones de protesta delante del edificio del ayuntamiento. Bajé, como otras veces, a ver qué pasaba. Se había reunido un grupo de alborotadores, seguramente vinculados al Partido Popular. Comenzaron a gritarme: «¡Vieja, vieja, vieja roja!». Esperé a que acabaran de gritar y los saludé cordialmente. La sorpresa los calló. Les dije que sí, que, aunque ellos habían utilizado lo de vieja como insulto, no lo era. Efectivamente, estaban en lo cierto, yo sí era vieja. Sin embargo, en términos más empáticos, yo era efectivamente una señora mayor que, les añadí, podía tener alguna ventaja. Precisamente por eso de haber vivido más años, había vivido en una dictadura y había sido de aquellos que, oponiéndose a esta, habíamos contribuido a traer a España la democracia. Esa democracia a la que todos debíamos cuidar y que era la que, precisamente, les permitía a ellos expresarse, criticar y criticarme. No estaban acostumbrados a que nadie les razonase y en menor medida les respondiese cariñosamente. Algunos mayores sabemos, y nos gusta especialmente, hacerlo.

Sí, la experiencia es algo extraordinario. Es, como a mí me gusta decir, una grandísima mochila que nos permite tener más recursos, ser más sabios, más prudentes y todavía, lo que es mejor, ser más creativos. Tenemos, y valga el símil, más pinceles y más colores para dibujar, y representar, mucho de lo vivido.

La vejez, suelo argumentar, puede ser todo eso. Ello, sin duda, si el deterioro de la carcasa corporal no ha avanzado sensiblemente, ni el cerebro ha dejado de procesar. Si es así, la vejez puede ser esa etapa dichosa, libre y creativa, que nos haga disfrutar. Eso sí, aparece otra condición, que será difícil de recuperar del todo si no la hemos practicado antes, siempre que hayamos vivido conscientemente cada paso de nuestra vida. En cierta medida, somos responsables de nuestra vejez lo mismo que, cuando nos hacemos adultas, somos responsables de nuestra cara, de nuestra imagen.

Cuando yo tenía 15 años, llegaba a mi casa la revista *Blanco y Negro*, que era como el suplemento dominical del periódico *ABC*. En esa revista escribía una escritora que yo adoraba: Begoña García de Diego. En uno de sus artículos («Di que sí») decía que, cuando nos hacemos mayores, somos responsables de nuestra cara. Bueno, eso lo decía la escritora en los años sesenta del siglo pasado y no sé si ahora podría seguir afirmándose, con el gran desarrollo que ha tenido desde entonces la cirugía plástica. Respecto a esto, también mientras fui alcaldesa pude constatar, en los actos sociales en que había muchas mujeres de un muy alto nivel económico, que todas se parecían mucho entre sí. En un primer momento, podían incluso confundirse con sus propias hijas.

Pero, si esto es así, si somos responsables de nuestro semblante exterior, lo somos, y en mucha mayor medida, de nuestra mochila interior. Por eso, Anna, me gusta sumarme, en este rincón del prólogo de tu libro, a tu enseñanza para la vejez.

En primera persona te digo, y os digo a todas aquellas que nos leáis, que la vejez puede ser una etapa maravillosa, libre, sin ataduras, sin jefes, con capacidad para organizarnos a nosotras mismas, para absorber nuestra mochila llena, para contar, para profundizar, para crear.

Fue en el verano pasado cuando me pediste que te hiciera este prólogo y yo me puse a ello. De pronto, me escribiste diciendo que lo dejara. Te había pasado algo. Luego, más tarde, lo supe. Habías vivido la inmensa pérdida de tu compañero de vida. Archivé el borrador y ahí quedó con una interrogación, con un vacío, que creo que tú misma no habías contado. Sí, la vejez es esa época de la vida que puede ser dichosa, pero en la que también nos podemos encontrar con el dolor. El dolor que vivimos, que siempre tratamos de esquivar pero que sin duda está ahí, en la vida misma. El dolor de las inevitables separaciones de l@s que queremos y, en cierta medida, de nosotras mismas.

¿Cómo hacerlo? ¿Cómo hacerlo bien? Para eso no hay recetas, ni quizás consejos.

No sé, nos quedan incógnitas que quizás solo podamos afrontar con la argamasa de la felicidad construida, con ese esfuerzo de creatividad para no desaprovechar todo aquello tan bueno de la vida vivida que no queremos olvidar nunca.

Junio de 2021

Claror

Eran tristes las sombras del anochecer.
A la luz del carburo, repartías
la sopa del invierno.
Yo no sabía entonces la aflicción
en tus manos, la cantarera
oscura ni el llanto de los pozos.
Hasta que ayer, de pronto, vislumbré
en las calles a las mujeres fuertes
que contigo enlucieron
las paredes y el suelo de la historia.

Blancas de cal y brillo, ayer
todas las casas refulgían.
Ventanas, los balcones, el dintel y las puertas.
Cuánto trabajo, madre, la limpieza
sin fin después del frío, la purgación
de las celebraciones y la limpieza clara
de esculpir el sol de los veranos.
Madres arrodilladas, madres
del lebrillo y la escoba,
del trajín y la espuma por las cámaras.

Resplandece hoy el pueblo, madre
del agua medianera y la dehesa.

Casas altas de estropajo y de luz,
mayo en el patio, arcoíris de fuego

las macetas, el verde y los geranios,
las desmayadas lilas, los claveles,
aromas de tomillo y yerbaluisa. Madre
de la cal y del tiempo, señora
que atraviesas los campos
del hambre y la langosta con tu hoz
encendida, la mirada
vesperal y brillante de la zarza. El fuego
de la Diosa.

JUANA CASTRO (Para Anna)

YO, VIEJÁ

Apuntes de supervivencia
para seres libres

Para ti, Juan,
amor infinito,
viviste para compartirlo y te fuiste,
pero estás.

Un toque de humor no viene mal

*«No son las catástrofes, los asesinatos, las muertes,
las enfermedades las que nos envejecen y nos matan,
es la manera como los demás miran y ríen
y suben las escalerillas del bus».*

Virginia Woolf

Esta frase de Virginia Woolf creo que resume a la perfección el espíritu de este libro. Un libro que parece que va en broma, pero que va completamente en serio. En él conviven amigablemente nuestras contradicciones evidentes y también las posibles, la realidad descarnada y el arrebato emocionado que caracterizan la vida en la edad mayor.[1] Sí, es cierto, no es la vejez lo que nos amenaza, son nuestras ideas, nuestras conductas y sobre todo nuestra disposición interior a la obediencia y el conformismo las que nos precipitan en ella. En realidad, de lo que trata el libro es de los derechos humanos en la vejez y, concretamente, de los derechos de las mujeres en la edad mayor, sintetizados en tres principios que me parecen fundamentales: la libertad, la justicia y la dignidad. Por tanto, estos *apuntes de supervivencia* —que también podrían considerarse *propuestas de resistencia*— están pensados para la nueva generación de viejas que van estrenando libertades, pero sobre todo para las que mantienen su dignidad —en la forma y en el fondo—, para las ancianas que mientras se desplazan por el calendario son capaces de escudriñar la vida y las relaciones cotidianas con perseverancia y agudeza, con la clarividencia que dan los muchos tiros pegados, y no están dispuestas a pasar ni una.

---

[1] Tanto para las mujeres como para los hombres. Estos apuntes de supervivencia están pensados para hacer grande el mundo de los *seres libres*. Que cada cual tome nota.

25

Llevo muchos años dándole vueltas a temas relativos al envejecer femenino. He leído, investigado y escrito sobre el tema, de manera que creo haberme hecho una idea acerca de los asuntos que resultan cruciales para hacerlo manteniendo el tipo. Especialmente en un tiempo en que disfrutamos de uno de los privilegios más interesantes del envejecer: la posibilidad de mirar de manera ponderada los acontecimientos y situaciones con los que nos vamos topando, a pesar de las imágenes apocalípticas y deprimentes que tenemos alojadas en el cerebro, que son fruto del pesimista discurso social acerca de la vejez que hemos ido incorporando en nuestra mente desde pequeñas y de las representaciones que nos muestran como seres poco atractivos en todos los sentidos.

A lo largo de estos años de estudio he publicado algunos libros en los que analizo los variados temas del envejecer femenino: los cambios en la vida después de la mediana edad;[2] la menopausia en sí misma;[3] la sexualidad en la madurez[4] y las relaciones intergeneracionales,[5] y también soy autora de un texto en el que analizo y desarrollo todos y cada uno de los temas que hacen referencia al proceso de hacernos mayores.[6] Con esto quiero advertir que este breve texto no es un ensayo teórico, ni el resultado de una investigación; pretende ser una reflexión y un divertimento sobre un surtido de pequeñas cosas que en este momento de la vida nos la pueden amargar o, por el contrario, facilitárnosla. Una especie de foco para iluminar situaciones de la vida cotidiana que creemos tan normales que no las consideramos importantes y que, sin embargo, constituyen el grueso de la discriminación y el rechazo social hacia las personas mayores, únicamente por el hecho de serlo.

En estas páginas también pretendo hacer visibles determinadas formas de comportarnos o de situarnos en el mundo que consolidan

---

[2] Coria, Clara; Freixas, Anna y Covas, Susana (2005). *Los cambios en la vida de las mujeres. Temores, mitos y estrategias.* Barcelona: Paidós.

[3] Freixas, Anna (2007). *Nuestra menopausia. Una versión no oficial.* Barcelona: Paidós.

[4] Freixas, Anna (2018). *Sin reglas. Erótica y libertad femenina en la madurez.* Madrid: Capitán Swing.

[5] Freixas, Anna (ed.). (2005). *Abuelas, madres, hijas. La transmisión sociocultural del arte de envejecer.* Barcelona: Icaria / UCO. Reedición actualizada en 2015.

[6] Freixas, Anna (2013). *Tan frescas. Las nuevas mujeres mayores del siglo XXI.* Barcelona: Paidós.

los estereotipos que la sociedad tiene sobre las veteranas. Es un canto a la libertad y el desparpajo; a la vejez confortable y afirmativa. Con la pretensión de que entre todas consigamos vivir una edad mayor elegante, relajada, firme y libre del amor merengue con que la sociedad nos trata para deshacerse más o menos amablemente de nosotras. A pesar de que todavía no tenemos una idea clara de cómo queremos ser al envejecer, podemos ir poniendo ya algunos andamios, elaborando diversas propuestas que nos sirvan para la construcción de una idea más global acerca de este periodo de la vida. Lo propongo como algo que podemos ir proyectando en común. Deberemos ser nosotras, las interesadas mismas, quienes promovamos los cambios, tanto a nivel individual como los de carácter social y ecológico. Necesitamos desarrollar una agenda política para la vejez que dé espacio a vivirla con libertad, tranquilamente, a nuestro aire, con prácticas que favorezcan la vida en común. Promover una ancianidad que no imponga nuevos estándares y expectativas inalcanzables, en la que no nos veamos atrapadas por flamantes mandatos que nos sometan a modernas torturas y obligaciones y, sobre todo, que nos dé la oportunidad de experimentar la vida sin ataduras. Ahora o nunca. Nadie vendrá a resolvernos los temas que nos atañen para que podamos vivir una existencia suelta en la vejez.

La psicología como ciencia se ha mostrado históricamente bastante desinteresada por conocer la vida real de las viejas y viejos, de manera que, ante la falta de nuevas teorizaciones al respecto, siguen vigentes los antiguos modelos de lo que suponía ser mayor en siglos anteriores. No resulta fácil encontrar descripciones realistas acerca de los límites y las fortalezas con que cuenta la población mayor hoy, cuya vida dista meridianamente de la de las ancianas de hace solo medio siglo. Tenemos pocas narraciones sobre la vejez que nos permitan mostrar la diversidad y complejidad que se da en esta etapa; en la mayoría de las existentes se ofrecen verdades sesgadas, como el relato catastrófico acerca de la menopausia, el cuento del nido vacío y el desnortamiento de la jubilación, pero no encontramos nada acerca de la vida y la experiencia cotidiana de las mujeres que hoy tienen 70, 80 o 90 años y más que han vivido vidas comprometidas en proyectos profesionales, políticos y sociales que constituyen una población de gran interés; es decir, de nosotras ahora o dentro de unos años, si tenemos un poco de suerte.

La mayoría de los trabajos elaborados por las pensadoras feministas sobre envejecimiento femenino se han ido llevando a cabo a medida que hemos ido envejeciendo y cuando las nuevas situaciones vitales nos han urgido a encontrar respuestas. No necesitamos autoflagelarnos por ello; lo cierto es que en las últimas décadas estuvimos muy ocupadas con los temas relacionados con los derechos productivos y reproductivos. Ahora los asuntos que en otros tiempos ocuparon la investigación —la depresión, la menopausia, la viudedad, el nido vacío—, la mayoría de ellos relacionados, por cierto, con la consideración de las mujeres como seres dependientes de los hombres, parecen estar suficientemente encauzados y ya nos queda claro que ninguno de ellos significa mucho en nuestra vida actual. Por lo tanto, podemos centrarnos, nombrar y analizar los que sí nos afectan: la jubilación, la pobreza, la salud, la sexualidad, la diversidad de experiencias en el envejecer, las residencias, el hábitat y el edadismo, por ejemplo.

En los últimos años, las gerontólogas feministas se han puesto a la tarea y han empezado a estudiar todos y cada uno de los asuntos que se relacionan con el envejecer femenino. Desde su perspectiva crítica han cuestionado muchos de los presupuestos de la gerontología clásica centrada fundamentalmente en la patología —en el lado oscuro— y han puesto en valor el potencial de que disponemos en este momento del ciclo vital. Han situado en el centro de su trabajo la vida y la experiencia de las mujeres mayores, teniendo en cuenta las enormes diferencias que a todos los niveles se dan entre ellas. Uno de los objetivos claves de sus trabajos ha sido la identificación y transformación de las desiguales relaciones de poder que se producen en nuestra sociedad en función del sexo y la edad; no pretendiendo ofrecer respuestas universales, sino señalando la diversidad de la experiencia del envejecer en unos u otros entornos y situaciones. Un punto crítico de esta perspectiva lo constituye el reconocimiento de la importancia del contexto social y la validación de la escucha, la voz y la narrativa de las mujeres acerca de su vivencia.

Por el momento, no tenemos una idea muy concreta y definida acerca de las virtudes y haceres que caracterizan a las personas que envejecen de manera más satisfactoria y en paz o, por el contrario, sobre los rasgos de personalidad y las características de vida que nos pueden abocar a una vejez desasosegada y gris. Sin embargo, en el mundo de la gerontología hay un cierto acuerdo acerca de algunos asuntos dignos de tener en cuenta en este proceso, como que la curiosidad intelectual y cultural, la actividad física y mental, disponer de una vida con significado y objetivos personales, el optimismo y la gratitud parecen ser predictores claros de una vejez interesante, con recursos, especialmente, para afrontar la enfermedad y el estrés. Algo es algo.

Llevo algún tiempo tomando nota de situaciones diversas que suelen darse en nuestras vidas, las cuales trataré de exponer de manera sucinta y clara y con suficiente humor para que podamos reírnos de nosotras mismas, que es muy sano, y de paso incorporarnos a una vejez desdramatizada. Ahora que vivimos tantos, tantos años, me parece sugerente glosar algunos temas que nos pueden orientar en este mapa en blanco con que nos encontramos cuando navegamos hacia vidas centenarias, sin saber cómo manejarnos de forma medianamente armoniosa. La pátina de la vejez sobrevuela incesantemente a nuestro alrededor, de manera que a poco que nos despistemos nuestra vivienda, nuestra ropa, nuestra vida, pueden quedar envueltas en ella, impregnadas, y en determinadas situaciones y con ciertas actitudes podemos ofrecer imágenes bastante penosas de la edad mayor. Pienso que si somos capaces de nombrarlas y escenificarlas podemos hacerlas visibles y risibles. Transformarlas.

Todas nosotras nos hemos ido haciendo mayores y hemos podido comprobar que las desigualdades económicas y sociales se van acumulando a lo largo de los años, pero también sabemos que en este momento de la historia disponemos de una buena cantidad de fortalezas que nos pueden permitir vivir bastante bien si conseguimos desprendernos de algunos mandatos acerca de cómo ser viejas y nos proponemos vivir una vejez a nuestro aire. En contra de este deseo se alían numerosos factores que pueden limitarnos enormemente: el contexto en el que vivimos, la falta de poder en las relaciones, la imposibilidad de agencia[7] por nuestra parte o la pobreza, entre otros. Ha llegado el momento de pensar de qué manera podemos minimizar algunos de estos obstáculos y participar de la vida sin autorrelegarnos diciendo *yo ya, a mi edad*, con lo que hacemos de nuestra existencia un espacio físico y mental cada vez más reducido.

No pretendo sostener un optimismo ciego respecto al envejecer, algo así como que con los años nos vamos desplazando por un tiempo sin tropiezos, donde todo es bienestar y divertimento. Sé que no es cierto, ni esta es mi pretensión. Tampoco me planteo promover la idea de un envejecer que sea como no envejecer, sometiéndonos a una nueva presión cultural. Sabemos que vivir supone afrontar situaciones de gran dolor y que nacer lleva tatuado el morir, incluidos los años previos, que pueden ser complicados. Sin embargo, me resisto a mirar el ciclo vital con un desánimo persistente, poniendo la mirada exclusivamente en las diversas pérdidas y deterioros con que determinados agoreros amenazan nuestra vejez. Ni optimismo alucinado, ni desánimo sombrío. Intento presentar con un talante relajado el panorama que tenemos por delante, en un caleidoscopio multicolor. Invitando a poner en práctica la firme resolución de pasarlo lo mejor posible, de disfrutar de lo poco y de lo mucho, a pesar del repertorio de malestares que nos acompañan y, sobre todo, de mantener activada la curiosidad que nos permite vivir vidas más sugerentes y actualizar nuestro conocimiento del mundo. Promoviendo una mirada compasiva sobre nuestro propio envejecer.

Pretendo que este libro sea un instrumento útil, reconociendo, identificando y poniendo en el centro la complejidad crucial de hacernos mayores. No es un documento con grandes certezas, ni de disquisiciones teóricas; son solo chispas que tratan de interrogarnos sobre una serie de hechos, circunstancias y momentos que vivimos, y, sobre todo, es un libro que quiere ilustrarnos sobre situaciones cotidianas en las que se perpetúan los estereotipos negativos que la sociedad mantiene sobre la vejez. Es una instigación

---

[7] La capacidad de ser agentes de nuestra propia vida; la posibilidad de tomar las decisiones que nos atañen.

a la resistencia, a no ceder ante las fuerzas que nos precipitan a una vida sin significado y a impedir que nos arrebaten nuestros recuerdos y espacios. Son divertimentos, verdades y a veces exageraciones que tratan de invitarnos a cuestionar lo que damos por inmutable. Las propuestas, a modo de destellos, pueden sugerir una cosa y también la contraria, depende. Lo importante es no tomar por la vía trágica los pequeños o grandes inconvenientes que trufan nuestra vida cotidiana, saber mirar el lado menos malo y respirar hondo. Además, si vamos a intentar vivir nuestra vejez con una cierta autonomía, no nos queda otro remedio que pararnos un momento y empezar a tomar decisiones respecto a nuestro día a día. Ahí entra en juego nuestra libertad disponible. Nosotras como personas con iniciativa, agentes de nuestra vida física, mental, sexual, espiritual, emocional —no como víctimas de un destino—, celebrando la necesidad de vivir una existencia con sentido, sin imponernos nuevos estándares y expectativas que nos aboquen al agotamiento y a la ruina.

En nuestra sociedad conviven dos modelos dicotómicos de mujeres en la edad mayor: la viejecita pasita que no aporta nada, a la que se le atribuye un listado de defectos como tacaña, reiterativa, pelma, lenta, quejica, olvidadiza e ineficiente, y la vieja llena de vigor, activa y comprometida y, sobre todo, con apariencia juvenil (con el sufrimiento y el gasto consiguientes), que se presupone que es una persona serena, tolerante, flexible, generosa, compasiva, eficiente, creativa, ligera, sabia, glamurosa, divertida. Como todas las dicotomías, ni tanto ni tan calvo. Frente a este pensamiento dual sin salida, lo que sí parece claro es que a estas alturas existen muchos modelos de vejez femenina y que ahora disponemos de un buen puñado de cualidades que hemos ido adquiriendo a lo largo de los años, algunas de las cuales nos pueden hacer la vida en relación algo más fácil. Entre otras, destaco la gratitud, la generosidad, la honestidad, el coraje, la capacidad de sobreponernos a los desastres que la vida nos ofrece, la capacidad de perdonar, de mostrar afecto hacia los demás y, por supuesto, también la ira, la sabia y necesaria rabia, que he trasladado conscientemente a la columna de las virtudes porque supone una invitación a no aceptar pasivamente condiciones, situaciones y tratos injustos.

En esta tarea incluso carecemos de palabras para nombrar esta nueva larga etapa de la vida y hacerlo de manera realista (ni edulcoradamente optimista, ni forzosamente taciturna). Palabras que nos permitan identificarnos de manera veraz con el periodo vital en que nos encontramos en compañía de otras mujeres y hombres. No nos gusta que nos llamen *ancianas*, nos estremece la palabra *vieja*, lo de *adultas mayores* eso sí que no, y lo de *tercera edad* es para hacérselo mirar. Me van gustando, además de *vieja*, las palabras *veterana, sénior, pionera, longeva* e incluso *viejales*. ¿Qué tal? A lo largo del texto utilizo prioritariamente el término *vieja, viejas*. ¡Qué horror! Ya lo sé. Sin embargo, ser vieja es, como he dicho antes, un regalo, justamente porque significa que he vivido muchos años y lo que sí está claro es que no soy joven. No es posible ser a la vez joven y vieja y menos aún la tontería de decir *soy joven en un cuerpo viejo*. Reconciliémonos con esta palabra,[8] utilicémosla con tranquilidad, naturalidad y humor. Es el único camino a través del cual podemos colaborar a borrar su estigma negativo y hacer de ella una realidad, tal cual. Todos los eufemismos que podamos utilizar: persona mayor, adulta mayor y otros similares, no restan años del DNI.

La vejez es algo real, no algo que les ocurre a las demás. Tratemos de vivirla bien y confortablemente con una cierta dosis de humor imprescindible.

---

[8] Pensadoras como Toni Calasanti y Kathleen Slevin han hecho hincapié en las connotaciones positivas de la palaba *vieja*, con el fin de neutralizar su negatividad social y normalizar su uso en la vida cotidiana.

Las viejas somos el futuro

«La vejez es un privilegio
que no se concede a todo el mundo».

JOCELYNE SAUCIER

L a longevidad es un don que nos han concedido las diosas. Mirada desde esta perspectiva, es evidente que cumplir años no parece forzosamente un problema, lo grave es no cumplirlos. Cuando a través de diversas estratagemas negamos la edad estamos reconociendo que contiene en sí algo malo, algo vergonzoso que hay que ocultar, en lugar de reivindicarla como un logro, un obsequio que nos ha ofrecido la vida. Algo a lo que deberíamos estar agradecidas. La generación del *baby boom*, nacida entre 1946 y 1965, constituimos una parte importante del grueso de las viejas de hoy. Somos la primera que se ha desarrollado en un mundo claramente diferente al de las anteriores generaciones. Nosotras hemos vivido y envejecido durante un periodo de enormes cambios sociales, políticos y culturales y sobre todo somos la primera generación que hemos experimentado la revolución de la longevidad.

Vivimos en una sociedad con arraigadas jerarquías de género, clase, etnia y sobre todo de edad. En todas ellas se da un sistema de desigualdad. En el caso de la edad se privilegia a l@s jóvenes a expensas de las personas mayores, otorgándoles unas ventajas y prerrogativas que se dan por normales. Esto es así en casi todas las culturas. Las relaciones de poder, basadas en la edad, son pasadas por alto, ignoradas e invisibilizadas por la mayoría de los estudios de gerontología y sociología y también en el diseño de las políticas sociales, con las consecuencias que de ello se derivan en la vida cotidiana de la población mayor. Es algo que sabemos y constatamos. Sin embargo, no vamos a vivir sintiéndonos víctimas, lamentándonos del trato que nos ofrece una sociedad que adora a la juventud, o al menos no deberíamos hacerlo si pretendemos vivir una vejez afirmativa y con sentido propio.

Si nos instalamos en el victimismo, cumpliremos todos y cada uno de los mandatos sociales de mantenernos en una *juventud perpetua*, nos someteremos en cuerpo y espíritu a todo tipo de suplicios, en lugar de vivir como viejas libres y dueñas de nuestra vida, centrando toda la atención y esfuerzo en la construcción significativa de nuestra vejez. Como mujeres que hemos sido tocadas por el don de la longevidad, portadoras de conocimientos y dueñas de los secretos de la supervivencia, podemos elegantemente situarnos fuera del cerco que nos han señalado como propio, porque ahí es donde somos más poderosas y felices. No todo el mundo dispone de la misma libertad interior para elegir cómo vivir la vejez.

A lo largo de la vida hay cambio, pero también continuidad, de manera que somos las mismas que éramos unas décadas antes, pero somos también diferentes. En realidad, las personas mayores y las jóvenes no diferimos tanto, pero la conciencia exacerbada de la edad que se produce en nuestra cultura oscurece las semejanzas y crea numerosas expectativas de diferencia que nos llevan a autoexcluirnos afirmando que las viejas son *las otras*, nosotras no entramos en esta categoría, *yo me siento joven*. Somos excepcionales. No nos damos cuenta de que, curiosamente, con los años hemos pasado de ser jóvenes opresoras a ser viejas oprimidas y ahora tenemos tal pánico a la vejez que nos sometemos a la máscara tratando de hacernos pasar por jóvenes. Con ello pretendemos acallar tanto la presión social como nuestra evidencia interior, que nos indican que ya no somos tan jóvenes. Intentamos alargar, estirar hasta lo imposible, la edad adulta y vivir una segunda mediana edad ya en la vejez, escondida en un cuerpo mayor. Por si cuela. Decimos frases patéticas, como *soy joven de corazón*; *soy mayor, no vieja*; *tengo 75 años, pero me siento como si tuviera 20 años* y otras parecidas que indican la necesidad de negar, ocultar y evitar la vejez a toda costa. Quizás en lugar de afirmar *me siento joven* podríamos decir *me siento bien,* incluyendo ahí la idea de que es posible vivir con todos los aditamentos de la edad y, sin embargo, no estar hechas un desastre. Cierto, si con ello quieres decir que no te consideras inútil, decrépita, achacosa, horrible, entonces tienes toda la razón. De otra forma, parece que queremos mostrar nuestra excepcionalidad, nosotras somos las que hemos conseguido escapar a la edad, sortearla de tal manera que no la poseemos nunca. La pregunta es: ¿por qué asociamos la vejez a estos conceptos y no a otros como la productividad, la sabiduría, el buen hacer, la generosidad, la bondad, el ingenio? Revisémonoslo, seremos más felices.

Por cierto, en cuanto al sentimiento de felicidad, son dignas de atención las investigaciones acerca de los aspectos positivos del envejecer que confirman una tendencia a estar más alegres a partir de los 50 años y de sentirnos cada vez más dichosas, de manera que a los 80 años somos por regla general más felices que cuando teníamos 18 años (no me extraña). Una información nada despreciable, sobre todo en nuestra sociedad donde se idealiza lo joven como icono de lo deseable y se estigmatiza la menopausia como inicio del declive imparable. Parece claro que la felicidad no viene en los genes, ni llegamos al mundo con un manual de instrucciones al respecto. Dependerá en gran medida de nuestra capacidad de aparcar el lado oscuro e ir construyendo una cotidianeidad que otorgue significado a la vida de cada una. Todas diferentes.

En esa tozuda negación que mantenemos de la edad reside el meollo indestructible de la discriminación edadista de nuestra cultura, y gracias a ella resulta casi imposible transformar la estructura de la dominación. La consideración de que nosotras somos únicas no hace que desaparezcan los estereotipos negativos acerca de la vejez sino que los perpetúa y, por tanto, la opresión juvenilista permanece intacta. De este modo no hacemos grande el mundo para las mujeres, que seguirán temiendo la vejez como un tiempo de abandono. Acarreando semejantes pensamientos nos acercaremos a ella con bastante desmoralización y no le veremos nada positivo, por lo que trataremos de evitarla a toda costa. No es de extrañar. Mientras no la redefinamos entre todas y mostremos que podemos vivir en un cuerpo mayor con dignidad y respeto, con belleza y sin tortura, no conseguiremos convertir la voz social que nos denigra e ignora en una voz que nos valore y dignifique. Necesitamos conocer y deconstruir nuestros miedos y creencias acerca de la vejez para poder vivirla en paz. No es sencillo, pero es necesario.

Las creencias destructivas acerca de la vejez —las personas mayores son una carga, son inactivas, están enfermas, son feas, son todas iguales, no aportan nada a la sociedad— arruinan nuestra autoestima y nos impiden vivir y disfrutar de lo que disponemos en la edad mayor. Mientras vivimos deseando tener veinte o treinta años menos dejamos de vivir lo que la vida nos ha puesto ahora mismo, a los 70, 80, 90 y pico años, por delante. Este imaginario social determina el trato y la atención que recibimos, sesgando, además, la investigación gerontológica y el diseño de políticas públicas. Mientras consideremos la vejez como un tiempo que hay que disimular y evitar, la viviremos como una desgracia más —una desgracia de larga duración, por cierto—, cuando también se puede entender como una oportunidad para llevar a cabo un proyecto propio que no se parezca en nada a las vivencias anteriores y en el que podamos disfrutar de nuevas libertades. La honestidad, la verdad, supone reconocer quiénes somos, con nuestro pasado a cuestas, sin despreciarnos a nosotras mismas. Si queremos que la sociedad nos respete, primero tendremos que respetarnos a nosotras mismas.

Curiosamente, a pesar de que en las últimas décadas se han producido importantes cambios que deberían haber contribuido a la desaparición de algunos de los estereotipos negativos acerca de la vejez, estos siguen plenamente vigentes. Veamos. Es un hecho que la salud de las personas viejas ha mejorado de manera notable a lo largo de estos años, por lo que esta realidad debería servir para refutar la idea de la mala salud inherente al envejecer. Sin embargo, estas creencias negativas subsisten, en gran medida por el descomunal negocio de la industria antiedad —cremas, inyecciones, píldoras, cirugía que prometen revertir la edad, promoviendo una visión negativa de la vejez—. La perversidad que no cesa. En la misma línea, vemos que en el mundo laboral se mantiene la idea de que las personas mayores son menos productivas y se sienten menos a gusto con la tecnología que las jóvenes; sin embargo, la investigación demuestra que l@s trabajador@s mayores tienden a ser tanto o más productiv@s y se relacionan con igual placer con las nuevas tecnologías que l@s jóvenes.

Cada una de nosotras deberíamos intentar hacer frente a los estereotipos edadistas rechazando participar como consumidoras en una cultura que considera que cuando aparecen los signos de la edad en nuestros cuerpos tenemos que someternos a todo tipo de torturas corporales para disimularlos. Haríamos mejor en esforzarnos en destacar las ventajas de las que ahora podemos disfrutar: somos más competentes en muchas áreas, nuestra autoestima ha mejorado, también nuestro autoconocimiento, equilibro emocional y habilidades para la resolución de conflictos, así como nuestra resiliencia que hemos mostrado a prueba de bomba. Y, siempre y en cualquier caso, mejor nos irá si tratamos de cultivar un buen sentido del humor para poder echarnos unas risas entre todas sobre los inconvenientes y demás limitaciones de la edad.

La pervivencia de los estereotipos negativos también tiene que ver con el hecho de que las poblaciones mayores todavía no se han organizado como grupo de presión, como lo han hecho a lo largo de la historia otros grupos marginados: mujeres, gente de color, homosexuales, que gracias a su movilización colectiva han ido consiguiendo un mayor reconocimiento social y, sobre todo, derechos. Si queremos transformar el marco de las creencias, deberemos pasar de la aceptación resignada de la estigmatización al desafío, actuando como grupo. Esta identificación colectiva nos tiene que llevar a luchar por nuestros derechos, haciendo visibles los agravios cotidianos y adoptando las estrategias que han permitido a otros grupos sociales conseguir los suyos propios. Necesitamos buscar los caminos para promover la participación de las personas mayores en el movimiento por los derechos de la vejez. No olvidemos que somos muchas y muchos y, además, votamos.

Ser vieja es una identidad fluida, cambiante, que nos viene reflejada desde fuera, más que desde dentro de nosotras, que nos sentimos en buena forma y con deseo de seguir en la brecha. Revertir la negación de la edad en la que vivimos inmersas y afirmarnos *orgullosamente viejas* implica redefinir esta palabra en nuestros propios términos, hacerla nuestra, de manera que cuando la utilicemos describa las identidades complejas que nos constituyen, las penas, los logros, los variados y múltiples caminos que constituyen la vejez femenina en el siglo XXI. Exige hacer un esfuerzo colectivo por validar un discurso que sea asumible por una mayoría de nosotras, no solo por unas pocas privilegiadas, en el que no nos veamos como víctimas de un destino inapelable, sino como copartícipes en la transformación de una cotidianeidad que desarrollamos en primera persona, cada una individualmente y todas en colectividad. Formando parte de una marea de mujeres viejas, con capacidad de decisión sobre su propia vida, su economía, su hábitat; con agencia mental, emocional y ética.

Aprender a ser mayor requiere su tiempo, es un largo proceso de constante ajuste y reajuste respecto a la constatación continua de la irrelevancia social con que nos vamos enfrentando progresivamente. Esta nueva etapa que nos ha regalado la vida me gusta definirla como un tiempo de dignidad, respeto y derechos humanos: hacia nosotras mismas y de los demás hacia nosotras. Algo que en ocasiones tendremos que exigir. Para ello necesitamos tener claro qué entendemos por vivir una vejez digna y respetuosa y ponerlo en práctica. Si queremos que las jóvenes generaciones, cuando lleguen a la edad mayor, dispongan de referentes válidos y de una variedad de formas posibles de situarse en el mundo, orgullosas de serlo y con consideración hacia sí mismas, dominando el arte de pisar fuerte, tendremos que empezar a perfilar unos nuevos cánones, partiendo de nuestra experiencia, deseos y necesidades. No podemos fingir una eterna juventud, si queremos que las jóvenes tengan una paleta de vejeces en la que puedan elegir su futuro. Para llegar a ser unas viejas esplendorosas necesitamos crear las oportunidades, disponer del apoyo y la connivencia de otras magníficas y plantearnos retos manejables y progresivos.

En los últimos años se ha hecho una propaganda excesiva de lo que se llama *el envejecimiento activo*, de tal manera que nos han hecho creer que *estar activa* significa *no ser vieja* y por lo tanto esta productividad se convierte en un requisito para la felicidad en la vejez, al considerarse que este es el camino que nos aleja de la decrepitud, la pérdida, la dependencia, presunta e indefectiblemente inherentes a la ancianidad. De esta forma, la vejez activa nos permite autorrepresentarnos como seres interesantes, a pesar de la edad, cuando en realidad estas teorías tienen su utilidad y justificación fundamentalmente en la mediana edad, en personas privilegiadas económicamente y que disponen de tiempo libre y salud. Estos planteamientos, que suelen recibirse con gran alegría, como la panacea que nos va a mantener siempre jóvenes y ágiles, en realidad ignoran la complejidad y la ambigüedad que marcan el último periodo de nuestra vida. Esta cultura antienvejecimiento permea nuestro lenguaje, nuestros pensamientos y nuestra actitud ante la vida. Determina cómo nos vestimos, cómo nos sentimos y está omnipresente en toda la sociedad y por supuesto en todo lo que tiene que ver con la gerontología.

Esto es así, hasta tal punto que muchos de los profesionales gerontológicos no se cuestionan la idoneidad de estos postulados cuando trabajan con poblaciones de gente mayor y no modifican ni un ápice su consejo. La unificación de las personas mayores en un *totum revolutum* —en el que, según parece, da igual tener 60 años que 90 años— olvida que, a medida que transcurre el tiempo, las personas somos cada vez más diversas y complejas y, sobre todo, impide que se identifiquen las diferencias individuales que se van originando con los años para poder singularizarnos a partir de ellas como ancianas no intercambiables. Somos personas con identidad propia, no somos idénticas, ni fotocopias en serie; tenemos una biografía, una historia personal que es particular, exclusiva, individual. Cuando llegamos a la vejez nos encontramos en un periodo en el que sabemos que hemos recorrido el tramo más largo de nuestra vida y eso nos sitúa en una cercanía especial que, sin embargo, no nos unifica, a pesar de la creencia social de la semejanza de la gente mayor. Homogeneizar y considerar que todas las viejas son iguales y que, por tanto, a todas les conviene lo mismo, en lugar de contemplar las necesidades particulares de cada una, es muy cómodo. Es el gran pecado de la sociedad respecto a la ancianidad. La raíz de la desconsideración y el maltrato soterrado.

El mandato del envejecimiento satisfactorio puede ser una fuente de tensión en la medida en que comprobamos que este objetivo está fuera de nuestro control. Este paradigma no pone en cuestión las relaciones de poder que tienen su origen en la edad, que la denigran y desvalorizan y, por lo tanto, no elimina la discriminación edadista, sino que puede aumentarla. Este modelo en realidad no tiene en cuenta la devaluación y la exclusión social que acompañan a la edad. La idea clave es que la persona puede alcanzar un envejecimiento satisfactorio (un *cuasi-no-envejecimiento*) si realiza una serie de elecciones apropiadas y se esfuerza por llevarlas a cabo. Y, por supuesto, el mantra es que para no envejecer hay que mantener el cuerpo con apariencia joven, si no queremos convertirnos en seres invisibles. Este énfasis en la conducta individual ofrece una dimensión moral al envejecer, de manera que el individuo es responsable de su éxito o fracaso y, si no consigue el objetivo, es por su culpa. Mal andamos. Para hacer frente al edadismo necesitamos valorar la diferencia y validar la edad mayor como un tiempo diferente y significativo.

De acuerdo con estas teorías, mantenerse en forma, o al menos parecerlo, se considera un importante capital social que nos sitúa en el mundo en una categoría privilegiada. Siguiendo este mandato de actividad, nos mostramos productivas, comprometidas, ocupadas, y lo hacemos público a quien se interesa por nuestra vida de jubiladas, afirmando cuán atareadas estamos y cuántas cosas nos ocupan. Si no lo hacemos parece que damos muestra de debilidad moral o de fracaso en el proyecto de la juventud eterna.

La idea del dinamismo se ha convertido en un imperativo inmaterial que nos puede impedir vivir una vida tranquila, confortable y contemplativa, una existencia interior. Pero no podemos aspirar a vivir en una eterna mediana edad. ¿Qué pasa, pues, con las personas que no pueden, o no desean, mostrarse como jóvenes porque prefieren llevar otro tipo de vida acorde con su momento vital? No nos damos cuenta de que, cuando enarbolamos la bandera de la actividad y la independencia como objetivos, situamos en los márgenes a las personas que tienen dificultades de algún tipo o necesitan ayuda y, también, estigmatizamos a quien simplemente no quiere o no puede alcanzar estas expectativas.

Frente a estos paradigmas, la idea de un envejecer cómodo, armonioso, nos invita a una redefinición de lo que entendemos por bienestar, pone en valor la propuesta de una vida agradable y tranquila frente al agotador dinamismo prescrito como fórmula mágica para la vejez. Una cultura del ser, no del hacer, me parece un buen programa para vivir la edad mayor como un tiempo confortable, de respeto y dignidad: ahí sí que tenemos un relevante espacio de trabajo e implicación. *Por nuestro propio bien*, ahora sí.

Nos hacemos viejas, entramos en un tiempo de recuperación de la voz perdida en el sueño de la feminidad que nos ha dejado sonrientes y amables, pero mudas. Ha llegado el momento en que nos podemos mostrar ya como ancianas lúcidas y realistas que aceptamos la edad como un don y hablamos con nuestra propia voz; utilizando un lenguaje que nos representa, que nos da poder, que nos permite idear las estrategias necesarias para llevar los asuntos que nos competen y preocupan al terreno de lo público. Convirtamos la edad en una cuestión política. Demos una respuesta sistemática de diversidad.

Sugerencias

→ No ocultes tu edad. Dila con orgullo. Ya sabes que la longevidad es un regalo, un logro, no una catástrofe. Lo malo es palmarla por el camino.

→ Podemos nombrarnos, sin temor, como mayores, como séniors, veteranas, viejales, viejas. Al fin y al cabo, lo somos.

→ No queremos ser dramáticamente jóvenes, sino afirmar dignamente nuestra edad. Nos ha costado lo nuestro conseguirla.

→ No presumas de lo muy ocupada que estás desde que te has jubilado, tratando de confirmar que sigues ahí. Ya lo vemos.

→ No pidas permiso para existir. Valórate. Identifica y reconoce tu saber.

→ Sé amable, agradecida y educada, dentro de un orden.

→ De la misma manera que aprendimos a ponernos las gafas violetas para analizar todas y cada una de las situaciones que nos ocurrían por el mero hecho de ser mujeres, ahora podemos ponernos las gafas grises para mirar los múltiples aspectos relacionados con la edad con los que nos topamos a diario. Aprendamos a identificarlos y atrevámonos a nombrarlos e incluso denunciarlos. No te cortes.

→ Conoce y exige tus derechos, con firmeza y amabilidad, pero sin concesiones.

→ Ser mayor mola.

Viejas confortables
y glamurosas

«En el caso de la gente mayor, la belleza tiene que ver con aquello que las caras y los cuerpos nudosos traslucen».

URSULA K. LE GUIN

Envejecer es una experiencia que tiene que ver fundamentalmente con el cuerpo que se convierte en una curiosa carta de presentación, la cual, a medida que pasan los años, se hace cada vez más visible, mientras que socialmente nos hacemos más invisibles. Nuestro cuerpo mayor resulta ser una especie de *texto social*[1] que permite a los demás hacer un juicio sobre nuestra edad: *esta mujer tiene ya sus añitos*, al ofrecer una información que podemos leer tanto nosotras como las y los demás. El cuerpo visible se transforma en un indicador a través del cual nos evaluamos y somos evaluadas y en consecuencia somos tratadas (nos dejan el asiento en el autobús, para gran sorpresa e incluso indignación por nuestra parte), a pesar de que siempre nos sentimos más jóvenes de lo que los demás nos ven. En este desfase cronológico reside el quid de la cuestión.

La apariencia física femenina ha sido tradicionalmente una fuente de capital social —especialmente en otros tiempos, cuando se presuponía que era el único valor personal que nos iba a permitir conquistar un varón rico y vivir como reinas—[2] del que seguimos todavía pendientes en pleno siglo XXI, cuando ya hace mucho tiempo que no dependemos de un buen partido para comer todos

---

[1] Oberg, Peter (1996). «The absent body. A social gerontological paradox». *Ageing and Society*, 16(6): 701–719.
[2] *Te tendré como una reina*, decían. En realidad, querían decir *me tendrás como un rey*.

los días. A pesar de los enormes logros conseguidos por el feminismo, relativos a la reapropiación de nuestro cuerpo, las mujeres de todas las edades seguimos teniendo una importante asignatura pendiente: la reconciliación compasiva con los cambios físicos que se van produciendo en él en todos y cada uno de los estadios del desarrollo.

Llegamos a la vejez con una serie de lecciones aprendidas en los diferentes contextos donde hemos crecido y que nos ofrecen una información precisa y estricta sobre cómo debemos ser cuando ya no somos jóvenes. En nuestra cultura se nos transmiten mensajes poco alentadores al respecto, como el del escritor francés Yann Moix —quien no destaca precisamente por su belleza— que afirma que las mujeres a partir de los cincuenta son demasiado viejas para amarlas. Con este material masculino no es de extrañar que las mujeres que confían en la mirada de los hombres para su autoestima corporal —porque no se fían de la suya propia— tengan conflictos con su cuerpo. Un cuerpo que, desde esta perspectiva, después de la menopausia se convierte en algo caduco, no deseable, invisible. Este asunto se agrava con la edad, de manera que, cuando la geografía corporal va por libre, para gran disgusto nuestro, entramos en pánico y nos sometemos a numerosos ritos de enmascaramiento porque somos incapaces de aceptar nuestra imagen física progresivamente transformada. Nos sentimos responsables de no cumplir con los imposibles estándares de belleza que tenemos interiorizados, modelos inalcanzables que crean expectativas imposibles y además irreales, que desmoralizan a cualquiera.

Nuestra sociedad concibe un único modelo de belleza, que precisamente se sitúa por debajo de los 40 años —y soy generosa con esta cifra—. Así que no es de extrañar que estemos enfadadas con los cambios corporales y a disgusto en nuestra piel, embutidas en un organismo que nos genera ira y vergüenza y nos amarga la vida. En la vejez seguimos atemorizadas, como cuando éramos jóvenes, por el juicio social que nuestro cuerpo pueda suscitar y por la pérdida de la mirada admiradora de la que disfrutamos en tiempos anteriores, lo cual afecta a nuestra autoestima. Si no estamos orgullosas y a gusto en el cuerpo que corresponde a nuestra edad, siempre nos sentiremos desgraciadas. Luzcamos a los 50 cuerpos de 50, a los 70 cuerpos de 70 y a los 90 cuerpos de 90; lo demás es pornografía y tortura. Si no poseemos nuestro cuerpo y respetamos nuestra edad, ¿cómo podemos esperar que los demás nos respeten? El cuerpo importa, personalmente, moralmente, socialmente. Podemos aceptarlo tal como va siendo en cada momento del ciclo vital, o bien rechazarlo, negarlo, luchar contra él, lamentarlo. Nos avergonzamos de él y de sus curvas y, sobre todo, nos arrepentimos de no haber sabido llevar a rajatabla las *prácticas disciplinarias*[3] relativas a la belleza corporal que exige la feminidad. Todos estos procedimientos —teñido, dieta, ejercicio, cosmética, vestido, peinado, cirugías diversas— nos generan hambre, tristeza, desvalorización y sobre todo envían una señal a la sociedad de que estamos en lucha contra los indicadores de la edad (que están ahí a pesar de nosotras, que seguimos siendo jóvenes). Y, además, nos alejan de nuestra imagen real, situándonos temerosas en el filo del precipicio de la verdad: ¿y si la máscara desaparece de repente? Eso sí que requiere una buena dosis cotidiana de Orfidal, con lo felices que podríamos sentirnos desplazándonos por ahí una tribu de viejales orgullosas de serlo.

Estas prácticas severas a las que nos aplicamos muestran nuestro grado de conformismo con el estricto canon social del imposible deber de la belleza (delgadez y juventud), más que nuestra capacidad de juicio y decisión personal. Ahí reside en gran medida la confusión que albergamos dentro de nosotras mismas a la hora de saber si nos sometemos a ellas pensando en nuestra salud, o si realmente lo hacemos con el fin de ocultar nuestra edad, algo que solemos negar de puertas afuera. Envejecer en estos términos nos lleva a vivir nuestro cuerpo como un fracaso moral, nunca estamos suficientemente jóvenes, bellas, delgadas, saludables. Siempre en falta. Menudo plan. Los cambios en nuestro cuerpo se hacen progresivamente evidentes, por mucho té verde que bebamos o a pesar de las muchas sesiones de pilates, yoga, taichí y meditación que llevemos a nuestras espaldas.

---

[3] Bartky, Sandra Lee (2000). «Unplanned Obsolescence: Some reflections on Aging». En Margaret Urban Walker (ed.), *Mother Time. Women, Aging and Ethics*, pp. 61-74. Lanham: Rowman & Littlefield.

El uso de productos antiedad supone una forma de medicalización del cuerpo mayor, a la búsqueda de una pastilla mágica que detenga el carné de identidad o la fecha de caducidad. Sometidas a la creencia de la vejez como enfermedad y fealdad. Un estigma que nos atormenta. Ser mujer y mayor en nuestra cultura nos sitúa en la orilla incorrecta de la estética corporal. El cuerpo envejecido es el mayor espacio de exclusión social que nuestra sociedad nos hace experimentar.[4] Si la belleza es nuestro capital y la única imagen validada de belleza está anclada en la juventud, al envejecer, ¿cómo podemos saber quiénes somos o quiénes queremos ser? Enredadas en este torbellino maléfico tratamos de preservar nuestra identidad sometiéndonos a prácticas estéticas que nos enmascaran transformando nuestra apariencia exterior, intentando con ellas reconciliarnos con nuestro *yo* juvenil.

Utilizamos productos de belleza antiedad porque sentimos un rechazo visceral hacia los signos de la edad —canas, arrugas, flaccidez— que percibimos como muestra de un fiasco personal, de una falta de control sobre nuestro cuerpo que es mal vista por la sociedad. Nos convertimos en víctimas de un mandato cultural según el cual debemos mantenernos saludables y atractivas a cualquier edad; lo cual no deja de ser una perversidad, porque la huella del paso del tiempo en nuestro cuerpo es algo que en sí mismo está fuera de nuestro control.

En este plan, parece bastante difícil que nos sintamos orgullosas de ser viejas. De hecho, este es uno de los retos más importantes a los que nos enfrentamos en el proceso de creación de una vejez afirmativa y confortable. Con lo estupendo que sería envejecer de forma natural y de esta manera poder parecernos a nosotras mismas. No tener que decir: ¿*Y esa mujer que veo en el espejo, quién es?* Para ello necesitamos poner en marcha un proceso de resistencia y disponer de un enorme impermeable para que no nos salpiquen tantos estereotipos negativos como nos ofrece la sociedad actual. Tratadas como si solo fuésemos cuerpo, si queremos mitigar la exclusión y la marginación que recibimos, deberíamos ser

---

4 Andrews, Molly (1999). «The seductiveness of agelessness». *Ageing and Society, 19*, 301-318.

capaces de *vivir con orgullo desafiante*, como dice Martha Holstein.[5] Sabemos que somos mucho más que lo que muestra nuestra anatomía de mujer mayor, pero no es fácil afirmarlo con confianza y dignidad, mostrándola tal como es, en su belleza fluida. Requiere todo un proceso, personal y a la vez social, porque disponemos de muy pocas imágenes validadas de viejas de verdad a las que deseemos parecernos, como las que nos apetezca ser. Los actos de resistencia social son difíciles, requieren una gran dosis de convicción personal y valentía. La desobediencia a determinadas prácticas de enmascaramiento de los signos de la edad implica oponerse a la consideración social de que la vejez es fea; las canas, señal de dejadez, y las arrugas, algo a disimular o extirpar. ¿Qué cantidad de aceptación de la edad somos capaces de poner en marcha para negarnos a parecer *barbies* desfasadas, patéticas?

Me parece de gran importancia que sepamos integrar la edad en nuestra identidad, quiero decir, que la asumamos y la hagamos propia, que no la neguemos. A partir de ahí podremos sentir la conexión y la continuidad de nuestro rostro a medida que pasan los años y nos van dejando su huella, lo cual puede ayudarnos a aceptar el paso del tiempo sobre nuestro cuerpo. Cuando miramos a otras mujeres mayores afirmativamente y con gusto, nos hacemos visibles unas a otras. No podemos combatir la invisibilidad que indefectiblemente acompaña a la edad a través de hacernos visibles de manera excepcional. Esto no transforma, perpetúa.

¿Quién queremos que nos vea? ¿Cómo queremos que nos vean? ¿Y para qué? Si nuestro objetivo es que se nos vea como seres sexuales, lo tenemos un poco crudo, dada la ceguera sensual de los *ellos*; si lo que queremos es que la sociedad nos vea como seres interesantes, con glamur y a gusto en nuestra piel, y que las jóvenes generaciones sientan que puede haber una continuidad que nos haga humanas significativas a todas las edades, no podemos disfrazarnos y aparecer como esperpentos. Lo digo porque en este tema hay algo que me preocupa. Se trata de las representaciones de mujeres viejas que encontramos en diversos medios

---

[5] Holstein, Martha (2015). *Women in Late Life. Critical Perspectives on Gender and Age.* Lanham MD: Rowman Littlefield.

de comunicación y en las redes sociales que hacen frente a la imagen habitualmente deprimente de la vejez utilizando una estética extravagante, llamativa, inusual, que yo creo que, en lugar de romper los estereotipos estéticos de la vejez, los refuerza. Son modelos que muestran lo que es extraordinario, lo que no se produce todos los días, ni se puede dar porque requiere dinero, arte, asesoramiento, tiempo y dedicación, aspectos de los que la mayoría de las mujeres mayores carecen y, por lo tanto, se convierten en algo inalcanzable. Esta excentricidad en el vestir nos informa de que estamos delante de una excepción, de una rareza, frente a la norma universal de la estética gris de la vejez opaca; lo cual confirma y perpetúa la imagen de que, sí o sí, la vejez es gris.

Me disgustan este tipo de imágenes y las que me envían algunas personas —a modo de complicidad— que conocen mi interés por el envejecer, en las que se presenta a la gente vieja de una manera pretendidamente joven, representaciones que en realidad no hacen más que consolidar y cristalizar los pensamientos edadistas. No queremos aparecer como viejas excéntricas, disfrazadas de jovencitas desenvueltas, sino como viejas cómodas, libres, que no muestran una diferencia inalcanzable, extraordinaria. Frente a esta estética de las viejas y viejos disfrazados estrambóticamente, como seres circenses —una estética que no transforma el imaginario ni desmonta los estereotipos—, defiendo lo natural, lo cómodo, lo bello sin estridencias, lo simple y confortable. Todo ello estimula las posibilidades de cualquier mujer y por lo tanto tiene un enorme poder transformador. Necesitamos, para ello, una pléyade de viejas y viejos que se desplacen por el mundo pisando todo lo fuerte que puedan, vistiendo con libertad y comodidad.

Envejecer *a nuestro aire* no significa hacerlo aparentando no tener muchos años. No. A nuestro aire significa hacerlo con dignidad, derechas como una vela o encorvadas como una alcayata, pero siendo nosotras, vistiendo de forma armoniosa, sin apreturas, elegantes, con diversidad de gustos, con libertad de movimientos o de cojeras. Viejas que podamos mostrar nuestro deambular por el mundo en modo *no me torturo, me respeto, me gusto*. No patéticamente juveniles y excéntricas. Viejas normales.

Por supuesto que los medios de comunicación, que ejercen una especie de terrorismo sistemático en la negación de la belleza mayor y el respeto hacia la huella de la edad en el cuerpo, no ayudan, al dejarnos claro todo aquello en lo que no cumplimos. Si de ellos dependiéramos para nuestra autoestima, estaríamos perdidas, porque comprobaríamos continuamente que nuestro envejecer silvestre no va como debiera. No obstante, últimamente empieza a haber algunos cambios, aunque solo sea porque se han dado cuenta de que tal como están las cosas somos las viejas quienes disponemos de recursos económicos, y desde hace un tiempo podemos ver algunos reclamos publicitarios en los que se utilizan modelos mayores que además lo parecen. Muy bien. Aunque la verdad es que son unas viejales tan tan glamurosas que volvemos a lo mismo: solo algunas viejas excepcionales pueden ser atractivas. Las demás, fuera del parchís.

Con respecto al tema de la definición de los nuevos modelos estéticos que se diseñan para las ancianas del siglo xxi, debemos estar atentas, porque nos pueden atrapar de nuevo en una lucha sin cuartel y una ruina económica. El objetivo perverso de tener un aspecto femenino, de vieja exitosa, saludable, delgada, sexi —pero no demasiado— y suficientemente independiente, se puede convertir en una meta torturante. Este imaginario, lleno de limitaciones e imágenes imposibles, nos vuelve a situar en un lugar que rechazamos; necesitamos desmontarlo. Desde que éramos jóvenes hemos vivido pendientes de nuestra apariencia, a través de la cual hemos tratado de legitimar nuestra voz —una vocecita que apenas se oía, por cierto—. A partir del momento en que nos hemos sometido a todas y cada una de las exigencias de la estética heterosexual, el cuerpo nos ha dado bastante trabajo y hemos vivido en un suplicio continuo. Toda la vida luchando contra nuestra anatomía y ahora, cuando podríamos desembarazarnos de este modelo de belleza y mejorar nuestra autoestima, nos encontramos con nuevos mandatos regidos también por el dolor, el cansancio, la ruina económica y el hambre. Ha llegado el momento de parar esta noria de sufrimientos varios.

¿En qué medida participamos nosotras mismas en la ceremonia de la desvalorización del cuerpo mayor cuando aceptamos unos estándares de belleza y juventud que son inalcanzables, en lugar de tratar de definir y validar entre todas una estética que nos incluya en la variedad de cuerpos de que disponemos ahora? Lo primero y más urgente será conseguir entre todas nombrar, identificar, reivindicar la belleza de la edad. Proyectar un nuevo modelo de belleza y pensar seriamente en qué tipo de vieja queremos ser en términos de imagen. Nadie vendrá a resolvernos este problema. Es una tarea común. Sería un enorme logro si consiguiéramos disponer de una estética propia, cómoda, elegante, estilosa, que no viniera dictada desde la industria de la moda que nos ignora, arruina y mortifica, ni tampoco desde el deseo masculino que nos llena de inseguridad. Y, a partir de ahí, dejar atrás otras añoranzas que también nos atormentan: el ideal de la juventud, de la belleza única, del amor romántico y todas esas patrañas que nos confunden y no invitan a vivir de forma armoniosa en nuestra realidad, compleja y diversa.

Una parte del rechazo que la sociedad e incluso nosotras sentimos hacia la vejez tiene que ver con algunas formas en que nos relacionamos con el cuerpo en la edad mayor: cuando nos ponemos en modo *viejecita pasita* porque nos encontramos faltas de motivación o interés por relacionarnos y ya estamos cansadas de mantener el tipo y empezamos a mostrar un cierto abandono con nuestro cuerpo y cuidado personal; o cuando, por el contrario, optamos por un anclaje penoso a una estética juvenil que no nos favorece y nos lleva a la máscara, y hace que parezcamos espantapájaros; o, por el contrario, cuando decidimos situarnos al margen de este tipo de sufrimiento y de las torturas de la belleza sintiéndonos libres y felices en el desaliño, pero nos pasamos de la raya. Situaciones, todas ellas, en las que queda evidente que la relación cuerpo/edad puede suponer un problema para nosotras.

De todas formas, me atrevo a pensar que últimamente, gracias a la convergencia de fuerzas sociales y personales diversas, las viejas empiezan a sacar los pies del plato y muestran en la calle una ocurrente libertad corporal con sus tintes multicolores, sus canas en cualquier punto de desarrollo, llevando ropas y zapatos cómodos de verdad, enviando señales a las que aún están pilladas en el imaginario de la belleza juvenil, de que nos vamos gustando mucho más que en otros tiempos, más de lo que nunca en el antiguo régimen estético hubiéramos podido imaginar.

Resultar atractiva va más allá de lo estrictamente corporal. Nos pueden parecer interesantes, gustarnos, otras cualidades como la creatividad, el sentido del humor, la valentía, el entusiasmo, la curiosidad, características que no tienen edad y que se cultivan a través de la experiencia, la vivencia, las lecturas, las relaciones, de manera que nos convertimos en una persona vieja con quien los demás se sienten a gusto.

Insinuaciones

→ Trata de sentirte bien en tu piel, reconcíliate con tu cuerpo actual. Mírate al espejo con cariño y piensa que no iremos a la tumba planchadas y almidonadas, sino que las huellas de las sonrisas compartidas dibujarán en nuestros rostros el mapa de nuestra vida.

→ Reconócete en los cuerpos de otras mujeres que, como tú, han vivido con intensidad.

→ Luce con orgullo los signos de la edad: andares, arrugas, canas, incluido el injustamente denostado bastón.

→ Atrévete con las canas, si te ronda el deseo. Verás cómo tu pelo se suaviza y tus facciones se dulcifican. Canas al viento.

→ No te vistas de jovencita ni de abuelita. Encuentra tu propio estilo personal con el que te sientas cómoda y no mortificada. Dice Elena Poniatowska: *Es muy cansado y estresante estar siempre aparentando algo que no eres.* Ya hemos sufrido bastante hasta aquí.

→ Exige al mundo de la moda que incluya en sus propuestas ropa interesante para nuestro sector de edad. Somos muchas y pueden hacer negocio.

→ Procura no arrastrar los pies al andar. No andes encorvada. Ponte derecha y verás el mundo a tu alrededor. Un poco de salero.

→ Dúchate y lávate el pelo a menudo y acuérdate de peinarte por atrás después de haber estado tumbada.

→ Ve a la dentista, mantén una boca saludable y más o menos estética.

→ Las uñas, esa seña de identidad femenina de la que queda mucho por hablar; vigila que no parezcan garras. A veces entre unas uñas cuidadas a tu gusto y unas zarpas atemorizantes hay solo un tiempo de despiste.

→ Lleva tus pies de vez en cuando a la callista. Te los dejará como nuevos. Suavecitos.

→ Depílate ese pelo-alambre que tienes en la barbilla y que brinda un desagradable picotazo a quien te da un beso.

→ Mantén los rituales en la mesa, aunque comas sola —mantel, cubiertos, copa para el vino y velita, si celebras algo en tu corazón—.

→ Come con prudencia y elegancia en las situaciones sociales. Evita participar en la ceremonia del arrasamiento.

→ No te lances con ansiedad para llegar la primera al autobús, al comedor, al ascensor.

→ De vez en cuando date un homenaje y actualiza tu imagen.

→ Haz salud y belleza de la mañana a la noche, sin torturas.

→ Ahora bien, te digo una cosa: si decides ser una vieja con barba y bigote, lucir un entrecejo a lo Frida Kahlo o ser una *grunge*,[6] procura que suene a libertad, no a desidia.

---

[6] El *grunge* consiste en actuar sin preocuparte por lo que los demás piensen de ti. Y, en cuanto al estilo, pues eso, a tu aire, desarrapada, si te da la gana.

Viejas saludables
y más o menos en forma

«Se obliga a las mujeres a pasar por las revisiones del sistema sanitario como se conduce a un rebaño de ovejas por una cañada. La enfermedad por la que se las está tratando es su condición de mujeres».

GERMAINE GREER

Envejecer forma parte de la vida, es un proceso inherente al ciclo vital, no es una enfermedad que deba ser tratada. Cuando hablamos acerca de la salud queda claro que no es lo mismo envejecer siendo mujer que siendo hombre; las estadísticas hablan por sí solas y nos confirman que somos más longevas que ellos (cada vez menos, por cierto), aunque vivimos con menor calidad de vida y con peor salud percibida.

Un cúmulo de factores psicosociales se entrecruzan y pasan factura en la vejez y deben tenerse en cuenta a la hora de evaluar y tratar la salud de las ancianas: el sexismo y el edadismo de la sociedad y las instituciones; la devaluación cultural del cuerpo femenino mayor; la falta de poder; la inseguridad económica; la desigualdad en la responsabilidad del sostenimiento de la vida sobre el planeta que las mujeres afrontan desde niñas; la entrega del tiempo sin reciprocidad y otras pesadas cargas de carácter afectivo y emocional, además de las enfermedades crónicas. La mayoría de estos asuntos aparentemente no tienen nada que ver con el cuerpo, pero son el argumento central de la mala salud de hierro de las ancianas. Lo que nos enferma, pues, es la desigualdad, la injusticia en la que vivimos desde niñas.

Malvivir año tras año tiene su precio en la salud de las mujeres, que se suele pagar con la medicalización del cuerpo mayor y de las experiencias adversas con las que nos tropezamos en la vida.

Si preguntamos a nuestro alrededor comprobaremos que las veteranas que nos rodean toman una asombrosa cantidad de medicinas, para las cosas más increíbles. Muchas de ellas para acallar esa inquietud que no sabemos cómo definir, que tiene que ver con la vida cotidiana abusada, de la cual la clase médica prefiere no enterarse y despacha dando una pastillita, sin tratar de averiguar si existe alguna explicación biopsicosocial para esa dolencia; total, así dejan de quejarse un tiempo. Se prefiere prescribir una medicación antes que ofrecer la posibilidad de probar otros tratamientos que les podrían curar o aliviar. Tampoco se pierde el tiempo escuchando para comprender el fondo del asunto. La inmensa mayoría de las quejas de las mujeres mayores se atribuyen, pues, a la propia vejez, una explicación de causa única contra la que evidentemente no se puede hacer nada. Una realidad inaceptable que exige la elaboración urgente de unas políticas y prácticas médicas responsables que nos permitan envejecer con salud —sin atiborrarnos de pastillas—, con un cuerpo menos agostado, viviendo una vida cotidiana más justa y mejor distribuida.

Vivimos en un país en el que disponemos de un excelente sistema sanitario público. Parto de la consideración de que la construcción social de la salud requiere una responsabilidad política y comunitaria que, por una parte, haga frente a los enormes gastos asistenciales que requiere la población y, por otra, esté profundamente involucrada y comprometida en la prevención, la detección y la visualización de las condiciones de vida de las mujeres mayores, de manera que se produzca una implicación mutua, tanto del sistema de salud como de cada persona individualmente. Entendemos que la salud no es exclusivamente una responsabilidad personal, sin embargo, también tiene un importante componente que apela al compromiso particular, de manera que la salud se transforma en un imperativo personal, ético y social del que nos responsabilizamos individual y colectivamente. En la edad mayor respondemos a este acuerdo cuidándonos, fundamentalmente a través del ejercicio físico, el control de la dieta y de las adicciones y con la gestión de las emociones. Esto no puede ser, sin embargo, un imperativo, ya que no está al alcance de todo el mundo; para determinadas personas estar saludables puede ser una pretensión difícil de lograr, dadas sus condiciones biopsicosociales. Por tanto, este objetivo puede suponer una meta en ocasiones inalcanzable, que puede tener un efecto bumerán al hacernos sentir culpables y peor que cuando nos quedábamos plácidamente en el sofá tomando un café con churros. Pecando a conciencia.

Cada edad del ciclo vital tiene más o menos sus enfermedades. A lo largo de los años hemos aprendido a conocer nuestro cuerpo y a convivir con determinados malestares. Nuestra geografía ha ido cambiando, no solo en lo que se refiere a la imagen estética, sino que ahora algunos mecanismos de nuestro ser funcionan a un ritmo diferente de cuando éramos jóvenes. El metabolismo, la resistencia al estrés, la intensidad de las emociones, el sueño, la digestión y asimilación de nutrientes, la cicatrización de las heridas y muchos otros aspectos corporales y anímicos tienen otra intensidad, velocidad y consistencia. Algunos problemas llegaron para quedarse y, por lo tanto, no nos queda otro remedio que aprender a convivir con ellos; así que lo mejor que podemos hacer es tratar de minimizarlos con actuaciones que tenemos a nuestro alcance, de manera que no queden exclusivamente en manos del sistema de salud o de una pastilla mágica. En líneas generales, tratemos de permanecer vigilantes, pero no obsesionadas, ya que la mayoría de las dolencias se curan solas y, además, no se trata de poner a echar chispas la tarjeta de la seguridad social o de la compañía de salud que nos corresponda, yendo continuamente a que nos miren esto o lo otro.

La adopción de un estilo de vida saludable y la participación individual en el autocuidado es una necesidad a lo largo de todo el ciclo vital. Nunca es suficientemente tarde para incorporar a nuestra cotidianeidad conductas beneficiosas: una actividad física moderada, comida sana, no fumar, el uso sabio y moderado del alcohol y de la medicación. En algunas ocasiones, el solo hecho de cambiar determinados hábitos de vida (alimentación, relaciones, adicciones, sedentarismo) puede contribuir a mejorar nuestra salud, o al menos a no empeorarla. Las prácticas preventivas en torno a la salud nos pueden ayudar a sortear la enfermedad y minimizar el descenso funcional, alargar la vida y sobre todo promover la calidad de vida.

Una alimentación sana es básica para envejecer medianamente bien, sin embargo, en nuestra cultura encontramos algunos prejuicios acerca de las personas mayores y la alimentación. En el fondo subyace la idea de que las viejas no necesitan comer, que toda comida es excesiva (también el sexo, el divertimento o el habla en las mujeres siempre parecen darse en demasía). Venimos de una historia alimentaria plagada de renuncias de todo tipo, que tenemos tan interiorizadas y normalizadas que parecen ausencia de deseos. Vale, pero toda privación genera un deseo irrefrenable y por lo tanto no es de extrañar que poco a poco vayamos aflojando la mano a la máquina del sacrificio y nos encontremos un día con un problema: ingerimos más comida de la que necesitamos, comemos más de lo que quemamos y por lo tanto engordamos. Algo preocupante, porque el riesgo de enfermedades crónicas y discapacidades aumenta a medida que vamos haciéndonos mayores. Siempre nos quedará la menopausia para echarle la culpa de todo lo que nos acontece después de ella.

En la edad mayor, la participación regular y moderada en actividades físicas puede retrasar el descenso funcional, reducir las enfermedades crónicas y los riesgos cardiovasculares, mejorar la salud mental y física y, algo muy importante, supone una oportunidad para el contacto social. La actividad física es un componente clave del sentimiento de bienestar y calidad de vida en la vejez, puesto que contribuye a la percepción subjetiva de capacidad de agencia, de autonomía personal y autoeficacia, además de favorecer la conexión social. Permite a las personas mayores mantenerse independientes el mayor tiempo posible al reducir el riesgo de caídas. Alarga la vida, mejora las funciones corporales, el humor, la mente, la memoria; disminuye el riesgo de aparición de la diabetes y ayuda a controlar la artritis. Es buena para nuestro cerebro y también para nuestro estado de ánimo.

No todas las personas tienen, en la edad mayor, posibilidades de llevarla a cabo, por razones que tienen que ver con elementos decisivos como la salud, la independencia física y la disposición o no de apoyo familiar que la favorezca. Una gran proporción de personas mayores llevan vidas sedentarias por diversos motivos, que van desde la simple falta de práctica en el ejercicio físico a las dificultades concretas a nivel corporal. No olvidemos que, en nuestra sociedad, desde niñas hemos sido socializadas para una estética estática, no atlética, y nunca se nos animó a participar en deportes de grupo y competición. Afortunadamente, hoy la educación deportiva de las niñas es una realidad, trufada de éxitos, por cierto.

La falta de ejercicio afecta al corazón, produce debilidad muscular, baja la inmunidad, causa obesidad y depresión. Nada de todo ello tiene que ver con el estrógeno, la edad o el calcio, como es muy posible que nos argumenten —siendo como somos seres postmenopáusicos—, sino con nuestro *desuso cultural* de la actividad física. La vida inactiva de la cultura actual nos lleva a vivir como seres confinados, incluso sin confinamiento. La pasividad física nos enferma. Una dosis —aunque no sea muy grande— de movimiento puede ser importante tanto para las mujeres que han llevado vidas sedentarias como para las que tienen una salud delicada; mantener una implicación física mediana puede producir mejoras claras de salud. Algunas prácticas que vinculan cuerpo y mente, como el yoga, la meditación, el taichí, mejoran el equilibrio, promueven el pensamiento interior y la espiritualidad, facilitan la respiración. Nos reconectan con nuestro yo perdido, disuelto, en nuestra vida *enotrizada*[1].

Pero, cuidado, también puede ocurrir que, a poco que nos despistemos, las múltiples actividades saludables que nos han recomendado o nos hemos autoimpuesto se conviertan en una especie de *trabajo suplementario* que ocupa una buena parte de nuestro día: vigilar la alimentación, hacer ejercicio físico, taichí, andar, nadar, de tal manera que no nos queda tiempo para nada más. Nos ha costado bastante, pero hemos conseguido convencernos de la necesidad del autocuidado, incluso de forma exagerada si no nos damos permiso para la más mínima trasgresión. No más obligaciones, por favor, ahora que podemos empezar a poner en práctica la libertad de hacer y de no hacer. Pues eso, no hacer, si nos da la gana.

La clase médica con su consejo e información puede contribuir de manera importante a la educación y orientación de las personas mayores en su autocuidado, estimulando a las más inactivas

---

[1] De *seres-para-los-otros*. Cosecha AF.

a poner en práctica vidas más dinámicas y proporcionándoles oportunidades para hacerlo (orientación e información sobre áreas seguras de paseo, gimnasios, piscinas, programas comunitarios que fomentan la actividad). Un asesoramiento que lleve a las personas de *no hacer nada* a *hacer algo* —de manera que puedan experimentar en sí mismas los beneficios de la actividad—.

Puede suceder que con el paso de los años nuestros sentidos pierdan agudeza: vemos peor, oímos menos, el sentido del olfato y del tacto tienen menor precisión. Suelen ser procesos lentos a los que vamos adaptándonos paulatinamente. Sin embargo, esto no significa que sean *cosas de la edad* irremediables y por lo tanto no requieran una revisión profunda. Cuando observamos determinados cambios conviene concertar un reconocimiento para descartar que ahí subyazca un problema que pueda ser tratado. A través de los sentidos nos comunicamos con el mundo exterior, y su deterioro progresivo nos va aislando socialmente —en especial el oído y la vista, que son básicos para la relación social—. Cuando disminuyen nuestras capacidades sensoriales —vista, oído— y las habilidades motrices —debilidad física, marcha y movilidad—, perdemos la posibilidad de disfrutar de situaciones que son importantes para la buena vida en la vejez: ir al cine, a conciertos, pasear, conversar con las amigas, por ejemplo.

Por otra parte, en la atención médica y asistencial sería interesante recibir información extensa y actualizada sobre la amplísima gama de elementos que pueden permitirnos obviar algunas de las dificultades que podemos sufrir y así poder seguir disfrutando de lo que la vida nos ofrece. Nos conviene tener toda la información posible acerca de las ventajas tanto ortopédicas como de estimulación sensorial y cognitiva que están disponibles en el mercado, de los programas de rehabilitación que nos pueden ayudar a recuperar movilidad y conocer cómo utilizar la gran cantidad de medios existentes para mejorar la audición (audífonos complejos), la vista (gafas diversas en función de las necesidades concretas), la locomoción (medios de todo tipo y diversa sofisticación). Sobre todo, para no resignarnos a vivir en la oscuridad, en el aislamiento y a no disfrutar de las posibilidades que ofrecen la vida y la tecnología hoy. No darnos por vencidas si queremos seguir ahí.

Tampoco tenemos por qué avergonzarnos de algunas situaciones de salud que componen nuestro ser actual. Hemos sido educadas en el misterio y la vergüenza: cuando éramos jóvenes no podíamos decir que teníamos la regla y se utilizaban expresiones increíbles, como *estoy mala*. Por lo tanto, no es de extrañar que cuando tuvimos la menopausia también activáramos el modo sigilo —aunque esta vez con relación al pánico que nos produce su consideración de que hemos llegado al *principio del fin*—. También suele costarnos reconocer que estamos algo sordas, que nos sentimos bajas de tono emocional, que nos duelen los huesos, que cojeamos y otras coyunturas de salud que nos ocupan. Al fin y al cabo, algunas de ellas tienen su cara positiva, si sabemos encontrarla, pudiendo utilizarla en nuestro favor, ejerciendo nuestra condición de viejales. Por ejemplo, estar algo sorda tiene su parte interesante, cuando mitiga algunos de los ruidos cotidianos y, sobre todo, cuando nos permite hacernos las suecas y hacer ver que no hemos oído determinadas cosas. Poco a poco podemos dedicarnos a identificar y celebrar las ventajas de nuestros pequeños achaques y no poner la mirada siempre en los inconvenientes.

Hace un tiempo que pienso en que deberíamos generalizar y normalizar el uso del bastón, incluso si no lo necesitamos en absoluto, con el fin de que entre todas lo dotemos de glamur. ¿Por qué usamos con confianza y poderío el bastón de senderismo y, sin embargo, tenemos estigmatizado el bastón de madera de toda la vida? Con el primero nos sentimos jóvenes; con el segundo, camino de la tumba. Una plétora de viejas, bastón en ristre, podemos otorgar dignidad a nuestros andares —y además es posible que nos cedan el paso—. Hagamos la prueba.

La memoria distraída es otro tema importante que puede hacer tambalear nuestra seguridad en algunos momentos. El recuerdo inmediato de lo que hemos hecho el mismo día o el día anterior es más difícil de evocar que asuntos que nos ocurrieron muchos años antes. Nos vamos dando cuenta de que tenemos lapsus que nos impiden recordar nombres, fechas, lugares, situar momentos concretos, evocar si hemos hecho esto o aquello y cuándo. Lo importante es distinguir entre los olvidos normales y las pérdidas de memoria que nos indican que algo importante ha empezado a dejar de funcionar bien. Ahora, cuando estamos en una cosa, no podemos estar en otra y ya no simultaneamos con tanta facilidad diversas tareas como en otros tiempos. Todo se olvida rápidamente. No podemos confiar en que después nos acordaremos de lo que ahora vemos con tanta claridad. En poco tiempo se habrá borrado de nuestra mente y solo recordaremos que había algo que debíamos recordar. Maldita sea. Por lo tanto, necesitamos elaborar estrategias para poder mantener estas ideas o propósitos actualizados y sobre todo que nos eviten olvidos que puedan tener graves consecuencias, como dejar el fuego encendido.

De todas formas, todo el mundo, tenga la edad que tenga, olvida cosas importantes y también insignificantes. Si quien no recuerda comprar el pan tiene veinte años, se considera que es fruto de la precipitación propia de la juventud; sin embargo, si le ocurre a una persona de ochenta años se presupone que le empieza a flaquear la memoria porque es mayor. Una asignación perversa de la edad como la madre de todas las explicaciones. Muy cómoda.

Estamos en un tiempo de «atención completa», porque a poco que nos despistemos, puede ocurrir un olvido fatal. Por esta misma razón, poco a poco vamos entrando en la edad de la comprobación: que el despertador esté bien puesto para que mañana suene a tiempo; que no hayamos olvidado nada en la mesa del bar; que llevemos el móvil, las llaves, las gafas y el dinero al salir de casa; que no se ha quedado nada encendido en la cocina. Interesantes confirmaciones imprescindibles para no sentir el vértigo de *ay, madre mía, y ahora qué.*

Algo fundamental en la estructuración de nuestra vejez significativa, conectada y confortable tiene que ver con el hecho de mantener determinadas rutinas, sobre todo ahora que podemos tender a despistarnos. Estas prácticas poseen el don de mantenernos orientadas y organizadas por secuencias de acciones llevadas a cabo siempre en el mismo orden temporal o espacial que distinguen el día de la noche, la mañana de la tarde, el fin de semana de los días de diario, el tiempo de descanso del de labor, los momentos de comunicación del espacio de circunspección. Ritmos que en definitiva estructuran y ordenan nuestra cotidianeidad. Nos invitan a planificarla, una tarea que no se da por sí sola, sino que requiere nuestra implicación.

Por otra parte, un asunto de gran importancia a lo largo de toda nuestra vida tiene que ver con la salud mental. Término que abarca una enorme cantidad de realidades que van desde un leve e insistente malestar en la boca del estómago a la pérdida del deseo de seguir viviendo en una vida que nos daña, pasando por un buen número de variables emocionales intermedias, como la ansiedad, la depresión, el estrés, la apatía o la hiperactividad, entre otras.

Pero, cuidado, porque si en algún momento del trayecto vital empezamos a apuntar maneras que indican que tenemos toda la intención de sacar los pies del plato y emprender nuestro propio vuelo, tendremos asegurada la etiqueta de histéricas, perturbadas y, sobre todo, frescas. Descalificaciones diseñadas por el patriarcado con la finalidad de mantenernos a raya, para que sigamos ejerciendo nuestro destino de ángel del hogar. Aunque con poca confianza de que sirvan para hacernos volver al redil: una vez iniciado el proceso, cuando agarramos los tacones y el bolso y salimos de casa, raramente volvemos atrás. En este orden de cosas, la medicina la ha tomado con nuestra salud mental desde siempre, argumentando que, si éramos histéricas por naturaleza —luego resultó que cuando nos soltamos a masturbarnos la histeria desapareció de nuestras vidas[2]—, también éramos depresivas por la menopausia, el nido vacío, la jubilación y la viudedad. Hasta que los atronadores gritos de libertad emitidos por todas ellas —viudas, jubiladas, menopáusicas y liberadas de la prole— han hecho enmudecer estos dictámenes de psicopatología de tres al cuarto. Aun así, ocurre con demasiada frecuencia que, cuando cualquier malestar nos lleva al dispensario siendo ya menopáusicas, el diagnóstico asegure que estamos de los nervios o estamos de las hormonas. Por lo tanto, lo más probable es que salgamos de la consulta del médic@ con una receta de hormonas o de psicofármacos. Algo que resulta de lo más escandaloso cuando sabemos la enorme cantidad de horas de trabajo doméstico y

---

[2] Película: *Hysteria*, de Tanya Wexler (2011), basada en el libro de Rachel P. Maines *La tecnología del orgasmo. La histeria, los vibradores y la satisfacción sexual de las mujeres*. Santander: Milrazones (1999/2010).

emocional, sin contrapartida, que año tras año las mujeres acumulamos a nuestras espaldas. Las estadísticas constatan que trabajamos más horas, que no tenemos apenas tiempo propio de ocio y distracción y que dormimos menos horas que nuestros congéneres masculinos. Esto solo para empezar, porque dejo en el tintero los tiempos de cuidados a padres —y suegras—, nuestra condición de ser la memoria ambulante de los aniversarios familiares y amicales, las innumerables jornadas acompañando a la médica, al dentista, al gimnasio, al conservatorio. Amén de la sesión continua dedicada a la belleza para seguir siempre guapas, dispuestas y sonrientes. Sísifas inagotables. ¿No es para volverse locas?

Con este menú, estaremos de acuerdo en que las mujeres demostramos a lo largo de la vida una salud mental a prueba de bomba si, después de todo lo que hemos ido arrastrando, no nos hemos vuelto rematadamente locas. Han sido años y años de sonreír, decir que no nos cuesta nada, amortiguar las tormentas familiares, dormir insuficientemente, mantener la doble, triple e incluso cuádruple jornada —profesión, belleza, vida familiar, cuidados—, no llegar a fin de mes, vivir en una sociedad machista y violenta, carecer de poder y ser amable hasta decir basta. No es de extrañar, pues, que seamos las reinas del consumo de psicofármacos; tanta renuncia nos dispara el cortisol y nos aleja tanto de nosotras que no sabemos cómo reencontrarnos.

Celebrémoslo, somos sabias. Hemos sorteado todo ello gracias a la conversación con las amigas, que nos ha permitido constatar que no estamos locas, sino que vivimos vidas que son para volverse locas; gracias al feminismo que se ha preocupado por iluminar estas parcelas de la vida que parecían tan intrínsecamente nuestras que nadie se atrevía a ponerlas en cuestión; gracias a las médicas con formación de género que han sabido leer nuestros malestares y ayudarnos a superarlos, y gracias, también, al deporte, la amistad, el autoerotismo, la lectura, el cine, la progresiva libertad interior que hemos sabido cosechar y al fiel Orfidal. En este aspecto concreto de la salud física y mental, como en otros muchos, no podemos olvidar el valor impagable que tiene el disponer de una red de mujeres que han vivido determinadas experiencias, o que acumulan conocimientos contrastados acerca de la salud de las mujeres[3] que nos pueden orientar y ayudar a poner en marcha determinados cambios necesarios, relativamente fáciles y, sobre todo, no contaminantes para nuestro cuerpo o nuestra mente. Pero, por encima de todo, el feminismo ha sido la plataforma que ha conseguido reflotar la vida de las mujeres. Inicialmente con el salvavidas de los grupos de autoayuda y posteriormente con las diversas formas de encuentro y sororidad que hemos ido diseñando y en las que hemos encontrado la escucha, la complicidad y la luz que nos han confirmado que tenemos toda la razón del mundo y que es cierto que nos duele todo y que no podemos más, porque realmente este plan de vida no hay quien lo aguante. El feminismo nos ha dado palabras, nos ha acercado a nuestro deseo y nos ha permitido comprobar que juntas somos un tsunami que ha transformado el mundo. El feminismo está implicado hoy en la necesaria tarea de mirar con lucidez, descaro y determinación la vida de las pioneras y entre todas —jóvenes, medianas, viejas— darle la vuelta al vacío que la sociedad ha diseñado para nosotras. Ser el salvavidas de las viejas.

Vivimos en una sociedad que se empeña en ignorar los aspectos políticos, sociales, económicos y discursivos de la experiencia vital de las mujeres, su carencia histórica de autoestima, el agotamiento físico y mental que deriva en pérdida de interés, falta de energía y tristeza; haciendo oídos sordos al conjunto de causas multifactoriales —la sobrecarga emocional y laboral y la violencia soterrada, entre otras— que hay detrás de todo ello. Para muestra un botón.[4] La respuesta que no complica la vida al sistema de salud es la medicalización de este malestar, en lugar de ofrecer una escucha que reconozca en la queja la voz de la injusticia, de la desesperanza y la soledad. Una forma de mostrar el dolor y la infelicidad.

---

[3] Red Caps: http://www.caps.cat/redcaps.html
[4] Me quedo de una pieza al leer las diez prioridades de salud que ha establecido la Organización Mundial de la Salud para la década 2020-2030 declarada como la primera Década de Envejecimiento Saludable. Ni una sola de ellas hace referencia a la morbilidad diferencial entre mujeres y hombres y a las especificidades de salud de las mujeres. http://www.helpage.es/noticias/10-prioridades-de-la-dcada-del-envejecimiento-saludable-2020-2030/.

En la mayoría de los asuntos que aparecen en los diferentes listados de propuestas a lo largo de este libro, me parece preciso destacar el decisivo papel que la perseverancia tiene en la construcción de una vejez reconciliada y digna. La necesidad de no abandonarnos —aunque sea por poco tiempo— en determinados aspectos de la vida cotidiana, de no dejar de hacer algunas cosas por el mero hecho de que no vayamos a ver a nadie, o porque nos da pereza y total *qué más da*. Pues sí da. Cuando no haces algo un día, luego lo dejas de hacer dos y así sucesivamente, y entras en un lamentable camino de abandono especialmente peligroso cuando la salud está en juego. Aunque también es cierto que el canto completo a la libertad incluye el placer de dejarse ir y que quien sea apechugue contigo. Ea.

Argucias

→ Cuida tu alimentación (variada y rica en frutas, verduras, legumbres, fibra y calcio), sin obsesiones. Un día es un día, pero no todos los días son un día.

→ Come despacio. Mastica los alimentos. Digerirás mejor y te saciarás antes.

→ Vigila tu peso (come menos y más sano). La mejor dieta comprobada es la vitamina CLM: comer la mitad. Para llevarla a cabo viene bien utilizar el autoengaño (usa platos más chicos, ponte raciones escasas y luego te puedes incluso regalar una propina). Ah, y en caso de necesidad extrema puedes pegar en la puerta de la nevera una foto en la que veas en todo su esplendor el volumen de ese cuerpo tuyo que deseas liquidar.

→ Controla las adicciones: al tabaco, al café, al amor (sííí), al trabajo, al sacrificio, a estar siempre disponible. Verás cómo mejora tu salud y tu sentimiento de autocontrol.

→ Sensualízate (activa tus sentidos, usa la piel, actualiza tu sexualidad). Nuestros cinco sentidos nos mantienen conectadas con el cerebro. Como aconseja Carme Valls, démonos todos los días un gusto por cada uno de ellos: comer lo que nos gusta y apetece; oler un aroma estimulante (más allá de nuestra incomprensible capacidad para relacionarnos, sin inmutarnos, con los malos olores circundantes); oír sonidos, música, palabras y por supuesto disfrutar el silencio; mirar un paisaje, dibujo, imagen, fotografía que nos transporte; y activar el tacto, sentir la piel, acariciar, acariciarnos.

→ Haz ejercicio sin compulsión pero con constancia. Lleva una vida activa física y mentalmente (muévete, anda, sube y baja las escaleras, baja una parada antes o después en el bus, compra el periódico más lejos, nada, haz pilates, conversa, lee, dibuja, escribe, piensa, contrasta tus ideas con las de otras personas). Va bien para el sueño, el estreñimiento, la ansiedad, la depresión, el estrés. Pero no te obsesiones.

→ Supera la tentación de quedarte en casa más de la cuenta. Procura salir y andar un rato todos los días y, de paso, mantenerte informada de la vida del barrio.

→ Nunca es tarde para empezar con algunas de estas cosas, despacio, sin tomártelas como obligaciones. Algunos pequeños progresos te harán sentir al mando de tu cuerpo, no en la noria de un destino incierto.

→ Cuidado con las caídas. Anda con tino, despacio, no vayas a tropezar y romperte algún hueso, que ahora nos soldamos con menos rapidez. Deja que el autobús se escape, ya vendrá otro.

→ Descansa bien (dormir menos horas no es el problema; frenar el pensamiento obsesivo: esta es la cuestión).

→ No te lo pienses tanto. Ponte audífonos si te das cuenta de que empiezas a no enterarte de lo que dicen en las conferencias, si tienes que poner el televisor y la radio más alta y pedir que te repitan lo que han dicho. Te sentirás menos aislada.

→ Utiliza el bastón con la elegancia de quien se desplaza pletórico de poder. Una seguridad magnífica para moverte por la vida.

→ Bromea con todo lo que te aterrorizaba que los demás supieran: que has pasado por una depresión (no me extraña, después de todo lo vivido); que oyes menos y que gracias a los audífonos te enteras (por fin) de lo que te dicen, de las películas y las conferencias; que te operas de cataratas; que te ponen una prótesis de cadera en plan Robocop. Ea, pues.

→ Frente a las limitaciones físicas que pueden aparecer por la edad, desarrolla estrategias creativas que te permitan mantener la vida con suficiente autonomía y control. Haz uso de las herramientas y aparatos que van apareciendo en el mercado y de todas las tecnologías y servicios que hagan tu vida más fácil.

→ Cuando tengas algo cocinándose, no te olvides de poner el reloj temporizador, que te avise de que tienes que ir a la cocina. Así no se quemará la comida y sobre todo evitarás que pueda ocurrir alguna situación de gravedad. Hazlo siempre, siempre.

→ Organiza tu espacio para que te resulte fácil encontrar lo que necesitas (la memoria ya no es la que era). Procura tener las cosas a mano, organízalas por categorías y ponlas todas en el mismo lugar (las medicinas en un sitio, los elementos de aseo juntos, los temas de bancos y dinero en otro lugar). Pon letreros que te indiquen qué hay en los diferentes cajones, estantes, cajas. Ahorrarás un montón de tiempo e inquietud.

→ Lleva una libretita de manera que puedas anotar en ella ideas, ocurrencias o tareas que quieres recordar para después. No confíes en que *esto seguro que no se me olvida*, porque sí, ya verás cómo luego se pone huidizo y no hay manera de traerlo de nuevo a la cabeza. ¿Cómo crees, entonces, que he escrito yo este libro?: amarrando los olvidos y levantándome para anotar ideas intempestivas a las cuatro de la madrugada.

→ Marca en el calendario asuntos que tienen fecha: los cambios de sábanas, las medicaciones esporádicas, si tienes concertada una visita médica, una celebración, fiesta, aniversario, que no deseas olvidar. Por cierto, aprovecha el tirón del ejercicio de la dignidad para dejar de felicitar a quienes nunca se acuerdan de felicitarte a ti.

→ No dejes que medicalicen tu diferencia; tampoco necesitas hacer terapia porque hayas decidido vivir en una norma que no es la de todo el mundo: por no tener hij@s, por no vivir en pareja, por no, por no, por no. Quizás eres tú la única normal.

Viejas sin reglas

«Me encantan los vibradores;
te ahorran mucho sexo tonto».

ANNE HECHE

U n capítulo especial en el proceso de hacernos mayores lo constituye la relación erótica, con nosotras mismas y con los seres
objeto de nuestro deseo sexual.[1] Este tema se encuentra —junto
con el dinero— en el lote de las asignaturas pendientes en la edad
mayor y también conforma uno de los secretos mejor guardados.
A pesar de la creencia popular de que se trata de un asunto de más
o menos hormonas —porque tenemos incrustada la idea de que
la menopausia actúa de ángel exterminador—, otras circunstancias y pensamientos están ahí influyendo y marcando nuestra vivencia erótica personal. Empezando, por ejemplo, por el paquete
de limitaciones sociales, creencias personales y estereotipos culturales que hemos ido haciendo nuestros a lo largo de la vida y
que niegan, censuran e incluso ridiculizan la sexualidad en la vejez; todos ellos inhiben nuestro deseo y nos hacen creer que eso
que sentimos es inadecuado a nuestra edad.

Diversos contextos limitan y constriñen la libertad, la práctica
y el deseo sexual a medida que nos hacemos mayores. El más importante de todos es el hecho de tener o no tener pareja y, por
supuesto, en todos los casos, el tipo de pareja que nos acompaña.
No es este un tema menor, porque para las mujeres de todas las
edades uno de los elementos más importantes para la satisfacción
sexual reside en la calidad de la relación con la pareja. El trato, la

---

[1] Para una información más detallada y amplia sobre el tema de la sexualidad en
la edad mayor: Freixas, Anna (2018). *Sin reglas. Erótica y libertad femenina en la
madurez*. Madrid: Capitán Swing.

demostración de afecto, la comunicación, la confianza son condiciones *sine qua non* para la implicación y el bienestar eróticos. Sin buen rollo, *nadená.*

No tener pareja dificulta en gran medida la fluidez y las oportunidades de actividad sexual al hacernos mayores, por diversas razones; algunas de carácter personal y otras por las reticencias inherentes a una sociedad que castiga la manifestación del deseo por parte de las mujeres, especialmente en la vejez. Aunque tener una pareja de larga duración, en estos tiempos de longevidad persistente, también tiene sus triquiñuelas. En una relación de muchos años puede ocurrir que poco a poco el programa sexual disponible ofrezca pocas sorpresas y que el día a día haya agostado cualquier emoción pasional. Los vínculos de larga duración suelen suponer una limitación en términos de actividad sexual, pero también disfrutan de un plus en términos de afectividad y vínculo que las hace robustas e incombustibles —en el mejor de los casos, claro—.

Un inconveniente importante para la erótica heterosexual sénior pueden ser las dificultades prácticas de la pareja a medida que envejece y, sobre todo, el hecho de que algunos compañeros pueden ser bastante poco estimulantes, lo cual no solo afecta a la pasión, sino que termina con cualquier ilusión cotidiana, que ya es mala suerte. Este tipo de relaciones también pueden verse afectadas por la mala salud (propia o de la pareja). Con este menú no es extraño que iniciar una nueva relación sexual en la postmenopausia genere un estímulo intenso en el deseo, la autoestima y la satisfacción sexual. Al menos durante un tiempo.

Otros aspectos ejercen un efecto turbio sobre nuestro deseo y disponibilidad para el inicio o el mantenimiento de una erótica estimulante en la vejez; por ejemplo, el mandato cruel de la belleza —cuyos elementos básicos son la juventud y la delgadez— que constituye un *imposible deber* a medida que envejecemos y que está en la base del desagrado de las mujeres con su imagen corporal, de la dificultad para la aceptación de un cuerpo transformado y los límites que esto impone para la práctica sexual. Otros elementos que impiden la soltura y el interés eróticos son el estrés, el cansancio y las preocupaciones (trabajo, familia, responsabilidades), que hacen de las suyas. En algunas relaciones a lo largo del tiempo se produce un decrecimiento paulatino de la importancia del sexo, a pesar de que pudo ser un elemento de gran valor en otros momentos de la vida. Esto no tiene por qué suponer ningún drama. En muchos casos, este proceso puede dar paso a iniciar unas relaciones más amistosas, sensuales y serenas y menos estrictamente sexuales, de gran satisfacción emocional. Es un hecho real que otras prácticas como el abrazo, las caricias, la conversación, la compañía o la complicidad pueden ofrecernos una nueva y agradable perspectiva acerca del placer.

En definitiva, tener o no tener pareja, el tipo de pareja, la salud, la libertad interior y la disposición personal hacia las relaciones afectivo-sexuales son los elementos que van a determinar la posibilidad de disfrutar de una vida sexual satisfactoria en la edad mayor. Seguimos siendo mujeres interesantes y completas después de la menopausia, aunque a menudo no parece que nos los creamos. Tampoco ayuda la sociedad heterosexual, que se desinteresa sexualmente de las mujeres postmenopáusicas y les facilita pocas oportunidades para establecer una nueva relación con alguien que resulte suficientemente atractivo y sugerente como para animarse a poner en marcha la ceremonia sexual, cortejo incluido. Porque si algo tenemos claro es que no vamos a implicarnos en relaciones de las que ya sabemos o imaginamos el programa completo (menudo aburrimiento).

La práctica sexual más satisfactoria y sostenida en el tiempo es la masturbación. Sobre ella tampoco hablamos ni, por supuesto, alardeamos con nuestras amigas. El autoerotismo practicado con regularidad e imaginación supone un espacio de bienestar indiscutible en la erótica femenina que no requiere la concurrencia de nadie más; contribuye a la liberación de tensiones, ayuda a conciliar el sueño y es valorado como una importante práctica de salud. A todas las edades, oiga.

Además, actualmente en el mercado se pueden encontrar numerosos artilugios para quienes individualmente o en pareja desean estimular su sexualidad con ellos. En estos tiempos el que se lleva la palma es el succionador que está haciendo estragos en las relaciones: diligente, activo y, lo que es mejor, sin complicaciones posteriores. Un peligro y un reto para las parejas. Ahí os quiero ver. Son también de gran interés los aparatos que facilitan los ejercicios de Kegel para fortalecer el suelo pélvico, tan necesarios, y que también contribuyen a la irrigación de la zona y la obtención de placer a la carta.

Para las mujeres heterosexuales iniciarse en una relación con otra mujer en la vejez es algo progresivamente satisfactorio, aunque frecuentemente inexplorado. No resulta fácil averiguar y reconocer las emociones en este terreno, dado el peso que el mandato de la heterosexualidad tiene en nuestra mente y nuestra piel. Si ejercemos nuestra libertad disponible y no cerramos la puerta a esta posibilidad, podemos descubrir espacios de bienestar hasta ahora insospechados. Sorpresas nos da la vida.

De la misma manera que a medida que nos hacemos mayores vamos teniendo un mayor control sobre nuestro día a día, nuestras emociones y nuestros deseos, en el espacio de la erótica la posibilidad de ser agentes de la propia sexualidad, actuando como seres sexuales en primera persona, supone un elemento central para la satisfacción. Ser capaces de decir sí, de decir no y de sugerir, proponer y orientar acerca de los caminos de nuestro placer supone una complicidad de enorme valor. Todo ello puede verse facilitado si rompemos el silencio en torno a la sexualidad y la dificultad que históricamente hemos mostrado para hablar de ella. Asunto que queda en *standby* mientras vamos avanzando sin prisa pero sin pausa hacia la normalización de la sexualidad sénior.

En la reflexión feminista sobre la sexualidad hay una reivindicación de la diversidad y la libertad en la satisfacción sexual. Ahora aplicamos una mirada oblicua a la erótica, para observarla desde otros lugares en los que podamos encontrar bienestar. Del cero al infinito.

Un tema no menor en cuanto a la sexualidad se sitúa en la vida en las residencias, donde se trata a las personas mayores como si fueran seres cuyas manifestaciones sexuales deben ser reprimidas por considerarse inapropiadas, inadecuadas, pecaminosas y perversas. Si esto es por regla general la norma institucional —no escrita, pero que se cumple a rajatabla— para las escaramuzas heterosexuales, ¿qué posibilidades tiene una persona homosexual de manifestar y poner en práctica sus deseos en una residencia donde se parte de la presunción de que la heterosexualidad es la norma, aunque también esté censurada e incluso prohibida? Tal como están las cosas creo que ha llegado el momento de que las residencias empiecen a hacer una reflexión integral acerca de la erótica en la vejez, incluyendo el derecho a la diversidad de sexualidades como un elemento de salud de las personas que deberá ser respetado e incluso estimulado en dichos espacios, de acuerdo con el interés de cada individu@. Y de paso ya va siendo hora de que las hijas e hijos aparquen su repulsa por la manifestación sexual de sus progenitores y se planteen no interferir en este tema, ni aliarse con la dirección de la residencia, procurando, por el contrario, poner los medios para que cualquier manifestación de interés por vivir sea alentada y respetada.

Inspiraciones

→ Reconcíliate con tu imagen corporal y con la transformación de tu cuerpo. Facilitará el encuentro erótico.
→ Revisa las ideas culturales que limitan tu erótica. Identifica tu deseo, nómbralo, legitímalo y ponlo en práctica. Si te apetece.
→ Date permiso para experimentar nuevas vivencias sexuales.
→ Una escaramuza sensual/sexual no tiene que suponer que tengas que tomar en adopción a tu aventura. Cada un@ en su casa y…
→ Dispón de un espacio íntimo, agradable y confortable para estar sola o acompañada, sin interferencias ni sustos.
→ Mejora la capacidad de negociación con tu pareja y, sobre todo, la comunicación acerca de lo que te gusta, lo que rechazas y lo que te gustaría cambiar.
→ Atrévete a sugerir.
→ Comparte con otras mujeres las vivencias de tu sexualidad. Habla.
→ Gestiona tu sexualidad en primera persona.
→ Exige que se respete el derecho a tu intimidad. No dejes que tu puritana prole te reprima. Faltaría más.

→ No te inquietes por no tener deseos sexuales. También se vive bien sin tener que organizar la parafernalia del encuentro.

→ Siempre nos quedarán el succionador y los aparatitos que musculan y entretienen: eficaces, rápidos, fieles y sin malos rollos. Invariablemente dispuestos.

Viejas al timón
de la propia vida

«Las decisiones que conciernen la propia vida,
es mejor tomarlas por una misma».

PETRA KELLY

Sentir que vivimos una vida con significado es clave para desplazarnos por la edad mayor con la percepción interior de que estamos situadas donde más o menos queremos y nuestro día a día se produce tal como podríamos esperar desde una perspectiva realista, con sus luces y sombras. A todas las edades necesitamos vivir con objetivos, con proyectos; más aún cuando desaparecen los imperativos laborales y disminuyen (¡por fin!) los familiares. Sin embargo, socializadas como seres-para-los-otros, tendemos a ofrecer nuestro tiempo y trabajo de forma voluntaria y gratuita, como si tiempo y dinero nos sobraran. Lustro tras lustro abandonamos proyectos personales e ignoramos nuestros deseos: lo cual supone un peligroso elemento de distracción respecto a la consecución de nuestros objetivos y anhelos, siempre pospuestos. Una interferencia de graves consecuencias.

Un elemento básico para el bienestar personal y la salud es el sentimiento de que ejercemos control sobre nuestra vida, que disponemos de recursos internos y externos para afrontar la cotidianeidad con eficacia y justicia, que no estamos montadas en el tobogán de los deseos de los demás, porque sabemos en gran medida lo que queremos. Para ello, no nos queda otro remedio que hacernos cargo de nuestro quehacer cotidiano, a pesar de que en alguna parte del cerebro nos queda una cierta programación para la dependencia económica y emocional. Algo del Medioevo permanece ahí asentado y buena parte de las mujeres crecemos pensando que cuando sea necesario *alguien proveerá*, aunque ese alguien en el momento en que realmente nos hace falta no suele aparecer.[1]

En nuestra sociedad existe una creencia social muy arraigada según la cual las personas mayores son incompetentes, incapaces de hacer cosas por sí mismas. De modo que una forma de mostrar amor y cuidado hacia ellas es resolverles todos los asuntos, tanto los que pueden hacer por sí mismas sin necesidad de ayuda como aquellos que pueden entrañar alguna dificultad para llevarlos a cabo. Esta mentalidad —aparentemente compasiva— resulta muy negativa en la práctica, en la medida en que se convierte en una profecía de autocumplimiento. Y así, poco a poco, la gente mayor va delegando su capacidad de administrarse y perdiendo la motivación necesaria para seguir desarrollándose; sus funciones mentales se van deteriorando, olvida procedimientos que poco tiempo antes resolvía con diligencia y se produce un declive en su vigor e interés por dirigir su propia vida.

Un ejemplo interesante lo constituye nuestra relación con el carné de conducir. Llega un momento en la vida en que se nos cruza la tentación de dejar de tener coche, con lo cual, planeamos ahorrar gastos. Nos parece que ya no necesitamos el vehículo o que podemos encontrar otros arreglos que nos permitan seguir haciendo la vida que llevábamos hasta el momento. Esta es una posibilidad que se relaciona de manera importante con la calidad del transporte urbano —frecuencia, precio, accesibilidad, cercanía— y con el hecho de que este sea más o menos sensible a las necesidades de las personas viejas, y, por lo tanto, no resulta tan sencilla como pensábamos. Conducir es un elemento vital para la autonomía, la posibilidad de elección y la implicación en la sociedad cuando nos hacemos mayores, por lo tanto, deberíamos pensarlo dos veces antes de claudicar[2] e incrementar el equipo de las dependencias.

---

[1] Quiero hacer hincapié en el enorme logro que significa para una buena parte de las mujeres —no todas, porque para algunas este nunca fue su marco de referencia— que a partir de un determinado momento en la vida muchos de los temas que nos atañen dejen de tener como referente la relación con el hombre, como ser presunto proveedor de seguridad, dinero, afectividad y resolución de problemas.

[2] Mientras escribo esto me viene a la mente algunas de las tonterías que la feminidad nos lleva a hacer en relación con la conducción. Las jóvenes que dejan

Impedir que las personas mayores asuman y se involucren en la responsabilidad de su cotidianeidad es una forma de desautorizarlas y de dificultar su participación en aspectos que las atañen y que, en consecuencia, se llevan a cabo sin tener en cuenta su voluntad y sus deseos. El alto precio de la sobreprotección.

Por muchos años que acumule nuestro calendario, en la mayoría de los casos podemos seguir sintiéndonos útiles y productivas y sobre todo suficientemente autónomas para resolver nuestros asuntos, tomando la iniciativa acerca de lo que nos afecta para que no la tomen por nosotras. Con algunos matices, porque después de bastantes años de luchar por la autosuficiencia tal vez lleguemos a la conclusión de que no es el único modelo, y busquemos un camino en el que encajen también nuestros deseos de tener vínculos en libertad. Ahora que conocemos la absoluta precariedad de la vida y la necesidad de los cuidados compartidos, nos sentimos mejor en la comunidad de bienes y afectos que implica la interdependencia en la que somos expertas. Ahora podemos ser independientes, en el sentido de ser capaces de decidir y resolver nuestra cotidianeidad con eficiencia, sabiéndonos interdependientes en la deliciosa maraña de vínculos construidos durante tantos años y disfrutamos de la confianza emocional que nos dispensan los vínculos y relaciones. Solo cuando empezamos a sucumbir a la tentación del amor filial estamos perdidas.

En ningún momento del ciclo vital —mientras nuestras condiciones mentales lo permitan— debemos hacer dejación de nuestros asuntos. No nos ha sido fácil situarnos como seres con vida propia y a partir de ahí reflexionar y actuar como gestoras de los temas que son verdaderamente cruciales en nuestro día a día: 1) cómo otorgar significado a la vida; 2) cómo afrontar los diversos temas que requieren nuestra capacidad de agencia y decisión y 3) cómo mantener y profundizar en las redes de apoyo. Tres ejes fundamentales para resistirnos a vivir una vida carente de sentido

---

conducir su coche a su amigo —a saber por qué secretas razones de inferioridad, o ataque de feminidad— y las mujeres conductoras expertas que, sin embargo, cuando se casan pasan a ocupar el asiento de la copilota y ahí termina su carrera automovilística. El amor puede hacer estragos.

y abocada a la nimiedad. Cuando lo emprendemos, este es un camino de no retorno. Con estos hilos empezamos a tejer nuestra vida, interesante y válida, disfrutando de la combinación de tener objetivos personales y valores internos. Tomamos decisiones sobre los asuntos que nos conciernen: la economía, el hábitat, la salud, la sexualidad, la afectividad, las gestiones cotidianas y, sobre todo, procuramos no delegarlas (a no ser que contratemos una secretaria que nos resuelva las cosas a nuestro gusto).

Las ancianas queremos vivir como seres libres, con capacidad de gestión y de decisión, no como receptoras pasivas. Ser agentes de nuestra propia vida, ejerciendo control sobre el qué, el cuándo y el con quién, negociando activamente tanto con las personas cercanas como con nosotras mismas.

Una cuestión importante en todo momento, pero de manera decisiva en la vejez, es el hecho de tener o no tener dinero. Cuando somos mayores la posibilidad de manejar mejor o peor la cotidianeidad depende radicalmente de la disponibilidad de recursos económicos. Es ahora cuando la diferencia entre tenerlo y no tenerlo es definitiva; entre otras cosas por la imposibilidad de ganarlo en la ancianidad.[3] La libertad en la vejez se llama dinero. Es, por lo tanto, un tema decisivo que debemos tomar profundamente en serio, tanto si lo tenemos en cantidad suficiente como si tenemos cuatro chavos. En la edad mayor la situación económica es mucho más determinante de lo que pensábamos cuando éramos jóvenes y en nombre del amor relegamos nuestra incorporación al mercado laboral, ay, y no hicimos previsiones de cara al futuro que se nos antojaba muy lejano.

En este asunto la inmensa mayoría de las mujeres como colectividad no hemos actuado de forma suficientemente sabia y previsora. No hemos sido capaces de valorar en términos económicos

---

[3] O al menos la gran dificultad con que nos encontramos para ganarlo en la vejez. Aunque si agudizamos el ingenio y ponemos en valor nuestros saberes podemos encontrar fuentes posibles de ingresos, incluidas las labores de canguro y crianza de la prole de nuestra prole. Además, deberemos hacer una reflexión social y legislativa acerca de la conveniencia de poder continuar de alguna forma en el mercado laboral una vez jubiladas, que no ponga en peligro la pensión y que por el contrario contribuya al bienestar individual. Siempre desde la libertad.

nuestro trabajo; nos ha costado siempre negociar el precio de nuestra aportación, hablar de dinero. Algo parecido a lo que nos ocurre con la sexualidad —que no hablamos de nuestros deseos y pasiones por el fantasma de la prostitución— en el tema del dinero también existe en nuestro interior una cierta asociación con este comercio y se produce un importante bloqueo en la resolución fluida de cualquier situación en la que debamos poner precio a nuestro trabajo.

El dinero es fundamental a lo largo de toda la vida y en la vejez proporciona poder y autonomía. Nos ayuda a vivir mejor en el día a día, a conseguir nuestros objetivos y deseos y facilita nuestra contribución al bienestar de la comunidad familiar. Si disponemos de dinero propio, que no tenemos que pedir ni consultar con nadie acerca de su uso, podemos invertir en nosotras, en nuestra comodidad doméstica, en la realización de sueños, a modo de recompensa después de tanta entrega; administrarlo con sabiduría, como agentes de nuestra vida. Es una realidad, sin embargo, que un alto porcentaje de mujeres mayores tienen un nivel de ingresos que las sitúa por debajo del umbral de la pobreza. Ser pobre y dependiente no supone un buen programa.

Tengamos lo que tengamos, todavía podemos estar peor si no andamos con muchísimo ojo. Y es cuando, en nombre del amor, de la eficacia o de la modernidad, que dicen que no comprendemos, dejamos que otras personas tomen las decisiones económicas por nosotras, prometiéndonos el oro y el moro. Una de las creencias sociales más negativas y persistentes consiste en minusvalorar la capacidad de las personas mayores para administrar su dinero y para tomar determinaciones al respecto. Como si no hubiéramos hecho milagros con él a lo largo de toda la vida, demostrando más sabiduría para multiplicarlo que el de los panes y los peces. Son muchas, muchas, las mujeres que disponiendo de bienes terminan viviendo sin nada, porque el dinero está puesto en una inversión que no se puede tocar, porque los hijos e hijas han decidido administrarlo ellos o por otras mil razones que convienen a la prole pero no a ti, que eres la dueña y la que mereces disfrutar de él hasta el último céntimo. También puede ocurrir que vendan tu piso y te pongan a rodar de casa en casa de los hijos e hijas, que ya es lo último. Somos pobres pero no tontas. Así que esta es nuestra oportunidad de hacer lo que no hemos hecho antes: averiguar cuánto dinero tenemos, tomarlo y salir corriendo.

Iniciativas

→ Ten proyectos, objetivos personales, deseos que cumplir.
→ Sigue haciendo lo que hacías siempre. Trata de vivir en continuidad respecto al pasado, mientras sea posible.
→ Lleva una agenda: no estés siempre disponible. Elige cómo y en qué quieres emplear tu tiempo. Procura que el amor materno no te haga de las suyas.
→ Haz listas de las cosas que tienes que hacer y ve tachando a medida que las vas resolviendo.
→ Pon límites. Delimita tu espacio y tu tiempo. Aprende a decir *no* y a sostenerlo.
→ Procura no pedir más favores de los estrictamente necesarios.
→ No dejes que hagan por ti cosas que puedes hacer perfectamente: eso te anula e incapacita.
→ No delegues tus gestiones personales, resuélvelas tú siempre que puedas (el banco, hacienda, la comunidad de vecinos, el taller del coche). Y, cuando algo sea demasiado complicado o incordiante para ti, trata de buscar alguien profesional que te lo solucione. Ya sabes: pagando, san Pedro canta.
→ Siempre puedes recurrir a las ofertas del banco del tiempo de tu barrio, de la asociación de vecinas, de la municipalidad, para la resolución de asuntos prácticos que no puedes solventar sola.
→ Administra tus bienes, sean pocos o muchos. Lleva las cuentas de tu dinero. Haz con él lo que te plazca (ya sabes aquello de que tu mano derecha no sepa lo que hace la izquierda).
→ Piensa cómo puedes ganar algo de dinero extra. Alquila una habitación de tu casa; una plaza de garaje que no utilizas; cobra por los servicios que realizas a tu prole (recogidas, meriendas, comidas) que les supone un ahorro y a ti un gasto, aunque les hagas un buen precio.

→ Enseña a tus hijas y nietas a pensar en el dinero, a valorar su trabajo y cobrar por él; también el valor del ahorro y de la caja B, en caso de necesidad.

→ Invita a tus nietas a confiar en sus habilidades como conductoras y a no dar las llaves de su coche a nadie. Se ahorrarán más de un disgusto y llegarán a casa con mayor seguridad.

→ No arrojes la toalla hasta el fin de tus días. Mantén tu dignidad y exígela a los demás.

.

Un lugar donde vivir

«El centro del mundo se encuentra allí donde vives.
Allí el aire es respirable. Sabes el modo en que se hacen
las cosas, cómo se hacen bien, como es debido».

Ursula K. Le Guin

Hablando de la capacidad de agencia, un asunto nada menor es disponer de libertad para decidir dónde, cómo y con quién queremos vivir, especialmente en este tramo de la vida en el que prima el deseo de hacerlo a nuestro gusto. Ahora o probablemente nunca. Esta es una decisión que debemos tomar pronto, no vaya a ser que los hijos y las hijas se nos adelanten, con la mejor voluntad, pero en la mayor de las ignorancias: no pueden imaginar la profundidad de nuestros deseos. Comprendemos que los intereses y necesidades de nuestra ocupada prole pueden ser múltiples y llenos de santas justificaciones, pero, cuando ya no podamos valernos por nuestra cuenta, la mayoría de nosotras de ninguna manera queremos ir de casa en casa de nuestras hijas e hijos, donde perdemos los recuerdos, la orientación, la intimidad, la sexualidad y con frecuencia el dinero, para pasar a pedir permiso de la mañana a la noche.

En principio, queremos vivir en nuestra casa, mientras sea posible, con las ayudas y arreglos necesarios para que no suponga un problema excesivo para nadie. Para ello esperamos que la asistencia social y domiciliaria esté suficientemente desarrollada. También puede ocurrir que decidamos, sin presiones externas, trasladarnos a una residencia —suponiendo que para entonces se hayan resuelto los problemas que ha desvelado la pandemia del coronavirus—, siempre que responda a una opción individual y tengamos la garantía de que se respetarán nuestra individualidad y nuestros deseos. Con estos mimbres vislumbramos con claridad la necesidad de aplicarnos mientras tanto a repensar nuestro entorno y diseñar los espacios vitales que respondan a nuestro gusto y exigencias personales, de manera que podamos solucionar las necesidades que vayan surgiendo en cada momento. La falta de una reflexión personal, colectiva y social sobre este importante tema hace que se perpetúen modelos de vivir en la edad mayor que se sitúan a años luz de nuestros proyectos y nos generan un enorme rechazo. Al igual que hicimos en los tiempos en los que socializábamos con nuestras amigas los intríngulis de la vida laboral, las experiencias de la crianza de las criaturas y demás aspectos de nuestras atareadas vidas —intercambio que nos sirvió para sentirnos menos perdidas en semejantes berenjenales—, va siendo hora de compartir ideas y estrategias de organización y comunidad con quienes en estos asuntos van por delante de nosotras.

¿Dónde podemos vivir cuando seamos mayores? En gran medida esta respuesta está mediada por dos factores: tener una salud más o menos buena y disfrutar de un mínimo de recursos económicos. Suponiendo que dispongamos de los elementos necesarios para poder elegir, la resolución tiene muchos flecos que no podemos prever con antelación, especialmente ahora que, después de la crisis de la covid-19, hemos visto con claridad que se trata de una decisión de gran trascendencia.

En muchas sociedades se están ensayando diversas fórmulas de organización cotidiana que permiten vivir en comunidades en las que se preserva la independencia y la libertad individual, pero se disfruta de la compañía de personas afines. El hecho de que haya en este momento un florecimiento de ofertas plurales supone una buena noticia. Esperemos que se concreten en fórmulas reflexivas y respetuosas con la población objetivo. Por otra parte, en las últimas décadas se han ido poniendo en práctica nuevas formas de hábitat en la edad mayor, más allá de las consabidas soluciones habituales (con nuestra pareja más o menos longeva, a solas, en una residencia, con la familia). Tenemos noticia de ellas por múltiples canales —a través de películas, novelas, medios de comunicación—, en los que se destaca el hecho de que grupos de personas mayores deciden ir a vivir juntas bajo diversos modelos de *cohousing*.

Las prácticas y pactos de sororidad que hemos ido llevando a cabo a lo largo de nuestra vida de pioneras nos llevan a soñar con la posibilidad de envejecer cerca de otras personas queridas, por ejemplo viviendo cada una en su casa, pero en un mismo barrio; en el mismo bloque; en distintos pisos de una misma casa; en un piso grande, pero con una puerta que se pueda cerrar cuando una quiera. Todo ello con la voluntad de facilitar las tareas de cuidado cuando sean necesarias, porque sabemos lo importante que es la proximidad para propiciar la relación. La cercanía física nos permite, en un salto, proporcionarnos ayudas diversas.

Cualquier solución que se plantee acerca de las condiciones de vida en el último tramo de la existencia, sea cual sea, requiere por encima de todo una mirada ética que enfoque el problema no como algo molesto que hay que quitarse de enfrente lo antes posible, sino ofreciendo una respuesta cívica e inclusiva, que respete la vida digna hasta el final. Al fin y al cabo, todo el mundo, sin excepción, llegaremos a este punto, y poner los medios para que la sociedad se haga responsable de este periodo de la vida supone prever nuestro propio final en dignidad. Para que esto sea posible, necesitamos que el Estado, en coordinación con las personas mayores, que son quienes disponen del conocimiento experiencial, reflexione, desarrolle y financie los elementos que nos pueden permitir vivir una vejez confortable.

Una comunidad que pone todos los medios de que dispone al servicio de una vejez responsable aleja a la ciudadanía mayor de la beneficencia y de la queja, gracias a la justicia y la amabilidad en el reparto de cuidados.

Vivir en casa

«La Bella Durmiente al menos gozó de un tiempo sola, en su propia casa, en el jardín del silencio. Demasiadas bellas ni siquiera saben que existe un sitio así».

Ursula K. Le Guin

El deseo de muchas personas en la edad mayor es seguir viviendo en su casa y en su entorno el máximo tiempo posible, mientras la salud y las condiciones de fragilidad lo permitan. Además, mucha gente no imagina que a un buen número de mujeres mayores les gusta vivir solas, organizar su tiempo y su dinero, ordenar la casa a su gusto, ahora que no tienen que ser las dispensadoras del bienestar familiar y ceder continuamente su tiempo y su espacio, ahora que finalmente disponen del mando a distancia y del sillón cómodo y disfrutan de la libertad de no tener más obligaciones que las que eligen libremente. Hartas de cuidar, empiezan a aprender —no sin dificultad— a no hacer nada. Viven solas, pero no necesariamente aisladas, gracias a las elásticas redes de amistad que han ido creando.

Para una gran mayoría de mujeres la casa, *su* casa, supone un componente fundamental del sentimiento de integridad interior. Constituye su espacio vivencial, donde habita su yo. Por lo tanto, no es de extrañar que la voluntad recurrente de las veteranas sea envejecer en su vivienda, donde están rodeadas del mobiliario y los objetos que les gustan y les permiten disfrutar de sus recuerdos y orientarse en el tiempo y el espacio; cerca de las vecinas con las que se llevan más o menos bien, en el barrio donde pueden comprar en las tiendas de toda la vida, donde conocen sus gustos y manías. Si no es por una causa insuperable, las mujeres mayores que disponen de mundo propio y recursos materiales no elegirán irse a pasar los últimos años de su vida a casa de una hija o hijo, ni tampoco ir a una residencia. En líneas generales, esta sociedad nuestra de viej@s *boomers*[1] desea permanecer en su entorno, tanto si viven en la ciudad como en un pueblo pequeño. Su deseo es morir en su casa, sin medidas extraordinarias que prolonguen su vida más allá de lo natural, tener una muerte tranquila, consciente, serena. Cerca de sus afectos.

Envejecer en casa requiere un espacio que permita el autocuidado, asegure la comodidad individual y facilite la conexión con otras personas. Para mantenernos en ella el máximo tiempo posible, cuando vivimos solas o acompañadas por alguien que también tiene muchos años, necesitamos poner en marcha la creatividad y desde bastante antes haber tomado decisiones sobre la organización y adaptación de los espacios vitales que nos pueden

---

[1] Nacidas en el periodo del *baby boom,* entre 1946 y 1965.

permitir una vida confortable, especialmente en términos de accesibilidad: ascensor, rampas, ducha, escalones.

Para que podamos elegir sin miedo y con libertad dónde y cómo podemos vivir los últimos años de nuestra vida, sin depender de nuestros hipotéticos y escasos hijos e hijas, es imprescindible, además, que la sociedad garantice unas prestaciones cívicas eficaces, asequibles y universales, con mayores o menores costes.

Entre estos debemos destacar unos servicios de atención domiciliaria bien desarrollados y sofisticados —que incluyan ayudas más amplias que la estricta limpieza y comida—; que sea viable disponer de compañía para poder asistir a citas médicas, estéticas, religiosas (a quien lo desee), sociales y culturales, ofreciendo una vida en soledad suficientemente cómoda, digna y en relación, que evite vivir en el abandono y mantenga a las viejas implicadas en su comunidad.

Recibir unos cuidados eficientes y cualificados puede hacer posible que las viejas vivan en su casa disfrutando de una vida implicada, manteniéndose el máximo tiempo posible como responsables de su autocuidado. Todo esto contribuye a que la población mayor se desprograme como demandante, como enferma y que se aleje de la queja y de la exigencia como la única salida frente a la intrascendencia y el desamparo.

Los derechos diversos que prevé la ley de dependencia, para que funcionen adecuadamente, tienen que estar dotados económicamente; deberemos también poder disfrutar de unos centros de día que garanticen una vida independiente y respetable, en los que se brinden actividades estimulantes, creativas y empoderadoras, no espacios de entretenimiento burdo y de alienación. Es imprescindible un transporte asistido, adaptado y económico. En el mismo sentido tendrán que perfeccionarse los servicios de teleasistencia, ofreciendo una ayuda telefónica eficaz y diligente. Necesitamos sobre todo la práctica sostenida de una cooperación vecinal sensible a las diversas necesidades de las personas mayores, que actúen a modo de alerta silenciosa. Todas estas posibilidades y otras muchas que se pueden ir implementando son capaces de generar una gran cantidad de nuevos empleos y permitir una interesante relación intergeneracional.

Estos y otros muchos servicios,[2] para que operen con eficacia, amabilidad y desvelo, requieren que las cuidadoras dispongan de buenas condiciones laborales, sueldos justos, que estén bien consideradas y valoradas socialmente y, por lo tanto, deben depender de un empleo público social, no de empresas privadas y agencias intermediarias, que están más interesadas en el lucro que en una atención de calidad. No es difícil llegar a la conclusión de que a medida que la salud de las personas mayores se complica es absolutamente imposible ganar dinero teniendo que prestar un servicio tan complejo, delicado y dedicado como requiere un ser dependiente. Necesitamos una sociedad que considere las tareas reproductivas como un elemento clave del bien común. Una civilización que se preocupa de las viejas y viejos, promoviendo una vida con significado personal hasta el último momento posible, es una sociedad que respeta a sus integrantes desde el día en que nacen hasta el día en que mueren. Los bebés, esos sí que son improductivos: se hacen las necesidades encima, hay que bañarlos, alimentarlos, velar su sueño, su salud, su desarrollo y sin embargo los cuidamos con esmero, porque en ellos vemos «el futuro». ¿Por qué, cuando se trata del último tramo de la vida, no somos capaces de reconocer en las personas «el pasado» y su enorme aportación a la vida y a la civilización? ¿No debería ser el derecho a ser cuidada un derecho universal, en el marco de un sistema estatal de cuidados? Reclamamos una sociedad que lleve a cabo estas políticas desde la perspectiva de los derechos de las personas mayores, con un planteamiento político y social, no desde una perspectiva estrictamente asistencial que genera todo tipo de vicios en quienes los diseñan y en quienes los reciben. Pensemos.

Si queremos envejecer con independencia y autonomía necesitamos vivir en un entorno en el que se han tomado las medidas necesarias para que esto sea posible. Un escenario cuidadoso con la edad de las personas favorece la actividad física y social y permite vivir una vida mejor. Dota de recursos suficientes el contexto

---

[2] Comida caliente y de calidad, lavandería, oportunidad de hacer ejercicio, atención médica y personal sanitario, aparatos para la movilidad, asistentes para cubrir diversas necesidades.

en el que se pasa diariamente la mayor parte del tiempo: la casa, el vecindario, la calle y el tráfico, tratando de proporcionar seguridad en todos los ámbitos donde pueda surgir un peligro. Esto es posible en una ciudad en la que se han eliminado las innumerables barreras y riesgos de todo tipo con que nos encontramos cuando ya no vamos triscando por la vida. Un territorio en el que se cumplen las condiciones necesarias para que las viejas podamos ocupar y participar del espacio público, salir de casa, relacionarnos, ahuyentar la tristeza, hacer ejercicio, mejorar nuestra movilidad, disfrutar de la luz, el sol y la sombra.

Uno de los elementos que acompañan a esta ciudad amable que demandamos lo constituye la posibilidad de disponer de unas calles transitables, sin tener que hacer malabarismos esquivando a los coches, las bicicletas y los patinetes, con equipamientos para el ocio cercanos y lavabos y servicios pulcros, cómodos y en abundancia para las posibles emergencias. Debe contar con un transporte público accesible, seguro, respetuoso y facilitador para quienes tienen problemas de movilidad y para aquellas personas que tienen una agilidad propia de los 80 años; que permita un acceso fácil y se detenga en el punto en que nos convenga, más allá de que la parada esté unos metros antes o después. Una ciudad en la que haya aceras amplias, suficientes parques y zonas verdes, bancos públicos donde sentarse, barandillas para agarrarse, sombras en abundancia, fuentes donde beber agua o refrescarse. En la que no haya losetas sueltas y los vados de paso estén pensados para facilitar el paso a la ciudadanía con peculiaridades diversas (cochecitos, andadores, bastones, ruedas, dificultades visuales, auditivas y demás coyunturas vitales). Una urbe iluminada donde podamos sentirnos seguras, diseñada para que la ciudadanía que tiene ya un buen fajo de años pueda desplazarse por ella con seguridad y elegancia, en la que se promocione la autonomía personal y se ofrezca prioridad de paso. Una ciudad afable en la que —como diría Jane Jacobs[3]— hay *ojos en la calle* y la ciudadanía atenta garantiza la vida pública de su población mayor.

---

[3] Jacobs, Jane (1961/2011). *Muerte y vida de las grandes ciudades*. Madrid: Capitán Swing.

Una ciudad amigable es inclusiva, diversa y cercana, de manera que nos ofrecerá un abanico de posibilidades de vivienda, transporte y servicios y una variedad de recursos sociales, sobre los que necesitamos tener suficiente información para poderlos utilizar, ya que suponen una interesante ayuda en ese envejecer por nosotras mismas.[4] Una ciudad que piensa en las personas ancianas tratará de anticiparse a las necesidades que puedan surgir a medida que nos hacemos mayores y seguimos viviendo en nuestra casa, previendo los diversos servicios que vamos a requerir a lo largo de los años, favoreciendo la adaptación de las viviendas, haciéndolas más fáciles y cómodas en todos los ámbitos. Y, por supuesto, mientras tanto una ciudad amable con la gente mayor deberá ir creando nuevos espacios en los que podamos alojarnos cuando ya no podamos vivir en nuestra casa.

La construcción de una ciudad o un entorno responsable y cuidadoso puede contribuir a reducir la multimorbilidad, la discapacidad y la fragilidad, a la vez que favorece la salud física y emocional, permitiendo a las personas ancianas seguir en la vida y disfrutar de ella; en una palabra, participar. Supone una importante y necesaria ayuda para permanecer activas e independientes. A veces, algo tan simple como llevar a cabo algunos cambios en el hogar es suficiente para facilitar la independencia.

El vecindario, la participación social en la vecindad y la posibilidad de implicación en el barrio son componentes a tener en cuenta. Para ello es necesario disponer de tiendas y servicios cercanos en los que se pueden llevar a cabo una serie de intercambios más o menos cotidianos que otorgan sentido de continuidad y pertenencia. Estos vínculos vecinales se construyen a través de unas normas implícitas de reciprocidad que constituyen un interesante capital social que se asocia de manera clara con la percepción de la calidad de vida y la sensación de bienestar y seguridad. Suponen un surtido de apoyos ambientales para la buena

---

[4] La guía WHO 2007 de las ciudades amigables con las personas mayores resalta ocho ámbitos en los que las comunidades deben adaptar sus estructuras y servicios para satisfacer las necesidades de las personas mayores: espacios al aire libre, transporte, alojamiento, participación social, respeto e inclusión social, participación cívica y empleo, comunicación y apoyo comunitario y servicios de salud.

vida en la vejez que evitan que nos sintamos insignificantes, invisibles, prescindibles.

Cada vez son más las ciudades conscientes de la exigencia perentoria de transformar el diseño actual para dar respuesta a las necesidades de la población progresivamente mayor; sin embargo, todos sabemos que las transformaciones suelen hacerse demasiado lentamente y siempre a remolque de los cambios que han ido llevando a cabo las personas a nivel individual, a costa de su dinero y poniendo en marcha su ingenio.

A una ciudad amable corresponde una ciudadanía agradecida, no impertinente, que disfruta de los diversos derechos y bondades con la elegancia de quien los recibe como dádivas.

Vivir en una residencia

«¿A quién pertenecen las instalaciones? ¿Quién gana dinero con esto? ¿Alguien está sacando dinero?»

MARGARET DRABBLE

Hay personas mayores que, llegado un momento más o menos crítico de su vida, prefieren instalarse en una residencia —aunque a partir de la experiencia colectiva del coronavirus la cosa no esté tan clara— con el fin de no ser una carga para su familia y para encontrar una solución práctica a su día a día. No quieren sentir que están de sobra. Lo hacen creyendo que en ella encontrarán un espacio de autonomía (que finalmente no suele darse) y podrán preservar una parte de su independencia. También las hay, por supuesto, que no lo deciden por sí mismas, sino que se trata de una conveniencia familiar, por motivos que no vienen al caso, y más o menos con el acuerdo propio. Otras personas simplemente no pueden decidirlo por razones diversas, que van desde el sometimiento familiar a la dependencia más o menos integral. Estamos hablando de una población amplia y variada, en la que hay personas que pueden valerse por sí mismas, que mantienen vidas implicadas y autorresolutivas, que no necesitan una asistencia clínica especial, y también de una población que, por el contrario, lo necesita todo porque, en algunos casos, su cabeza hace tiempo que emprendió un camino lejano —y que sin embargo tiene gustos, necesidades y deseos que puede expresar, si hay quien se preocupa de escuchar su lenguaje particular—.

A mi entender, la institucionalización debería reservarse para las personas severamente dependientes que no pueden mantenerse en casa. Si la sociedad fuera suficientemente lista pondría todos los medios posibles para favorecer que las personas siguieran viviendo en sus casas, entre otras razones porque la institucionalización es realmente costosa. Una sociedad sensible a la realidad demográfica actual debería llevar a cabo todo tipo de intervenciones y facilitar medios a las ancianas para que pudieran seguir viviendo en su casa el máximo tiempo posible; centrándose en mejorar los aspectos que sustentan la calidad de vida de las viejas y viejos y que pueden permitirles vivir en casa con bienestar y sin peligro.

Uno de los asuntos más importantes que se produce cuando entras en una institución es la despersonalización. El argumento central con que tratan de convencerte cuando llegas a vivir en una residencia es que estarás como en tu casa, pero mirado de cerca podemos comprobar que eso no es así ni por asomo. En estos espacios, la despersonalización y la uniformización suelen ir de la mano. Veamos. Cuando ingresamos en una residencia pasamos a ser alguien de quien nadie conoce el pasado, los intereses, los miedos y rechazos, sus gustos y manías. Somos tratadas igual que el resto de residentes (en un extraño y perverso sentido de la igualdad), a quienes se presuponen las mismas motivaciones y necesidades: como si estos fueran tan universales como tener canas y arrugas. Todo lo contrario de lo que cabría esperar de un lugar para vivir en el que se tienen en cuenta las características y gustos de cada persona en concreto para ofrecerle en cada momento un abanico de posibilidades acordes a ellos. Algo que por desgracia normalmente no suele ocurrir. Es tan inmensa la homogeneización que hace nuestra sociedad de la gente mayor que a partir de los 60 o 65 años formamos un extraño *totum revolutum* tan increíble como que en una sola tacada se incluyen tres décadas e incluso cuatro y nadie se sorprende, como si tener 66 años fuera lo mismo que tener 80 años o 95 años; de acuerdo con esta regla de tres se presupone que tod@s necesitamos, consumimos y aportamos lo mismo.

Todo lo cual se sitúa a años luz de los presupuestos del modelo de atención centrada en la persona (ACP) en el que el eje de su actuación es el respeto y reconocimiento de la singularidad de cada individuo, su historia personal y sus potencialidades. La ACP trata de ofrecer los cuidados de acuerdo con las características de cada sujeto; las personas no se miran como una suma de déficits a la que hay que ir poniendo parches, sino que se tiene en cuenta su capital, constituido por sus capacidades, que se convierten en palancas para poder vivir controlando su vida y su entorno. Se busca la calidad de vida a través de una atención esmerada, atenta. No somos un rebaño de seres sin interés, sino personas con características, historias, necesidades y deseos particulares. A todo ello se llega mediante la escucha, la cercanía y el reconocimiento de quiénes hemos sido y quiénes somos mientras seguimos aquí.

Cuando se toca el tema de las residencias tenemos claro que, por supuesto, no todas son lo mismo y que en ellas se incluyen formas de habitar muy diversas, hasta tal punto que en algunos casos pueden parecer asilos; en otros, hospitales. Algunas funcionan como estupendos hoteles, otras como cárceles sin paliativos o como sugerentes colegios mayores. Ahora bien, difícilmente son asimilables a nuestros hogares. Es cierto que lo primero que tendríamos que aclarar es de qué hablamos cuando hablamos de residencias. ¿Nos referimos a un espacio tipo hotel en el que podemos hacer uso de los distintos servicios, según nos convenga en cada momento; entrar y salir de modo independiente y cerrar la puerta con llave? ¿O se trata de un apartamento asistido, en el que se dispone de cocina individual, lavadora y llave para entrar y salir a conveniencia, pero en el que se pueden utilizar servicios colectivos, médicos, de limpieza, comedor, lavandería y transporte si hace falta? ¿O es una comunidad de residentes en la que conviven personas que tienen vida propia y otras que necesitan mucha atención, o incluso *toda* la atención? ¿O hablamos de espacios de aparcamiento de personas, sometidas a una obediencia sin escucha ni réplica? —*al fin y al cabo, no se enteran*—. ¿Las residencias deben ser espacios medicalizados, a modo de hospitales? ¿Qué tipo de residencia necesita/desea la población mayor?

No se trata de un asunto fácil y este tampoco es un libro que trate sobre esto. Sin embargo, creo que —sobre todo después de la experiencia estremecedora que vivimos a partir de la primavera de 2020— lo que sí queda claro es que es un tema de importancia radical, que no podemos dejar en manos del azar y menos en manos de quienes han llevado la batuta de las llamadas residencias hasta el momento: la empresa privada. No parece que una empresa capitalista —con sus accionistas—, que tiene como objetivo obtener lucro, sea la más apropiada y conveniente para elaborar las directrices de una entidad que se dedica a la atención integral de personas que tienen muchas necesidades. Porque para ofrecer un cuidado de calidad que incluya suficiente personal de asistencia y acompañamiento —bien pagado, motivado y reconocido—, que proporcione una alimentación equilibrada, cuidada y sana, que se preocupe por la estimulación intelectual, cultural, emocional de l@s residentes y que, además, ofrezca una atención centrada en la persona y algo tan esencial como todos los pañales que sean necesarios al cabo del día y de la noche; para conseguir todo ello se requiere considerar el cuidado de la población anciana como una deuda moral, no como un negocio que obtenga rendimiento económico.

No todo es así, por supuesto. Hay en muchas partes del mundo e incluso de nuestro país experiencias interesantes, muy novedosas, en las que la organización gira en torno a la voz y el deseo de sus ocupantes, y no justo al revés. En ellas se facilita la libertad, la iniciativa, se respetan los gustos y manías, se estimula la creatividad, la expresión emocional y sexual (a quien lo desee), la vida social, la iniciativa y la vida digna de ser vivida hasta el último minuto. Busquen.

Viejas vinculadas

«Así pues, en la vejez, aunque no tengo ni hija
ni nietos, sí tengo en mi vida a personas que
prácticamente cumplen esos papeles».

DIANA ATHILL

Cuando hacemos hincapié en los elementos negativos del envejecer pasamos por alto una fortaleza importante de la vida buena en la vejez, como es el ámbito psicosocial y relacional. A medida que nos hacemos mayores la integración e interrelación social adquieren una gran importancia. El buen envejecer se ve afectado positivamente cuando las personas tienen oportunidad de relacionarse con los demás, en una enriquecedora comunidad de bienes. Los seres humanos somos seres vinculados: vivimos en relación y sin ella no podríamos desarrollarnos. Las personas necesitamos conexiones interpersonales que proporcionen estructura y significado a nuestras vidas. Son nuestro capital social y emocional. Los vínculos nos unen a lo largo de toda la vida. Nos permiten un necesario sentimiento de seguridad y pertenencia que puede sustentarse tanto en los miembros de la familia propia como en los de la familia de elección, esa que construimos con otras personas a las que no nos unen ni la sangre ni los papeles. Estas tramas nos permiten sentir la continuidad entre generaciones y, sobre todo, mirar el futuro con confianza y realismo. Nos ayudan a vivir la vejez con una dosis suficiente de aceptación de las circunstancias más o menos adversas con que nos encontramos y con ello a experimentar un bienestar razonable.

Uno de los grandes logros que hemos conseguido las mujeres a partir de nuestro andar por los fluidos caminos del feminismo ha sido la modificación profunda de nuestras relaciones y, a partir de ahí, el cambio de nuestra existencia. A través de un proceso progresivo de autonomía afectiva hemos establecido nexos de relación entre mujeres, redes, pactos, alianzas, lazos de sororidad que nos han proporcionado una nueva escala de valores, una mirada propia, una conciencia de nosotras mismas. Hemos transformado los nudos, las ataduras y los atascos en vínculos. Ha sido una construcción lenta y dificultosa, pero segura.

Llegadas a la edad de la lucidez postmenopáusica, las mujeres dominamos como nunca los diversos trabajos del amor:[1] sabemos cuidar, acompañar, anticiparnos a lo necesario, sanar, reír, acariciar y desdramatizar en todo momento. Nos relacionamos afectivamente con mayor desparpajo que cuando éramos jóvenes, en gran medida gracias a que no necesitamos mostrar el sometimiento de la feminidad y la heterosexualidad. A estas alturas hemos aprendido a decir sí y a decir no y, sobre todo, sabemos que lo importante es el vínculo, la comunidad, la red, el grupo, la peña, la seguridad que proporcionan los lazos.

Las mujeres somos expertas creadoras de relaciones de cuidado y vínculos. A través de ellos hemos crecido como hijas, amigas, hermanas, vecinas. Hemos construido, desde nuestra autonomía, tramas de diversas intensidades y hemos creado una comunidad de afectos con otras personas o simplemente una comunidad de apoyo de enorme valor y eficacia. La calidad de estos lazos nos permite atravesar los diversos desiertos que trufan nuestra existencia con la seguridad de que nada demasiado malo puede ocurrirnos, porque ahí estará la red, sosteniendo. Seguridad que no nos ofrece el amor romántico, que lo hemos vivido salteado de numerosos miedos y con el abandono siempre en el horizonte, sentado en el vagón de cola. Nos ha costado bastante asimilar la insoportable levedad del amor.

Las mujeres mayores han tenido tiempo de crear diversas e ingeniosas urdimbres que varían en función de las necesidades coyunturales de cada una. Conexiones que, a medida que aumenta la longevidad en nuestra sociedad, van teniendo un valor

---

[1] Hablamos de un amor que lo abarca todo, mucho más amplio y gratificante que el amor romántico, del cual las mujeres postmenopáusicas conocen bien sus limitaciones.

impagable. Ya desde mucho antes de la vejez, las mujeres son expertas en prestarse apoyo mutuo de carácter informal para el que no necesitan grandes organizaciones; lo desarrollan con hilos que ellas mismas tejen y manejan con eficacia. Un apoyo tan efectivo y sutil que permanece invisible a la vista de los demás, e incluso a la de quienes lo confunden con el comadreo o lo consideran una *forma natural* de vida y relación inherente al ser mujer. Pues no. Se trata de la sabiduría de gran calado del complejo entramado de la amistad femenina.

Una cuestión muy interesante para comprender la complejidad de nuestras relaciones de vínculo a lo largo de la vida la constituye la enorme diversidad de formas de relación familiar que han sido legitimadas en las últimas décadas. En casi todas las familias, incluso en las más tradicionales, se encuentran personas que viven de forma estable y reconocida en unidades familiares que no tienen nada que ver con el modelo clásico en el que fueron educadas: parejas homosexuales; parejas heterosexuales; parejas reconstruidas; personas de todas las opciones e identidades sexuales; unidades monoparentales; hijas y nietos de variados colores y países. Y, en la edad mayor, una de las realidades más numerosas es la de las mujeres que viven sin una pareja, las *singles*. Unas lo son por vocación: mujeres que tienen claro que su felicidad no reside en la relación con un hombre o una mujer y han construido su vida en solitario; otras lo son por circunstancias: mujeres que se han encontrado en esta situación sin pretenderlo, enfrentándose a una nueva vida no buscada, pero que, pasado un tiempo de adaptación, viven con placer su vida en solitario. Finalmente, también, quienes viven con desazón la soledad no deseada.

La construcción emocional de estas nuevas formas de relación que nos sitúan en un mundo integrado por un conjunto de unidades unipersonales no es un proceso al que por regla general se llegue sin un tiempo de inquietud y después de numerosos encontronazos con el imaginario romántico de la pareja —que, sin embargo, no tenemos demasiado interés en reproducir—. Pero en nuestro cerebro perdura una huella emocional de la *famiglia* que nos atormenta de vez en cuando, a pesar de constatar que vivimos en una sociedad en la que este modelo, especialmente a partir del segundo tramo de la vida, es más que minoritario. Desde hace ya unos años, las hijas del *rock and roll* y de los tiempos revueltos estamos ensayando la vida en solitario, sostenida por la conexión entre comunidades formadas por pequeñas islas, fruto de afinidades electivas, unidas por un vínculo compasivo y sororal y fundamentadas en la confianza y la calidad de la relación. No es fácil, sin embargo, librarse del tobogán emocional de la soledad trascendental que súbitamente nos atraviesa la mente y nos sume en la noche oscura, porque llevamos tatuado en la parte de atrás del cerebro un imaginario romántico destructor. En definitiva, lo que nos muestra este amplio abanico de opciones es que las mujeres de todas las edades tienen claro que la calidad de la relación es una condición prioritaria e irrenunciable en su vida y no parecen dispuestas a someterse a vínculos afectivos en los que prime la subordinación, el dominio y la limitación de sus deseos, tan difícilmente identificados.

La amistad es una relación emocional de enorme valor a lo largo de toda la vida, pero al envejecer se convierte en algo extraordinariamente importante. Las amigas nos sostienen en tiempos de desolación, nos apoyan en momentos de carencia, nos cuidan en periodos de dependencia, nos acompañan en momentos de soledad y, por supuesto, también comparten nuestras alegrías, ilusiones y proyectos. La amistad requiere una cierta bondad básica; un estar en el mundo sin la escopeta permanentemente cargada; una sonrisa compasiva y una mirada empática para comprender sin demasiadas palabras. Gracias a la amistad, en la edad mayor podemos ampliar nuestros horizontes achatados por tantos años alejadas de nuestros deseos, siempre al servicio de los inútiles funcionales que nos han cortado las alas.

Con las amigas y amigos aprendemos a discrepar, a escuchar, a manejar sin drama las diferencias. Gracias a ell@s podemos introducirnos en nuevos temas y ambientes, comprender otras formas de mirar y entender el mundo. Disponer de colegas de todas las edades nos evita caer en la autocomplacencia, nos mantiene al día de las novedades de todo tipo que se producen en la sociedad y, sobre todo, impide la segregación generacional que la sociedad tiene diseñada para la vejez. Con ellas se crean generosas relaciones intergeneracionales de respeto y ayuda que son importantes, por supuesto, a lo largo de toda la vida, pero en la vejez son especialmente significativas y vivificantes.

La amistad, la vecindad son vínculos sociales gracias a los cuales podemos sentir que tenemos control sobre nuestra vida, acceso a una serie de recursos y cuidados y, sobre todo, nos ofrecen un gratificante sentimiento de participación, divertimento, colaboración y placer. Nos ayudan a estructurar la vida personal y nos proporcionan valor, coherencia y motivos para vivir. La amistad ejerce, además, un efecto positivo sobre la salud —mayor que el que proporciona una pareja o una familia— al enseñar y alentar conductas y prácticas de vida saludables. El contacto con gente medianamente contenta, creativa, despejada en su estilo de vida, resulta beneficiosamente contagioso; de la misma manera que, por el contrario, las relaciones tóxicas consumen la energía interior y empeoran el bienestar físico y emocional y nos hunden en la miseria.

En comunión con las amigas hemos podido desarrollar nuevas estrategias que nos ayudan en el proceso de reconciliarnos con nosotras mismas y decidirnos, por fin, a clausurar el kiosco de la beneficencia que hemos mantenido abierto durante años al público cercano y que nos ha agotado. Empeñadas en este proceso de envejecer consciente y reflexivamente, tenemos ahora la oportunidad de desarrollar la generosidad, el perdón y la piedad —aunque Adrienne Rich[2] nos advirtió en su momento de que uno de nuestros errores graves es lo que ella denomina *la compasión fuera de lugar*, la que sentimos por quien no la ha tenido o no la merece—. Atentas, pues. A medida que envejecemos vamos siendo más selectivas en la amistad e invertimos más tiempo, dedicación y afecto en aquellas cuyo buen trato nos acerca y reconcilia. Ahora nuestras amistades son menos numerosas que antes, porque, entre otras cosas, hemos ido abandonando por el camino a quienes nos resultan más superficiales, ajenas o poco recíprocas.

La amistad que perdura permite una relación de reciprocidad reconfortante a lo largo de los años, de ayuda mutua; sin embargo,

---

[2] Rich, Adrienne (1980/1983). *Sobre mentiras, secretos y silencios*. Barcelona: Icaria. Hay una nueva edición en Madrid: horas y HORAS (2011).

también se enfrenta en un momento dado a la enfermedad y la pérdida. A medida que nos hacemos viejas tenemos más probabilidades de perder a miembros de la familia y a algunas amigas, lo cual nos hace más vulnerables a la melancolía, al aislamiento social y a todas las derivadas negativas que conllevan. Las despedidas no se producen habitualmente de la noche a la mañana. Suele ser un proceso paulatino y difícil. La huella del tiempo, la enfermedad o la lucha por la supervivencia pueden producir estragos en un ser querido y hacer que nuestra compinche y confidente desaparezca, viviendo aún, y ya no sea más quien era. Es un proceso doloroso, en el que nos hemos tenido que despedir de lo que hacía especial y única la relación. Seguimos a su lado —compañía y cuidado—, pero en otra onda. En ese desvelo y mirada atenta permanece todo lo que ese vínculo afectivo significó anteriormente, sabiendo quién fue y lo que ha representado en nuestra vida y en la de otras muchas personas, aunque ella ya no sepa quién somos. La memoria emocional perdurable. La muerte o la decadencia de una amiga, de la pareja, es una fuente de dolor y tristeza que persiste en el corazón. Algo que, si tenemos suerte, podemos compartir con otros seres queridos. Algunas de las personas que se van se llevan una parte importante de nuestra vida interior. Eran nuestras confidentes, nuestras cómplices. Ahí se produce una pérdida que no puede ser fácilmente sustituida: tu pareja, una amiga, tu hermana, la depositaria de nuestras preocupaciones, travesuras y deseos.

La soledad es un reto al que nos encaramos en todas las edades, especialmente si vivimos sin otras personas. Para las ancianas que viven solas mantenerse conectadas a sus grupos es un desafío cotidiano interesante y también una necesidad, en la medida en que les permiten un sentimiento de cooperación, de amistad y reconocimiento. Envejecer viviendo solas puede ser una experiencia de gran aislamiento para las personas de alta vulnerabilidad que no tienen redes. Algunas circunstancias pueden generar un aumento en el sentimiento de soledad, como la pérdida de la pareja y el tener que afrontar problemas de salud incapacitantes para la vida relacional, social y cultural en la que se estaba inserta. La ruptura de algún vínculo emocionalmente importante, así como las interacciones interpersonales conflictivas, son también una enorme fuente de estrés y de aislamiento. Las sombras que generan la soledad y el aburrimiento en la vejez son reales y dolorosas y nos advierten acerca de la importancia de las conexiones sociales para no caer en la tristeza y la desesperación, en un tramo de la vida donde no es fácil establecer nuevas amistades que resulten significativas. La falta de apoyo social, el aislamiento y la soledad se relacionan con el malestar físico y mental y también con un descenso en la salud general y emocional, ya que la conexión social y las relaciones íntimas son fuentes vitales de fortaleza psíquica. De ahí la importancia individual y colectiva de procurar la existencia de redes y relaciones a nuestro alrededor que, además de l@s amig@s, pueden ofrecer respaldo en la vejez: la comunidad, la familia, los grupos de voluntariado o el vecindario, entre otros posibles.

Vivir con vínculos, pues, supone una potente ayuda emocional y práctica para afrontar los vericuetos del envejecer.

Tretas

→ Cuida tus afectos y relaciones.
→ Mantente conectada, fomenta la intimidad, la comunicación, traza lazos para la libertad.
→ Escucha. Pregunta. Interésate por l@s demás, sin pasarte.
→ Encuentra espacios de relación e intercambia saberes.
→ Participa en la vecindad y la comunidad.
→ Cultiva tu red social enmarañada.
→ Haz nuevas amigas, mantén y cuida la relación con las que ya tienes.
→ Procura mantener relaciones de disfrute, no de servicio o dependencia.
→ Ríe, sonríe, abraza.
→ No cuentes batallitas, ni el catálogo de enfermedades.
→ Sé compasiva contigo y con las otras mujeres. No las juzgues con dureza ni seas exigente con ellas (ya bastante tienen). Trata de no culparte ni culparlas, la vida tiene sus razones.

→ Abandona la inflexibilidad y comprueba que eres capaz de cambiar. Verás qué bien te sientes.

→ No entres en la categoría de vieja quejica y autocompasiva. Conseguirás ahuyentar al personal.

→ Procura resolver los inevitables conflictos de la vida cotidiana con rapidez y elegancia: un gesto, un detalle, un WhatsApp. No pierdas por una nimiedad relaciones de calidad. Tenemos poco tiempo.

→ La temida soledad depende en parte de la capacidad que tengas de ceder, compartir, inventar y sugerir.

→ No reenvíes continuamente vídeos, fotografías y chistes por WhatsApp. Bloquea a quienes te castigan con ellos.

→ Deja que la vida fluya. No trates de intervenir, forzar, proponer.

→ Despréndete de las relaciones tóxicas, de las personas que no te hacen feliz, que no te aportan nada, que reciben pero no dan. Incluidas las de tu familia: la sangre no nos obliga. Borra su número de teléfono de tu móvil. Ea.

→ Identifica y aléjate de las personas narcisistas de tu entorno: te someterán y te costará mucho tiempo y sufrimiento librarte de ellas.

→ No admitas que tus hijas e hijos te culpen de nada, y menos tus nueras y yernos. Faltaría más.

→ Mantente cordial y elegantemente a distancia de los hij@s, niet@s y parientes del otr@. Te ahorrarás toneladas de decepciones románticas.

Cuidadoras, cuidadas

«En realidad, nadie puede hacer gran cosa por sí solo».

URSULA K. LE GUIN

En los años setenta del siglo pasado el eslogan feminista *lo personal es político* permitió poner nombre e identificar situaciones y vivencias que hasta el momento ocurrían pero no tenían nombre y así transformar la vida de las mujeres en términos de justicia y visibilidad. A partir de ahí se puso el foco en el valor de lo que ocurría de puertas adentro, de manera que las condiciones materiales, relacionales, afectivo-sexuales y económicas de la vida dentro del hogar dejaron de ser un asunto estrictamente privado y entraron en el meollo de la discusión epistemológica acerca de la sumisión de las mujeres.

Ha transcurrido medio siglo desde entonces y el espacio reproductivo en el hogar sigue en gran medida confinado como un asunto privado, marcando la trayectoria vital de las mujeres de todas las edades que hemos sabido ser cuidadoras empáticas en cualquier dirección posible. Madres de nuestras madres, cuando lo han necesitado, y madres de nuestros hijos hasta más allá de una edad razonable. Hemos velado por nuestras hermanas y vecinos y por cualquier ser humano (incluso animal) que hemos considerado en situación de fragilidad. Acumulamos en nuestro haber infinidad de horas-regalo. Hemos permanecido vigilantes durante años, algunas mujeres lo han hecho incluso desde niñas, resolviendo la crianza de hermanas o estando atentas a las necesidades de padres y abuelas enfermas. Sin embargo, no tenemos ninguna seguridad acerca de quién nos va a cuidar cuando no seamos capaces de hacerlo por nosotras mismas. Esto, cuando vamos siendo ya mayores, nos proporciona una inquietud que subyace en nuestra mente y nos desasosiega.

Hemos vivido instaladas en un tiempo expropiado, un tiempo que hemos regalado a manos llenas, a partir de una educación que nos ha hecho sumisas, dispuestas y entregadas a la felicidad ajena y perpetuamente alejadas de nuestros deseos. A veces pensamos que no podemos vivir dando continuamente a todo el mundo y recibiendo tan poco o nada a cambio. Desde luego, no concebimos los cuidados como un intercambio de estricto toma y daca, sino como algo fruto de un compromiso cívico y social, del desvelo y la compasión que requieren una cierta reciprocidad, aunque sea por persona interpuesta. El cuidado es una decisión más o menos voluntaria que tomamos a nivel personal; su motor fundamental para nosotras es básicamente el afecto y así deseamos que siga siendo en el momento en que necesitemos recibirlo, cuando imaginamos que seremos dignas de una entrega similar a la que pusimos en juego anteriormente. Claro que, aunque sea imprescindible, no podemos esperarlo ni exigirlo a nadie; no pensamos reclamar que se nos devuelva la atención que dimos en otros tiempos, porque el desvelo que ofrecimos a nuestros hijos e hijas es la devolución del que nuestras madres y padres nos dieron en la infancia, en un a modo de sucesión de actos de amor. Vivimos en una cadena de cuidados que seguramente no podremos devolver, pero sí ofrecerlos a otras personas.

Los seres humanos nos necesitamos mutuamente, construyendo una comunidad de bienes que nos proporciona sentimientos de pertenencia. La reciprocidad es una forma de continuidad en el mundo, nos permite consolidar los vínculos de relación. Velamos y somos veladas y en esta mutualidad nos sentimos mejor. Con el paso de los años hemos ido otorgando valor a algunos elementos que consideramos claves para dar y recibir cuidados de calidad: hemos aprendido a escuchar —una potente forma de cuidar—, a poseer una mirada compasiva, y también la importancia del buen trato y de mantener relaciones cordiales. Ahora esperamos poder disfrutar de una correspondencia de la que frecuentemente hemos carecido. No vivir como llaneras solitarias.

Tenemos claro el deseo irrenunciable de vivir una vejez digna, pero puede llegar un momento en el que no solo no podamos seguir cuidando, sino que necesitemos disponer de la ayuda de alguna persona y no nos resulte tan fácil pasar de ser cuidadora a ser cuidada. Ahí se plantea el juego de la dignidad por partida doble, la tuya como mujer necesitada de cuidados y la de la persona que los ofrece y cuyo día a día requiere también un trato y un contrato en el que primen la consideración, el respeto y la justicia. Esta es una realidad a la que el Estado va a tener que hacer frente, puesto que cada vez el número de personas a cuidar irá aumentando y habrá que profesionalizar y humanizar la atención a las personas dependientes. La mayoría de las cuidadoras suelen ser mujeres y, además, migrantes que han dejado atrás sus afectos y sus criaturas en manos de otras mujeres, en lo que se denomina las *cadenas globales de cuidados*.

A medida que nos hacemos mayores aumenta nuestra fragilidad, lo cual no significa que nos cristalicemos y rompamos en pedazos, sino que podemos entrar en un tiempo en el que acumulemos debilidades que pueden ser de salud, económicas, habitacionales, relacionales, emocionales, que nos hagan más necesitadas de ciertos elementos de apoyo. La fragilidad, sin embargo, no es una característica exclusiva de la vejez y, por otra parte, esta realidad afecta a unas viejas, pero no a todas. Depende de numerosos factores, físicos y coyunturales. No es algo de lo que tengamos que avergonzarnos, como si no hubiésemos hecho las cosas suficientemente bien. A veces, reconocer los límites y pedir (o aceptar) ayuda es una muestra de humildad sabia.

La sociedad nos va dando pequeños avisos de que somos mayores —¿*nosotras?*— y nos habla de usted o nos cede el asiento en el metro o el autobús —¿*a mí?*—, atenciones que en lugar de aceptar encantadas —porque la verdad es que estamos tan cansadas de tantos siglos de ser *no-cuidadas* que nos merecemos esto y más— nos producen un respingo y nos repatean un poco. Por ello solemos responder con amabilidad, pero con una larga cambiada diciendo que en absoluto nos hace falta. Seguimos con la canción de siempre: *yo no soy vieja, las viejas son las demás.*

Siempre hemos sabido que somos vulnerables desde el nacimiento hasta la muerte. Es la conciencia de la vulnerabilidad la que nos da una dimensión trascendente y nos hace valorar todo lo que permite que la vida sea digna de ser vivida. Envejecer es una parte del trayecto hacia la fragilidad, para todo el mundo, pero de manera especial cuando coinciden diversas circunstancias, como ser mayor, ser mujer y ser pobre. Situaciones que, unidas a la mayor probabilidad de vivir solas, hacen que sea necesaria una alerta especial sobre la población de ancianas que reúnen algunas o todas estas características. Es cierto que hemos ido construyendo redes firmes que están ahí cuando surge la necesidad, pero no todo debe caer sobre la responsabilidad personal o la suerte de haber podido cimentar individualmente esa trama que funciona a modo de seguro amortiguador en momentos difíciles. Pedir ayuda, recibir ayuda, no son situaciones fáciles de definir y de llevar a cabo. Saber pedir apoyo requiere sabiduría y humildad y es también una forma de mantener el control sobre la propia vida. Las necesidades van cambiando con el paso de los años y llegará un momento en el que tendremos que gestionar el equilibrio entre autonomía y dependencia, coordinando de forma creativa nuestro propio cuidado y la espontaneidad de pedir ayuda cuando haga falta. A veces no la pedimos porque desconocemos los servicios de que podemos disfrutar. Si disponemos de información acerca de las asistencias públicas que pueden estar a nuestra disposición, podremos disponer de determinados apoyos —transporte adaptado, limpieza, recados, salidas culturales, salud y emergencias, mantenimiento de la casa—, algunos a cargo de los servicios sociales y otros que podemos sufragar nosotras, con el objetivo de vivir una vejez confortable y no más austera de lo necesario; en una sabia combinación de atenciones formales, informales y de autocuidado. Con la noble aspiración de ser agentes activas de nuestro propio bienestar hasta el final o al menos conservar nuestra autonomía mientras sea posible. Recibir el desvelo y la atención de parte de los demás y la sociedad es un acto de justicia y una responsabilidad de la comunidad.

Cuando pensamos en los cuidados solemos tener en la cabeza un modelo clásico en el que hay un sistema tradicional familiar que cuida —especialmente a través de la línea femenina— y no tenemos en cuenta que en estos tiempos la dinámica de las familias ha cambiado radicalmente, la diversidad familiar es casi una norma y la longevidad nos enfrenta con la necesidad de prestar cuidados de larga duración. Nos encontramos con nuevas familias que tienen hijos e hijas de diversas cosechas y otras sin descendencia, en las que los trabajos de cuidados adquieren una mayor complejidad. Conscientes de esta realidad, actualmente en algunas ciudades se han promovido acciones que tratan de mantener la vigilancia sobre las personas mayores vulnerables por razones diversas, pero en gran medida por la conjunción de edad y soledad. Me refiero a la soledad que no se ha elegido desde la libertad, a la no deseada, la que conlleva falta de contacto y comunicación asidua con alguien que, en caso de necesidad, puede convertirse en el detector de posibles problemas. Esa ausencia total de vínculos que nos horroriza cuando nos enteramos por los medios de comunicación de que han encontrado a una persona que llevaba meses muerta en su casa y nadie la había echado en falta. Este terrible hecho, que cada vez es más frecuente, ha alertado a algunas instancias sociales que han puesto en marcha iniciativas a través de las cuales tratan de identificar a personas que viven solas y que tienen poco contacto social y familiar, con el fin de mantenerse atentas a su dinámica vital. De esta manera, cualquier silencio sospechoso o cambio en la regularidad de la vida cotidiana será detectado con prontitud (Radars, en Barcelona, una de ellas). Otras personas han organizado algunas estrategias que permiten saber que la vida continúa; ejemplos como los que muestran en una película donde dos amigas ancianas que vivían una frente a la otra y cuya señal de que todo iba bien era ver la persiana subida por la mañana. El confinamiento de la covid-19 ha desdramatizado la vivencia en soledad y ha agudizado el ingenio comunicativo y solidario, mostrándonos que no es lo mismo vivir a solas que sentirse sola, como una cualidad del alma, a pesar de vivir en compañía.

La sociedad estipula tareas en función de la edad, y a las mujeres mayores nos reserva el papel de abuelas-cuidadoras, incluso aunque no tengamos niet@s. Cuando nos parece que por fin hemos llegado a la edad de la respetabilidad y la *auctoritas*, podemos comprobar que nuestra función cuidadora no ha terminado, que la demanda insaciable continúa. Es una asignación no escrita pero que *sabemos* que nos pertenece. De hecho, para algunas mujeres ser y comportarse como abuela resulta ser la única manera a su alcance de estar en el mundo e incluso la única deseada. Entre las diversas posibilidades han preferido mantenerse en el papel conocido de la entrega, sin atreverse a ensayar nuevos guiones vitales. Este sometimiento mantiene inamovibles las relaciones de género en la familia al reforzar su condición de trabajadora doméstica, espacio al que se reduce todo su interés. Una realidad un poco escalofriante que pone en evidencia el enorme socavón en que descansa el significado de la vida propia de muchas mujeres mayores en un momento en que por primera vez se han encontrado frente a la posibilidad de vivir por y para ellas mismas. Y, sin embargo, han renunciado a ello. Una lástima.

Este tema por sí mismo requeriría un tratado, aunque en este momento solo reivindicaré su carácter de opcionalidad, es decir, la libertad que podemos tener de ejercer o no como tales. Ser abuela y vincularse al cuidado de nietas y nietos no tiene por qué ser un mandato, una obligación más, pero a muchas personas les resulta imposible ni siquiera plantearse la posibilidad de negarse cuando un hij@ se lo pide. Llevamos el sacrificio en la masa de la sangre.

Cuando, en diciembre de 2020, en Nueva Zelanda, una abuela le dijo a su hija que tenía que pagarle las horas que dedicaba al cuidado del nieto, porque ella no era una guardería y tenía su propia vida que se veía obligada a modificar para atender a la criatura, se organizó un interesante debate a nivel internacional en el que la sociedad mostraba su asombro ante semejante demanda. Pudimos comprobar que una exigencia tan evidente y lógica se considera extraordinaria y digna de salir en la prensa. En nuestra sociedad supone un escándalo que una mujer exija una remuneración por el tiempo empleado en cuidar a un nieto o nieta. Es increíble la facilidad con la que caemos en un salto semántico según el cual ese tiempo de cuidado se transforma en tiempo de amor; por lo tanto, ya no es laboral, es amoroso, y, en consecuencia, gratuito. Una cadena perpetua.

Esta situación y otras muchas que se producen en la vida de las abuelas y abuelos de nuestro país muestran como si la vida hubiera cambiado radicalmente para la generación de las hijas e hijos, pero no para la de las abuelas que mantienen intactas las funciones ancestrales que ya encontrábamos en los cuentos cuando éramos pequeñas: abuela siempre disponible, bondadosa, sabia, sacrificada y, sobre todo, sin vida propia. Cuando una madre acepta cuidar sistemáticamente a las criaturas de su hij@ contribuye a que el mundo se pare y todo siga igual. Su trabajo voluntario y gratuito impide que se produzca una negociación en la pareja de su hij@ acerca de los tiempos de cuidado y el reparto de responsabilidades. Ahí perdemos una generación.

De todas maneras, en caso de que voluntaria u obligatoriamente decidamos ejercer de abuela, siempre nos queda la posibilidad de hacerlo disfrutando de ser la excepción a todas las normas, por eso somos la abuela. En muchos casos, somos la puerta de la libertad y la luz para las nietas.

Atrevimientos

→ Cuida a quien merezca tu desvelo.

→ Pide ayuda cuando te haga falta y sobre todo acéptala cuando te la ofrecen. Un eslabón más de la cadena de solidaridades en que nos hemos implicado durante tantos años.

→ Cuando necesites cuidados, no te hagas la remolona, en plan sí, pero no. Sé clara en las demandas. Facilita la tarea al personal.

→ Sé agradecida y amable con las personas que te atienden. Valora lo que recibes.

→ No consideres el cuidado que recibes como un cobro por lo que diste o hiciste en otros tiempos. Algo que ya voló y solo queda en la memoria emocional.

→ No te bajes de la acera para dejar pasar a los demás y otras condescendencias que hacemos casi sin darnos cuenta, de tan acostumbradas como estamos a ceder el espacio al resto del mundo. Ahora te toca a ti. Hazte respetar cuando vas por la calle y en otras situaciones públicas. Pon cara de póker.

→ Deja claro a tu hij@ cómo deseas ser cuidada cuando sea necesario. Qué asuntos te importan: que te corten las uñas, que te depilen el bigote o el entrecejo o cualquier otra manía personal. Yo, cuando visito a una amiga hospitalizada o enferma de larga duración, suelo llevarme unas pinzas de depilar y un cortaúñas y negocio con ella para quitarle pelillos rebeldes; le arreglo las manos y sobre todo los pies. Le llevo también un frasquito en espray de colonia, un apaño estupendo.

→ Abstente de dar consejos sobre lo que las demás deben hacer cuando están enfermas o cuando están cuidando a alguien. Sobre todo si, encima, conllevan más trabajo para la cuidadora. Menos palabritas y mayor eficacia: tú simplemente lleva ese caldito. Gracias.

→ Sí, sí, somos mayores y está bien que nos dejen sentarnos en el autobús. Acepta con gusto y agradecimiento que te cedan el paso, el asiento, que te pregunten si necesitas algo. Sin mostrarte ofendida ni exigente. Son formas de buen trato, de educación, de respeto, de dignidad. ¿No era esa la vejez que deseábamos?

→ Cuando empieces a sentir que la vida cotidiana se complica, antes de recurrir a la ayuda sistemática de tu prole, solicita la asistencia domiciliaria de tu ayuntamiento. Tienes derecho, seguirás siendo libre y no esclavizarás a la buena gente.

→ Si en algún momento te ofrecen, además, un robot doméstico como acompañante cotidiano, acéptalo sin dudar. Igual te resuelve pequeños asuntos y, si se pone pesado, siempre puedes desconectarlo. Muy cómodo.

→ De vez en cuando ejercer de viejecita no viene mal: deja que te echen una mano en algunas cosas que te suponen un esfuerzo grande, que te suban la maleta al inalcanzable maletero del tren, que te lleven a casa la pesada compra. Justa reciprocidad por el pasado.

→ Ha llegado el tiempo de que te asistan, pero no te hagas la minusválida más de lo imprescindible. Aunque, a veces, cuando parece que eres invisible, conviene.

→ Pon límites a las demandas de tus hijas e hijos, por muy acostumbrados que los tengas a tu servicio gratuito y eficaz. No es no.

→ Organiza con tus amigas una campaña bajo el eslogan: *Ninguna abuela sin sueldo*. A ver si entre todas cuestionamos la gratuidad del amor.

→ Deja ya de cocinar toda la semana preparando tápers para tus hij@s y niet@s. Con ello solo contribuyes a perpetuar tu rol de cuidadora y a que sean unos inútiles funcionales.

→ Recuerda: no tenemos tiempo para hacer lo que no queremos hacer.

→ Quédate al cuidado de tus niet@s únicamente cuando te parezca bien y te convenga. No asumas responsabilidades cotidianas: te encadenarás para los restos.

→ No sufras educando también a tus niet@s, malcríalos un poco si te apetece. Ya los meterán en cintura, esa no es tu tarea.

→ Juega con ellas y ellos, cuéntales la historia de tu familia, háblales sobre su madre o su padre cuando eran jóvenes.

→ Ofrece a tus niet@s libertad e imaginación para la vida.

→ Ayúdales a conseguir sus sueños, sus deseos. Somos la palanca del cambio real en la vida de las mujeres del futuro.

Viejas transmisoras y ligeras

«Hay que estar siempre reinventando la vida».

AGNÈS VARDA

La mayoría de las mujeres mayores carecemos de legado, entendido como un capital material para dejar en herencia, porque históricamente casi no hemos dispuesto de bienes económicos propios. Sin embargo, lo cierto es que hemos transmitido a las generaciones siguientes un capital de enorme valor en lo que se refiere a los trabajos reproductivos, de desarrollo y sostenimiento de la vida sobre el planeta. Sin proponérnoslo demasiado, solo con nuestra actitud de desvelo, hemos sido transmisoras de conocimientos y valores de inmensa calidad civilizatoria. Con nuestro hacer cotidiano transmitimos un patrimonio intangible que hace que la existencia valga la pena y proporciona a la vida elementos impagables. Somos seres confiables, respondemos diligentemente a las necesidades que detectamos a nuestro alrededor con el radar compasivo que nos proporciona la oxitocina;[1] hacemos las cosas bien, las terminamos sin dejar cabos sueltos de manera que resultan útiles y construyen bienestar alrededor. Lo hacemos sin pensarlo dos veces —porque así de elegantes somos—, sin contabilidad. Y, sobre todo, nos hacemos cargo de lo que la vida nos pone por delante. ¿Somos o no confiables? A través de nuestra existencia actual transferimos a las generaciones venideras un abanico de posibilidades de situarse en el mundo en la edad mayor, desvanecemos el imaginario de la viejecita de los libros de cuentos y

---

[1] Es una hormona que actúa también como neurotransmisor. Está implicada en comportamientos relacionados con la confianza, el altruismo, la generosidad, la formación de vínculos, los comportamientos de cuidado, la empatía o la compasión.

hacemos grande el mundo para otras mujeres de todas las edades que pueden afirmar sin despeinarse *yo vieja ¿y qué?* mientras transitan por los años sin demasiado temor. Cuando llegamos a la mediana edad, además, somos generativas, ofrecemos nuestro saber al mundo. La generatividad la entiendo como la capacidad de una persona mayor de devolver a la sociedad parte de lo que ha ido recibiendo a lo largo de los años; de traspasar, donar, facilitar sus saberes y competencias a las generaciones más jóvenes, de manera que puedan beneficiarse de ellos y avanzar. La generatividad, como decía Erikson,[2] es una necesidad, un impulso que hace que los seres humanos en la edad adulta mayor necesitemos ser necesitados por las personas más jóvenes, en una relación que es recíproca, de tal manera que esta solidaridad entre generaciones supone una fuente de reconocimiento mutuo que contribuye al bienestar de ambas partes. Es un ejercicio de crear genealogía, memoria y gratitud. La generatividad implica legar nuestro saber y ayudar a construir un mundo mejor, más justo, más sabio, más hermano. A través de ella creamos cadenas de ayuda sin vaciarnos, respetando y preservando nuestra integridad y nuestra vida progresivamente frágil. Cuando se crean cadenas de mujeres apoyando a otras mujeres a conseguir sus objetivos, sueños y deseos personales, se genera una poderosa fuerza para el cambio social. Ello contribuye a que las jóvenes descubran lo mejor de sí mismas y a su vez permite que las viejas nos sostengamos unas a otras en la actual travesía del Transiberiano.

La antropóloga Margaret Mead afirmaba que *la fuerza más creativa del mundo es la mujer con el vigor postmenopáusico*,[3] refiriéndose al estallido de energía que nos proporciona la menopausia, a partir de la cual podemos iniciar una etapa de activismo social, un periodo de mayor autenticidad e interrelación y, lo que más me gusta, un tiempo a partir del cual nos empleamos a fondo en trabajar como guardianas de la vida. Hasta entonces teníamos nuestras energías centradas en la construcción de nosotras mismas como profesionales y miembras de una trabajosa unidad familiar;

---

[2] Erikson, Erik H. (1963/1970). *Infancia y sociedad*. Buenos Aires: Paidós.
[3] Mead, Margaret. (1939/1990). *Adolescencia y cultura en Samoa*. Barcelona: Paidós.

ahora llegamos a un momento en que podemos desplazar nuestro vigor y ofrecerlo a la comunidad. En esta nueva dinámica de relación con los demás tenemos la oportunidad de ser mejores personas y recuperar la voz que perdimos antes de la adolescencia, a medida que nos fuimos adaptando a las restricciones de la feminidad y la heterosexualidad, en ese tiempo en el que preferimos perder la voz para mantener las relaciones, como argumentaba Carol Gilligan.[4] En esta restauración de la voz, una vez caído el velo de las hormonas, decimos, por fin, la verdad que durante tantos años hemos tratado de edulcorar[5] y, además, podemos recuperar la niña que fuimos antes.[6] Con esta voz verdadera somos el oráculo, aunque a veces a quienes nos rodean no les resulte agradable oír determinadas verdades a las que no estaban acostumbrados.

Estas consideraciones vienen al hilo de que a partir de un determinado momento en la vida casi todo entra en la categoría de lo superfluo, de lo prescindible, de lo que incluso puede llegar a molestarnos y nos invita a aligerar nuestro deambular por el mundo. Por suerte no vamos a llevarnos nada a la tumba, nos iremos machadianamente ligeras de equipaje. Por lo tanto, después de vivir sumergidas en esta sociedad consumista, frívola y desconsiderada con el planeta y las generaciones futuras, creemos necesario poner pie en pared, si queremos hacer del mundo un lugar más habitable de lo que lo encontramos. Ha llegado la hora de hacer más liviana nuestra existencia y deshacernos de pesados recuerdos y trastos. Ahora que deseamos vivir con moderación, elegimos el confort y la armonía, porque así entendemos que es, para nosotras, el buen envejecer.

Un envejecer altruista nos invita a un tiempo de desprendimiento, de quedarnos con lo que consideramos esencial, prescindiendo de cachivaches, recuerdos de dudoso gusto y otros objetos que se van poniendo peguntosos con el tiempo, exige poner en práctica una mirada aniquiladora hacia una buena parte de los

---

4 Gilligan, Carol (2002/2003). *El nacimiento del placer*. Barcelona: Paidós.
5 Lerner, Harriet G. (1993/1994). *La verdad y la mentira en la vida de las mujeres*. Barcelona: Urano.
6 Northrup, Christiane (2001/2002). *La sabiduría de la menopausia*. Barcelona: Urano.

objetos que nos han acompañado a lo largo de la vida y que ahora ocupan espacio y tiempo de limpieza. Claro que no es necesario tomarlo al pie de la letra, porque en el dilema entre lo necesario y lo superfluo, si eliminamos de nuestra vida todo lo que no es estrictamente imprescindible, podemos caer en una austeridad deprimente, a un tris de un ascetismo conventual, espartano. Para esto ha llegado a nuestras vidas Marie Kondo,[7] que propone que nos quedemos exclusivamente con lo que contribuye a nuestra felicidad.

Ahora podemos vivir más ascéticamente, con menos necesidades, probablemente con bastante menos dinero, con mayor ligereza, simplicidad, sencillez y naturalidad. Vivir con lo esencial, no solo material, sino anímicamente. Una existencia sin excesos ni despilfarros, en la que otorgamos valor a lo que realmente nos parece valioso para nuestra vida ahora. Me refiero a la levedad interior como posición en el mundo, no a privarnos de todo lo que nos permite disfrutar de una vida agradable y placentera. Una vez situadas en este proceso de aligeramiento, no es mala idea aprovecharlo para librarnos, despojarnos, de esas relaciones anquilosadas, desiguales, de compromiso, que nos hemos cansado de sostener, a las que les ha llegado la hora del adiós.

Puesto que todos los humanos vamos a irnos de este mundo, me parece que es ya el momento de mirar de frente esta realidad y aprovechar para hacer las paces con la muerte. Desde que nacimos fuimos conscientes de la finitud del tiempo, algo que nos permite otorgar valor y sentido a la vida, que nos invita a vivir el aquí y el ahora como lo único que realmente tenemos. Somos instantes. Es, pues, el momento de perdonar, de olvidar, de que nos perdonen. No podemos dejar para más adelante la resolución de viejos conflictos y rencillas con personas significativas en nuestra vida, no vaya a ser que llegue un día en que por cualquier razón irreversible ya no sea posible arreglar las cosas y nos quede en el corazón un arrepentimiento incrustado. En la otra cara de la moneda, es ahora cuando podemos agradecer las bondades recibidas, especialmente cuando entramos en un tiempo en el que la rememoración

---

[7] Kondo, Marie (2015). *La magia del orden: herramientas para ordenar tu casa y tu vida*. Madrid: Aguilar.

es fundamental y tenemos la oportunidad de centrarnos en todo lo bueno que merece nuestra gratitud. Agradecimiento y compasión que nos alejan de la desesperación y la amargura, que son un mal plan para el final de una vida.

También es ahora el tiempo de tomar decisiones correctas, de manera que nos vayamos en paz y sobre todo que los inevitables conflictos que se producirán si tenemos cuatro chavos para repartir puedan minimizarse al máximo. La claridad es fundamental, aunque esta nunca haya sido nuestra mayor virtud —hemos vivido creyendo que las cosas de las que no se habla no existen, o si existen es de mal gusto plantearlas abiertamente—. Cada cual tiene su teoría, por supuesto, pero dejar los papeles arreglados en la notaría y designar el reparto de recuerdos y objetos de más o menos valor puede evitar disputas y favorecer las relaciones cuando ya no estés. Es ahora el momento de hacerlo, también si no tienes descendencia: no te puedes imaginar la cantidad de sobrinos amables que tienes en cartera.

Además, conviene que dejes hecho el testamento vital en el que especifiques tus voluntades respecto a la etapa final de tu vida, porque, si no lo haces, de los lugares más insospechados surgirá gente que opinará y tratará de decidir acerca de tus últimos tiempos; seres que desconocen por completo quién eres y de qué pie cojeas y que no forzosamente tomarán las mejores decisiones, de acuerdo con tus deseos.

En este documento, o en cualquier otro que quede en posesión de una persona de confianza, deberemos especificar por escrito y punto por punto todo aquello que deseamos que constituya nuestro último tiempo en este mundo, en cuanto al día a día, al cuidado y, sobre todo, a la toma de decisiones, cuando ya no podamos hacerlo. La costumbre y la ley asignan esta tarea a las personas con las que se tienen vínculos familiares; sin embargo, puede darse el caso de que deseemos la complicidad y el cuidado de otra persona en la que confiamos plenamente, aunque no forme parte del núcleo familiar. Sobre todo en estos tiempos en los que se han producido importantes cambios en la configuración de las familias y en las relaciones y, por lo tanto, los rituales clásicos de despedida probablemente no se ajusten a nuestras necesidades y deseos.

Todo esto puede parecer innecesario o utópico. Sin embargo, lo cierto es que evitará importantes conflictos, en la medida en que algunas de estas voluntades propias quizás no coincidan con las de la familia. Para hacerlo con sabiduría y justicia me parece necesario dedicarle un tiempo de reflexión y búsqueda de información, de manera que vayamos teniendo claro cómo queremos ser cuidadas y dejemos atados todos los cabos posibles acerca del final del trayecto.

La vida ha cambiado, las relaciones son de otro carácter, vivimos muchos años y nuestra descendencia tiene sus propias ideas y creencias que no tienen por qué coincidir con las nuestras. Por lo tanto, no tenemos más remedio que dejar las cosas organizadas, haciendo partícipes de nuestra voluntad a las personas cercanas en cuanto a los detalles que garantizarán nuestro confort en este tramo de la vida, camino del gran viaje. Entre ellos se incluyen nuestras preferencias en diversos asuntos como el manejo del dolor, la recepción de cuidados paliativos, la muerte asistida, la eutanasia, la despedida —religiosa, laica; íntima, social—. ¿Queremos recibir cuidados paliativos en casa, en el hospital?, ¿queremos que nos cuide tal persona y que tal otra se mantenga a una prudente distancia?, ¿queremos tanatorio, queremos flores y desperdicio ecológico, o preferimos austeridad?, ¿qué tipo de música, de ritual, de ceremonia?

En todas y cada una de las posibles situaciones, exigimos que hasta el último respiro se respeten nuestros deseos y necesidades, se preserve nuestra dignidad en los cuidados más íntimos, se tengan en cuenta los aspectos culturales que nos han constituido a lo largo de la vida, nuestras creencias, nuestra voluntad, por encima de cualquier otra consideración social, religiosa y familiar que no se incluya en nuestro marco de pensamiento.

Todas hemos visto cómo se llevan a cabo determinadas despedidas, donde lo que menos cuenta, parece ser, es la idiosincrasia de la persona a la que estamos despidiendo; conviene tener claramente definido cómo deseamos que sea el desarrollo y la ecología del proceso una vez que hayamos muerto. Sobre todo en una sociedad como la nuestra en la que todo lo que viene a continuación del último suspiro está mercantilizado y tomado por asalto por la industria mortuoria, que se beneficia del estado de aletargamiento, cansancio, estrés y tristeza de unos familiares que se encuentran en un momento crítico y no tienen mucho ánimo para tomar decisiones y elegir entre un ataúd lleno de volutas y pinturas tóxicas (carísimo) o uno de madera de pino, sin pintar, que nos acogerá con el olor de la madera fresca. Al deseo de tener una buena vida le corresponde el de disponer de una buena muerte, sin estridencias. Necesitamos crear un nuevo ritual acerca de la muerte, ahora que las cosas han cambiado tanto y el programa tradicional no nos convence. Una importante y urgente asignatura pendiente es la definición de nuevos ritos funerarios que respeten nuestros valores. ¿Cómo es posible que hayamos vivido con una conciencia ecológica y nuestra despedida sea una traca de consumo de flores y contaminación gracias a unos ataúdes repletos de pinturas, volutas, metales y perifollos?

No esperes que *alguien proveerá*, organízalo todo hasta el último detalle. Misas e incineraciones incluidas. Te llevarás menos sorpresas desde el otro mundo.

Trucos

→ Facilita tu información y conocimiento a las jóvenes que te soliciten opinión, ayuda, consejo, con la firme resolución de devolver aquello que la vida te ha dado. Sé generosa en este tiempo.

→ Traspasa la parte de tu biblioteca que ya no vas a utilizar y solo amontona polvo y ocupa espacio. Comparte tus archivos de todo tipo que puedan ser de utilidad a las nuevas generaciones.

→ Despréndete de trastos viejos acumulados, aligera tu vida. Rodéate de cosas bonitas. Tira todo lo que no te gusta. Lo que has ido juntando a lo largo de los años. Lo que te regalaron y no sabes dónde colocar, lo que simplemente no significa nada para ti, lo que ni siquiera recuerdas quién te lo dio. Tíralo sin piedad.

→ Utiliza todo eso que tienes guardado, todo lo que te gusta y conservas *por si*. Ha llegado el momento de usarlo todo, todo. A no ser que quieras que quienes vengan detrás lo tiren directamente. Sería una pena.

→ Libérate de todos y cada uno de los asuntos que no te pertenecen y ocupan un espacio en tu mente. Suelta, suelta, suelta.

→ Gasta tu dinero (viaja, dona, date gustos, sé generosa). Ha llegado la hora. Es tuyo, no de tu descendencia ni de la sobrinez. No admitas interferencias.

→ Planifica tu despedida. Haz testamento (favorece a quien te dé la gana), deja también claras tus voluntades en términos de cuidados para cuando alguien tenga que tomar decisiones importantes por ti.

→ Considera la línea femenina para preservar tu legado. De madres a hijas y nietas y, si no hay hijas, a las hijas de los hijos. Y por qué no a alguna mujer/amiga que te llevará en su corazón y no lo venderá a la primera de cambio.

→ Escribe un texto que sirva a las personas que te importan como legado para ser recordada.

→ En cuanto a la ceremonia de partida se refiere, procura dejar claros tus deseos y creencias, si no quieres estar expuesta a recibir bendiciones de cualquier tipo. Tú verás.

Ciudadanas, activistas y culturetas

«Cuando envejeció fue porque dejó de tener aficiones».

Elvira Lindo

La curiosidad es el elixir que nos permite envejecer con pasión, mantener el interés por seguir en el mundo, por conocer, hacernos las preguntas pertinentes para comprender la complejidad que ofrece la vida y desarrollar la creatividad —la modernidad es un lugar en la mente—. Frente a la trampa de vivir la vejez como un tiempo de aparcamiento, ese motor mental nos invita a dejar atrás el recelo ante lo desconocido, a superar el miedo al fracaso y a sustraernos a la tentación de apartarnos de cualquier empeño, porque *ya soy mayor y esto no es para mí.*

En la vejez podemos sentir la alegría que proporcionan los nuevos descubrimientos posibles, nos gusta albergar dentro de nosotras el gusanillo de la curiosidad, que es la madre del deseo de inmersión cultural, social, intelectual, política y ciudadana, el motor interior que en la edad mayor proporciona ganas de vivir, conocer y participar. Gracias a ella nos mantenemos al día, adquirimos nuevos saberes, tenemos conversación, compartimos dudas, certezas y hallazgos con otras gentes, ponemos en marcha la imaginación y la creatividad. Las mujeres mayores somos las depositarias universales de esa cualidad, somos la audiencia silenciosa, fiel e interesada, de la mayoría de las actividades culturales. Asistimos a conferencias, vamos al cine y al teatro, estamos al tanto de los conciertos, de las actividades lúdicas que organiza el ayuntamiento, de las movidas del barrio en que vivimos y somos también la clientela más numerosa de las universidades de mayores. Muchas de estas actividades no requieren gasto económico y, además, nos facilitan iniciar una nueva vida social con personas que hasta ahora nos pasaban desapercibidas. Somos del equipo de *las incontables*, de la gente que participa de las incontables cosas que sostienen la vida de una ciudad, como dice Marilynne Robinson.[1] Sin desfallecer.

Al disponer ahora de más tiempo para nuestros afanes podemos enredarnos en proyectos que nos satisfacen y motivan, que nos sirven para seguir teniendo abierta la compuerta del saber (no estar repelentemente de vuelta de todo) y mantener vivo el interés por estar al día, por participar en la cultura y en proyectos de ciudadanía, tratando de comprender las nuevas formas de vida que se van construyendo a nuestro alrededor. El dominio de las diferentes tecnologías, a las que unas han llegado por los pelos y otras con rapidez y excelencia, nos permite mantenernos en el mundo y seguir implicadas en él. Sumamos mucha inteligencia teórica y sobre todo práctica.

A nuestro alrededor ocurren cosas: mantenernos informadas y al día nos convierte en viejas con temática propia y opinión, en personas que tienen mundo. Porque tener tiempo y no tener mundo nos transforma en seres sin interés, clientas de la cultura insulsa, donde se entretiene a los mayores presuponiendo que ya no quieren ni pueden aprender. Relacionarnos, participar de las oportunidades culturales, sociales y cívicas de nuestro entorno nos permite hacer grande el universo, ahora que la vida se va estrechando progresivamente a nuestro alrededor, a poco que nos despistemos. Es una tarea que requiere la firme resolución de mantenerse ahí, dado que la sociedad, al desentenderse de la población mayor —porque la considera poco interesante[2]—, no le ofrece programas que promuevan y mantengan su deseo de aprendizaje y conocimiento.

Desde las diferentes organizaciones para l@s viej@s suelen diseñarse actividades de aborregamiento que no contribuyen a que sientan que forman parte del gran proyecto de la vida, porque

---

[1] Robinson, Marilynne (2018/2020). *¿Qué hacemos aquí?* Barcelona: Galaxia Gutenberg.

[2] En la crisis económica de 2008 entonces sí que l@s viej@s parecieron interesantes, cuando tantas familias sobrevivieron gracias a sus pensiones, cuidados y cocidos.

están pensadas sin amor, para matar el poco tiempo que queda por delante. Al dar por sentado que l@s viej@s han perdido la capacidad y el interés por crecer y aprender se les priva del estímulo del pensamiento. No se les brindan oportunidades de formación, ni se les invita a vencer la autoexclusión a la que tiende la gente mayor, presuponiendo que carece de una cultura básica que le permita nuevos aprendizajes. Por otra parte, la agenda política de las instituciones no incluye la voluntad de recuperar y beneficiarse del capital social e intelectual que aporta la gran cantidad de gente jubilada hoy, que acumula conocimientos y experiencias de alto valor. Ignora los saberes que atesora esta colectividad de gente disponible, que puede proporcionar importantes servicios en beneficio del bien común, promoviendo la acción colectiva a favor del cambio social. No, el pensamiento político es demasiado plano.

El objetivo vital de las viejales no es vivir sin hacer nada, sentadas en una butaca, mirando la televisión o al infinito. Quizás algunas personas puedan creer que este es el súmmum de la felicidad y organizan la vida de las viejas de modo que cuando se levantan por la mañana lo tienen todo hecho y no se les ofrece nada en lo que puedan afanarse. Qué horror, eso sí que es morir en vida. Una buena parte de la gente mayor desea sentirse productiva: cocinando, haciendo jardinería, relacionándose, cuidando de una mascota, colaborando en la organización del día a día del lugar donde vive, participando en la gestión de los cuidados, especialmente de los que les atañen individualmente.

Dándole vueltas al tema de la participación, es evidente que necesitamos también disponer de redes y servicios sociales vecinales o municipales que faciliten la asistencia a determinadas actividades culturales y lúdicas a las personas mayores que por diversas razones tienen dificultades para ello; sea por problemas de movilidad, por falta de compañía para llevar a cabo una actividad o por cualquier otra razón. En algunos casos este acompañamiento realizado solidariamente entre amigas puede estrechar el vínculo existente y ofrecernos la satisfacción de contribuir a mejorar la vida a nuestras compañeras. Un intercambio relevante y generador de bienestar mutuo. También puede ser una oportunidad de relación intergeneracional, no forzosamente construida con las nietas y nietos propios, sino con otra gente joven que con ello tiene la oportunidad de descubrir los saberes y el sorprendente pasado de personas a las que hasta el momento ni siquiera veían. De hecho, existen algunos programas tanto en universidades como en ayuntamientos que facilitan el intercambio de alojamiento por algunos cuidados y acompañamiento, de manera que estudiantes o gente que necesita una vivienda temporal ofrecen parte de su tiempo libre a la dueña del piso. De esta manera, ambas partes disfrutan de una fructífera comunidad de bienes e intereses.

Los grupos de autoconciencia feminista de los años sesenta del siglo pasado supusieron una enorme herramienta para el cambio, despertaron nuestra convicción individual y grupal acerca de la necesidad de los derechos humanos de los que carecíamos las mujeres y nos llevaron a unirnos en la querella colectiva para su consecución, con los consiguientes enfrentamientos en diferentes ámbitos (familia, trabajo, sociedad). Todo ello lo afrontamos con la conciencia de la fuerza común y la sororidad —por aquel entonces desconocíamos tal palabra— que nos permitió sobrevivir a la furia del poder establecido y conseguir uno tras otro los espacios de libertad que reclamábamos como propios. Gracias a la acción de todas juntas y la unión en los objetivos a conseguir, muchas de las mujeres que hoy somos mayores hemos sido promotoras de un gran número de asuntos de radical importancia en la vida privada y pública de la población femenina que hoy disfruta de esos derechos. Fue un largo camino.

Efectivamente, hemos recorrido un trayecto prolongado para llegar hasta aquí durante el cual hemos promovido casi todo lo que hoy se considera algo natural e inherente a la sociedad, tanto que parece que siempre haya estado ahí. Nosotras, las veteranas, hemos sido las precursoras de un buen número de leyes que nos han permitido tener el control de nuestra vida, nuestro cuerpo y nuestra erótica. Hemos argumentado y defendido en las calles y en los tribunales la anticoncepción, el divorcio, el aborto, las leyes de igualdad, la libertad sexual y la vida en tecnicolor de las mujeres. Lo hemos conseguido a base de resistir con esperanza y con una enorme dosis de ilusión y perseverancia, implicándonos año tras año en numerosos asuntos, metiéndonos en todos los charcos. A nosotras nadie nos puede quitar el orgullo de haber sido pioneras en la mayoría de los derechos, espacios y pensamientos de los que ahora gozamos las mujeres y que, aunque algunas no lo imaginen, antes no existían: cuando teníamos que ir a abortar a Londres; cuando había que pedir permiso al marido para comprar un coche a plazos o para abrir una cuenta en el banco; cuando no podíamos divorciarnos del maléfico de turno; cuando todo estaba prohibido para las mujeres *decentes*.

En diferentes momentos de nuestras vidas, las mujeres que hoy somos mayores nos hemos movilizado contra todo lo que nos ha parecido que requería un cambio. Cada vez que ha sido necesario, hemos atendido el grito, el dolor, la urgencia; hemos dado un paso al frente, mostrando insistentemente la firme resolución de conseguir aquello que nos ha parecido justo y necesario, luchando por un mundo más igualitario, más compasivo y, desde luego, más sostenible.

Si supiéramos reconocer nuestra trayectoria como pioneras de tantas cosas, nuestra autoestima personal y el respeto por nuestra historia colectiva se verían altamente reforzados y a la vez dispondríamos del reconocimiento social que tal recorrido merece. La memoria es floja, por eso podría ser interesante tratar de mantener vivo el recuerdo, hablar de todo ello, poner en común fracasos, logros y experiencias y entre todas reconstruir esta historia silenciada. Una comunicación necesaria que evocará lágrimas, pero también risas y orgullo, recordando las astucias y estrategias puestas en práctica que servirán para que las jóvenes generaciones tengan un sentimiento de pertenencia y genealogía.

El arte de la reivindicación se nos da bien, lo llevamos en la sangre. Así que ahora que todo parece hecho podemos mantener nuestro compromiso cívico y participar en los movimientos ciudadanos que tratan de conseguir para las viejas los derechos y libertades que nos secuestran todos los días; formar parte de asociaciones que velan por el espacio y la vida de las personas mayores, donde aprendemos a vernos con dignidad y respeto. ¿Y qué me dices del planeta agostado que vamos a dejar a nuestr@s niet@s? Este sí que es un tema en el que podemos hacernos cómplices de las luchas que las generaciones jóvenes están poniendo en marcha y activar nuestra conciencia ecológica y feminista poniendo en juego nuestros saberes de antaño y transmitiéndoselos.

Cuando las mujeres unimos nuestras fuerzas por una causa común nos convertimos en una imparable locomotora del cambio social.

Propuestas

→ Mantén el interés y la curiosidad por lo que te rodea, por lo que ocurre en el mundo. No dejes de motivarte por lo nuevo, lo diferente, lo que desconoces, lo que tienes tendencia a rechazar. Igual cuando lo conozcas te aporta mucha felicidad.

→ Lee, ve al cine, al teatro, a conferencias, a exposiciones, conciertos.

→ Procura no pertenecer a la peña de las asistentes imposibles: las que cuchichean con su acompañante, se levantan a mitad de la conferencia, generan ruidos diversos u olvidan poner en silencio el teléfono.

→ Saca libros, discos y películas de la biblioteca.

→ Haz crucigramas, sudokus y juegos que agudicen tu ingenio; juegos de ordenador.

→ Apúntate a un club de lectura, de cine, de horticultura y comparte con tus compañer@s tus ideas y emociones al respecto.

→ Aprende, no dejes que te entretengan perdiendo el tiempo con chorradas.

→ Pon tu foco de interés en asuntos culturales, sociales, vecinales, comunitarios, de manera que se amplíe tu mundo. Opina. Comparte tus saberes.

→ Forma parte de la comunidad con interés y perseverancia (incluidos los días de reunión en que tienes la tentación de no ir porque sabes que te van a endosar un nieto y quieres estar disponible).

→ Milita, participa en asambleas, manifestaciones, acciones colectivas. Contribuye a alguna causa. Sé solidaria. Ejerce el voluntariado que te apetezca, sin apreturas[3].

→ Ocupa la ciudad. Sé una ciudadana de cabo a rabo. Ejerce tus derechos y trabaja por ellos.

→ El trecho que tenemos por delante es limitado: adminístralo con sabiduría y un poco de egoísmo.

→ Menos rezar y más contribuir a transformar.

---

[3] Sin embargo, la organización del voluntariado en nuestro país está muy poco desarrollada. Con frecuencia, personas con tiempo libre, cuerpos medianamente sanos y ganas de contribuir no saben dónde dirigir su energía colaborativa. Debería haber un servicio donde obtener información acerca del abanico de proyectos en marcha y, a partir de ahí, poder elegir el que se ajuste mejor a sus intereses y disponibilidad.

Viejas zen

«Si no estás furiosa es que no estás mirando con atención».

En Twitter

Montadas desde el principio de los tiempos en la moto de la actividad y el servicio público vamos acumulando dentro de nuestro cuerpo una sensación de agotamiento a la que no vemos la forma y el momento de hacer frente. Nos parece que este es el estado normal, dado que nuestras amigas están en una situación parecida. Llevamos tantos años alejadas de nosotras mismas que vivimos a golpe de Orfidal y de sentimientos de culpa, de no llegar, de no conseguir. Este *malestar que no tiene nombre,* como lo definió en su día Betty Friedan,[1] nos lleva a culpabilizarnos preguntándonos cómo podemos sentirnos mal si aparentemente *lo tenemos todo.* En realidad, ese desasosiego nos está advirtiendo de que las apariencias engañan, de que no disponemos de lo más necesario para sentir paz dentro de nosotras, para percibir que vivimos una vida con sentido, con tiempo propio para nuestras necesidades, para poner orden dentro y fuera.

No hay calma en nuestro interior. Envueltas en un caos interno y externo, durante muchos años hemos sentido crecer dentro de nosotras un sentimiento furioso, un desasosiego agotador. Algo que en determinados momentos surge de dentro y que hemos intentado acallar una y otra vez, por aquello del buen rollo y de la paz familiar en pos de la cual nos inmolamos. Nos asusta la rabia y la ira que sentimos, dada la mala fama que tienen en nuestra sociedad las mujeres que la muestran (una forma más de control patriarcal, para que seamos buenas). Sin embargo, no

---

[1] Friedan, Betty (1963/2009). *La mística de la feminidad.* Madrid: Cátedra.

deberíamos temerla, no es más que una alarma que actúa advirtiéndonos de que estamos inmersas en una situación de injusticia, de abuso, de la que necesitamos salir; que hasta aquí hemos llegado y no podemos seguir más, porque nuestras voluntariosas buenas maneras de conciliación y negociación no son suficientes para que se produzca un cambio real.

La expresión de la ira es sanadora, evita que caigamos en la depresión, en la indefensión aprendida, en la desesperanza de creer que no podemos hacer nada para cambiar lo que nos ocurre. Por lo tanto, la rabia que experimentamos es en realidad una respuesta moral, imprescindible, ante la expulsión que sufrimos de la participación de pleno derecho de la vida social, una alerta que impide que las injusticias se perpetúen. Pero no es fácil encauzarla, porque por dentro sentimos un dilema entre nuestra tendencia a evitar los conflictos y buscar la concordia en las relaciones y, por otra parte, la convicción de estar viviendo sumergidas en una situación de agravio y maltrato que a estas alturas no queremos dejar pasar. No se trata de la furia del ego frustrado, sino de que algo en lo más profundo de nuestro ser nos avisa de que hemos llegado al final. Audre Lorde la reivindica como necesaria para transformar la realidad: *Toda mujer posee un nutrido arsenal de ira potencialmente útil en la lucha contra la opresión, personal e institucional, que está en la raíz de esa ira. Bien canalizada, la ira puede convertirse en una poderosa fuente de energía al servicio del progreso y del cambio. Y cuando hablo de cambio no me refiero al simple cambio de posición ni a la relajación pasajera de las tensiones, ni tampoco a la capacidad para sonreír o sentirse bien. Me refiero a la modificación profunda y radical de los supuestos en que se basa nuestra vida.*[2] ¿Nos queda claro?

Envejecer nos ofrece la posibilidad de mirar hacia adentro y crecer, de conocernos mejor y desvelar las trampas en las que hemos ido cayendo a lo largo de esa vida de seres amables que hemos llevado. Es una enorme oportunidad para aceptar las transiciones que nos han asaltado de forma inesperada con tanto dolor. Un tiempo de reflexión, de introspección, de meditación. Un espacio

---

[2] Lorde, Audre (1984/2003). *La hermana, la extranjera*. Madrid: horas y HORAS.

para el silencio, la quietud y la toma de decisiones. La edad mayor es un momento clave para hacer balance de la vida que hemos vivido, para poder deshacer los nudos que nos han ido oprimiendo, para echar fuera de nuestra cotidianeidad las relaciones tóxicas; para identificar y reconocer nuestras capacidades y limitaciones y en función de todo ello ajustar nuestra vida para poder habitarla. Hemos vivido experiencias, algunas profundamente aflictivas, que han anidado en nuestra cabeza y que vuelven y vuelven en una espiral de dolor. No podemos olvidarlas, pero necesitamos poner en marcha algunos mecanismos que nos ayuden a ahuyentarlas, aunque sea momentáneamente, buscando un camino de paz y alejamiento del recuerdo latente.

Vamos incorporando a nuestra vida valores como la sencillez, la lentitud, la paciencia, la simplicidad voluntaria, la reconciliación con nosotras mismas a partir del desprendimiento de tantas urgencias que nos han alienado. En un a modo de vida zen sin doctrina, buscamos el encuentro con nuestro ser sensible y ponemos un punto de relatividad a nuestra vida, que se traduce en cierta dosis de sosiego. Somos menos dramáticas. En este camino nos puede resultar útil disponer de algunos libros cuya lectura nos invita a vivir con una actitud centrada en el aquí y ahora, haciendo a nuestro ritmo lo que consideramos necesario o sanador, dando pequeños pasos que nos acerquen a nosotras mismas, después de haber subsistido tantos y tantos años alejadas de nuestros deseos y necesidades. Es cierto que hay bastante literatura basura por ahí, pero podemos encontrar textos muy interesantes, aparentemente sencillos, pero profundos y certeros, que son de enorme inspiración en el difícil proceso del reencuentro interior. Escritos que nos orientan hacia la simplicidad, la quietud, la armonía, la resistencia íntima, que evitan que nos enredemos en la tristeza y la grisura de vivir una vida de servicio, sumisión y alienación que nos impide disfrutar nuestra realidad en paz.

También podemos paladear el placer de estar a solas con nosotras mismas, de llevar a cabo determinadas actividades que realizamos en gran medida en solitario, como dedicarnos a la jardinería, escuchar música, ver películas, leer, cocinar, además de la meditación, el silencio, la oración —para quienes lo deseen—, el yoga, el taichí y otras estrategias que pueden funcionar como herramientas de pacificación interior y que vienen a llenar nuestro deseo natural de algo que nos trascienda. Cualquier cosa que nos ofrezca una mejora en la calidad de vida, gracias a la reducción del estrés y a la obtención de un cierto sentimiento de paz y tranquilidad interior que nos permita vivir en el presente, sin corretear ansiosamente.

En medio de tanta trascendencia somos ya bastante sabias. Ahora disponemos de más claves para comprender cómo funciona el mundo. La experiencia vital nos permite analizar los problemas desde más ángulos, idear soluciones nuevas y creativas. Tenemos más conocimiento acumulado, valoramos la diversidad de puntos de vista y somos más flexibles. Con el tiempo vamos disponiendo de una gama más amplia de recursos emocionales que ponemos a disposición de la negociación y la mediación ante conflictos que en otros momentos hubiéramos considerado insuperables. Hemos vivido muchas vidas y acumulamos contactos y relaciones, vínculos insospechados, alianzas que se cimentan en los tiempos de nuestra juventud y ahí permanecen. Sabemos cooperar con otras personas con el fin de conseguir objetivos comunes. Frente a la impaciencia de otros tiempos, ahora somos más pacientes y tratamos de mirar con calma lo que nos sobreviene.

A pesar de todo, a veces solo conseguimos ver el paisaje pesimista de la vejez y no encontramos en él ninguna fisura de luz; nos resulta imposible vivir en el presente sin estar anticipando y temiendo el futuro. Es cierto, tenemos motivos más que sobrados para ver la parte oscura, para estar enfadadas, pero también es cierto que bien mirado casi todo tiene otra zona menos mala que conviene no ignorar. Algo ahí dentro nos dice que una actitud menos negativa, aunque no mejora el desastre, nos puede permitir convivir con él con la menor dosis de amargura posible; lo cual no significa que no seamos conscientes de su magnitud.

En esta edad, que podríamos llamar del desenfado, de entre los nuevos aprendizajes se lleva la palma terapéutica el descubrimiento y reivindicación del humor como un artilugio de máxima efectividad, tanto para evitar indignarnos como para identificar la faceta ridícula de algunas situaciones. El ingenio tiene muchos aspectos interesantes en términos de salud física y emocional, siendo un elemento crucial para el espíritu. La risa y la broma tienen enormes beneficios físicos —oxigenan la sangre, activan y relajan la musculatura, disminuyen el estrés— y también emocionales y relacionales: alivian las tensiones sociales, contribuyen a la tranquilidad mental, dispersan el aburrimiento y la fatiga. En la vejez el humor es una fortaleza y resulta un instrumento básico que nos permite situarnos por encima de las afrentas edadistas y sexistas que recibimos; de manera que en lugar de tirarnos al cuello, como a veces desearíamos, relativizamos, desdramatizamos, echamos una dosis de suavizante y tenemos una respuesta ágil y ocurrente. Utilizamos nuestro ingenio y humor como un lubricante social que nos permite conectar con las demás personas, participar, entretener e incluso acercarnos a otras generaciones. A menudo, nos sirve para comentar jocosamente cualquier asunto que nos preocupa, bromear sobre alguna fragilidad o vulnerabilidad a la que nos acercamos con una chispa cómplice y descarada. Disimulando.

La risa es un arte que las mujeres mayores practicamos con sabiduría, para gran desconcierto de la sociedad, que nos prefiere silenciosas y tirando a tristes. Las viejas nos reímos de nosotras, de los demás y del mundo. Con las gafas de la sapiencia bien graduadas, entre todas vamos aprendiendo a identificar las diversas y numerosas situaciones grotescas con que nos encontramos en el día a día y no nos callamos. El humor en comunidad es saludable y contagioso. Nos salva a todas.

Componendas

→ Aprende a no hacer nada, sin sufrir por ello.
→ Desactiva el modo multitarea. Una cosa después de la otra.
→ Evita el estrés. Rehúye todo aquello que te presiona, te inquieta, te acelera.
→ Somos las campeonas del consumo de ansiolíticos y antidepresivos; sin embargo, no llevamos el desasosiego en el ADN sino en la vida cotidiana. Revísala. Echa responsabilidades fuera.

- → Incorpora el pensamiento *slow*: trata de hacerlo todo más despacio; se disfruta más y se hace mejor.
- → Escucha tu cuerpo y tu mente (quiérete, cuídate, tómate en serio). Presta atención a tus deseos pendientes y también a lo que te apena.
- → Identifica los nudos del malestar y enfréntalos. Habla, nombra, di.
- → Trata de no pensar en aquellas cosas, hechos, personas, sucesos pasados que te devuelven al punto cero. Date la orden de cambiar de pensamiento —haz la lista de la compra, ponte a ver una serie—.
- → Busca la paz interior y la armonía exterior. La calma es una buena compañía.
- → Aprecia las pequeñas cosas.
- → Vive el momento, disfruta del placer de estar únicamente en lo que estás.
- → Aprende a respirar hondo, desde la barriga. Haz relajación, meditación, yoga, taichí, regálate unos días de balneario o que te lleve el Imserso.
- → Cuida tus plantas, observa cómo crecen y brotan. Disfruta de las flores que te gustan y acompañan tu silencio. Date paseos por el bosque, el campo, el parque.
- → Cuando la situación sea inevitable *ponte zen,* aprende a estar sin estar (todo tiene un fin).
- → La espiritualidad, la trascendencia —no forzosamente religiosa— puede ser una interesante estrategia de afrontamiento.
- → Sonríe. Ríete. Busca la cara divertida y ridícula del día a día. Compártela con tus amigas, os reiréis doblemente.
- → Toma con humor, mucho humor, lo que diariamente te sorprenderá o te asaltará.
- → Ríete de todo lo ridículo y absurdo que te rodea: la risa es un elemento antiestrés fenomenal.
- → Pero no seas una vieja siempre risueña, como pidiendo perdón por existir, anhelando no molestar o tratando de resultar agradable. Deja de sonreír por amabilidad o inercia. Ya no somos esa audiencia amable y agotada.

Viejas tremendas

«Fuisteis salvajes. No dejéis que ahora os domen».

Isadora Duncan

Nosotras, las viejas de hoy, hemos recorrido muchos caminos, algunos de los cuales nunca pensamos que seríamos capaces de traspasar, dado que detrás de la espesa niebla en la que habitábamos no se veía nada de nada. Hemos vivido inmersas en una cultura que ha intentado por todos los medios que fuésemos unas viejecitas amables y sonrientes, encantadoras, que pasan por alto todas y cada una de las inequidades y desconsideraciones recibidas, como si no ocurrieran o, lo que es peor, como si sumergidas en nuestra supuesta inocencia senil no nos diéramos cuenta. Pero, mira por dónde, hemos decidido dejar de participar en este juego humillante para empezar a mostrarnos como viejas veraces. Mujeres que ya no nos callamos y ahora, cuando la ocasión lo requiere, opinamos, reclamamos, exigimos, puntualizamos, con educación, pero con ironía, ingenio, extravagancia y humor. Afortunadamente la edad es creativa y nos permite una enorme libertad que hemos ejercido a lo largo de los años, en los que nos hemos reinventado continuamente, diseñado y puesto en práctica nuevos papeles sociales, nuevas formas de ser veterana, de ser suegra,[1] madre, hermana,

---

[1] Lanzo el guante para una necesaria reflexión y reivindicación feminista sobre nuestro derecho a «ser una suegra» con vida propia. Una reflexión acerca de la perversidad del sentimiento de posesión como madre o como esposa y también una reivindicación sobre la libertad de proteger a la nuera del descuido y la pereza del hijo propio —que no es tan perfecto como creemos—. Amén del disfrute de poder vivir sin estar disponible para nadie, dejando que se lo monten como quieran y se estrellen con libertad, si este es su deseo. E incluso el privilegio de ejercer de suegra magnífica sin necesidad de serlo legalmente.

Por otra parte, uno de los grandes logros del patriarcado ha sido y es mantener la idea de que las mujeres rivalizamos unas con otras, sí o sí. Pobrecitos, aún creen

vecina, amiga. Además, nos hemos mantenido pedaleando, incansables, cuando hemos salido huyendo de relaciones, empleos y otras situaciones en las que la vida nos iba a silenciar. Lo hemos hecho oponiéndonos a lo que la sociedad esperaba de nosotras.

A nadie se le escapa que la discriminación por edad impide la participación de las personas mayores en espacios sociales (incluida la familia) en los que se reparten privilegios y recursos. En estos entornos —que constituyen una buena parte del intercambio relacional en la edad mayor— conviene tener activado el detector de las discriminaciones múltiples con que nos encontramos por ser mujeres, por ser mayores, por ser lesbianas, por no serlo, por ser de colores. Por ser. Gracias a esta aplicación, podemos distinguir entre el amor y el abuso; entre la amabilidad y la coacción; entre la formalidad y el desinterés. Somos mayores, no bobas. La vida de vieja está llena de momentos en que necesitamos unas gafas grises bien graduadas para leer lo que nos ocurre cada día y, a partir de esta revelación, actuar en consecuencia. En la cafetería el camarero no te ve; en las tiendas y en los restaurantes te atienden peor y más tarde; el médico mira a tu hija, en vez de dirigirse a ti cuando habla; te llaman *abuela* en lugar de llamarte por tu nombre y apellido. Aunque no todo es negativo: también ocurre que en algunas situaciones el desinterés manifiesto por nuestra persona mayor se agradece. Por ejemplo, cuando la gente más o menos joven con la que nos topamos en la vida no muestra el más mínimo interés por pegar la hebra con nosotras, la verdad es que nos hacen un favor: nosotras tampoco.

Muchas hemos vivido largo tiempo deseando algunos cambios en nuestra cotidianeidad que no hemos llevado a cabo porque estábamos sumergidas en vidas estresantes y llenas de urgencias; luego nos parecía que ya no hacía falta, que después de tantos años de

---

que tenemos que luchar entre nosotras para conseguir un buen partido. Si esto fuera así apañadas estábamos. La rivalidad entre mujeres es un objetivo medieval que se opone a la enorme fuerza de la sororidad que desde el feminismo hemos construido las mujeres. ¿No os parece increíble que se haga hincapié en las suegras y las nueras (ambas mujeres) y no se diga ni una palabra ni un chiste ni un comentario sobre los suegros y los yernos? Esta sola cuestión nos tendría que poner en alerta y apartar de nuestro interior cualquier mal rollo de este tipo.

vivir de esta manera, así podemos seguir. Cuando, por ejemplo, deseamos cambiar nuestro nombre —no más Mari Loli o Dolores, sino Lola—; o cuando no queremos seguir más en la nómina de la santa iglesia católica y la operación de apostatar se nos antoja complicada; o cuando queremos divorciarnos de, o casarnos con; en estas y en otras muchas situaciones, solemos oír una vocecita interior que nos aconseja seguir acarreando con todo, porque *qué más da.* Y, por otro lado, el hartazgo de la sumisión nos grita: *Hazlo ya, sé públicamente quien quieres ser.* Ha llegado la hora de arreglar las diversas convenciones sociales con las que te has encontrado, sin comerlo ni beberlo, con las que desde tu criterio no te identificas. Incluso puedes poner en práctica ese deseo oculto de desheredar a alguien en concreto.

Nuestra posición históricamente secundaria —que nos ha mantenido en la retaguardia prescindiendo de nuestra palabra— nos ha proporcionado una enorme libertad, nos ha hecho más capaces de identificar lo que a nuestro juicio necesita un cambio, de valorar la posibilidad de modificar lo que socialmente se considera inamovible. En definitiva, de ser más libres para tener un juicio propio y flexible. Por algo será que nuestra prole suele recurrir a nosotras cuando elige opciones de vida no normativas en las que se requiere comprensión y apertura de mente. Allí estamos nosotras para relativizar y a menudo para mediar. Ahora disponemos de la posibilidad de ser nosotras mismas y no someternos a cómo la sociedad considera que debemos ser en la vejez. Es cierto, la libertad no es cómoda ni fácil, porque nos enfrenta al anhelo de seguridad que las mujeres buscamos a lo largo de la vida. La necesidad de seguridad permanece incrustada en la parte posterior de nuestro cerebro, como una adherencia secular, incluso cuando no la necesitamos porque disponemos de las herramientas necesarias para desplazarnos por el mundo pisando fuerte. Tenemos estudios, cultura, dinerito, amistades robustas y, sin embargo, ahí estamos, temiendo dar algunos pasos que pongan en peligro la póliza del seguro familiar.

Este proceso hacia la libertad nos ha abierto los ojos, entrecerrados durante años, de tal manera que, tanto en la relación con la familia como en la vida social y pública, no nos queda otra opción que ser un poco impertinentes (o parecerlo, en cualquier caso). Especialmente cuando se espera de nosotras que mantengamos el modo *servicio público* y que resolvamos los asuntos prácticos y secundarios que a los demás no les apetece solventar. Es posible que tengamos tiempo para hacer todas estas cosas y otras muchas, pero ¿es lo que realmente deseamos hacer, o accedemos porque es lo que se espera de nosotras, que siempre hemos sido tan *buenas*? Doblemente difícil resulta la negociación cuando la demanda proviene de nuestros vástagos. Entonces necesitamos ser, además de algo impertinentes, muy valientes. Y ahora sí que les hacemos un favor de verdad. Grande.

Estamos de acuerdo: ahora tenemos una poderosa capacidad de agencia y desparpajo, pero con ello no basta. Necesitamos una agenda política para las viejas que ponga la libertad de serlo en el centro, que nos ofrezca un imaginario emancipatorio y nos ilumine para detectar las trampas de las flamantes nuevas reglas que nos quieren instruir sobre cómo vivir siendo mayores que en realidad pueden convertirse en mandatos agotadores, impidiéndonos experimentar la vivencia de hacer solo y exclusivamente lo que nos apetece. Queremos disponer de opciones donde elegir, no de nuevas obligaciones, ni instrucciones para ser una vieja saltimbanqui. Para iniciarnos en este camino puede ser muy tranquilizador e ilustrativo mirar a nuestro alrededor hacia aquellas mujeres que antes que nosotras han envejecido de manera diferente, más allá de las normas, viejas que sin proponérselo han iluminado otros caminos para ser y estar con dignidad y confort. Mujeres cuya vida nos recuerda que las oportunidades para la liberación y la felicidad no desaparecen en la vejez.

Somos una generación —incluso dos y tres— de mujeres mayores valientes, tremendas, a las que no nos ha quedado otro remedio que lanzarnos al vacío en busca de una vida digna, una vida que valga la pena ser vivida. Una carrera de fondo que no ha terminado y que, desde luego, podemos tener por seguro que nadie, nadie, la hará por nosotras. Todo puede ser mucho más fácil y divertido si lo hacemos en comunidad con otras mujeres que también están por la labor de construir nuevas vejeces y orientarnos en este espacio sin manual de instrucciones que supone la vejez para nosotras.

Mañas

→ Informa al médico o médica que conversa con tu acompañante sobre tus dolencias de que estás ahí presente, que se trata de *tu* cuerpo y *tus* decisiones.

→ Si no eres una de esas pesadas que se queja continuamente y tiene la tarjeta sanitaria achicharrada, no te resignes cuando tu médic@ pasa de ti. Busca otra opinión y verás que no eres una histérica, sino que estás llena de cordura y santa ira.

→ No consientas que nadie te llame *abuela*. Tenemos nombre y apellido.

→ Ve al Registro Civil, pide una partida de nacimiento y solicita que cambien tu nombre por aquel por el que deseas que te llamen. En la misma línea, puedes ir resolviendo otros papeles que te importan, de manera que sientas que arreglas tu vida a tu gusto. Ya es hora.

→ No dejes que te opriman en los espacios compartidos, tipo avión, metro, autobús, tren. Cuando tu vecino de asiento se ponga en modo *expandido* utiliza la diplomacia y desplaza elegante y firmemente su pierna de tu espacio.[2] También podríamos llevar unas tarjetas con el icono y mostrarlas en el momento oportuno. Una imagen vale más que mil palabras.

→ No te limites *por tu propio bien*. Si por comer chocolate vamos a morir antes, bendita sea. Al menos moriremos contentas y disfrutadas.

→ Aprovecha las oportunidades que pasan por delante de ti. El tren de la libertad hay que tomarlo al vuelo.

→ Intercambia con otras mujeres mayores estrategias, experiencias, logros, para extender la vejez veraz.

→ Sé excéntrica y rarita: es una tarea laboriosa y absorbente, pero gratificante. Verás cuántas mujeres te dicen que les gustaría seguir tus pasos. Apóyalas.

---

[2] Esta conducta se llama *manspreading* (término recogido en el *Oxford English Dictionary* desde 2015) y en castellano se traduce por *despatarre*. En 2017 el metro de Madrid inició una campaña contra esta conducta tan frecuente y molesta utilizando este icono:

→ Ponte en modo impertinente si la ocasión lo requiere. Permanece impávida mientras transgredes uno a uno los mandatos de la vejez gris.

→ Desobedece, por si acaso. Haz todo lo que parece prohibido para las viejas. Verás como no se acaba el mundo.

→ Disfruta de ser una fresca.

→ No queremos ser viejecitas besadas. Menos besitos y más justicia.

Viejas hartas, hartas de verdad

«Nunca subestimes los efectos del caos en tu vida».

Karen Kingston

L as mayores somos muchas y cada vez vamos a ser más. Somos diversas y peculiares. Hijas del feminismo consciente y del feminismo inconsciente, hemos aprendido a revisar con atención los elementos que constituyen nuestro día a día y, por supuesto, el trato que recibimos. Gracias a sus enseñanzas, una de nuestras especialidades ha sido hacer visible lo invisible, y así hemos puesto nombre a multitud de situaciones y hechos que nos ocurren con demasiada frecuencia. En esa tarea vamos a seguir empeñadas, ya que creemos necesario desenmascarar las inaprensibles formas de menosprecio que sufrimos las viejas cotidianamente. Aún nos quedan muchas sutilezas por nombrar.

Estamos cansadas de ser objeto una y otra vez de formas de relación que decididamente tenemos que erradicar. Los asuntos que voy a ir desgranando en este apartado, aunque los vivamos cada una a nivel particular, nos conciernen a todas como grupo, ya que son fruto de la consideración de la vejez como estadio de la vida básicamente molesto. Quizás algunas de las harturas que planteo se puedan considerar exageradas o injustificadas, o simplemente sean indicadores de una necesidad de atención, mirada y cuidado que no recibimos. La queja no es un asunto menor que haya que pasar por alto, en muchos casos puede ser —como la fiebre en la enfermedad y la ira en determinados momentos de la vida— un indicador, una señal de alerta de que algo no funciona bien. El mecanismo detector de situaciones de injustica, maltrato, abandono y desconsideración que se producen en todos los ámbitos de la vida en la vejez. Quizás hasta el momento muchos de estos asuntos no se han puesto en evidencia porque se han percibido siempre como algo tan *normal* que han permanecido ocultos. Hay que tomarlos en serio, especialmente cuando la queja proviene de personas que no han hecho del lamento una práctica de relación. Una de las cosas realmente buenas que hemos aprendido, compartiendo pesares y glorias con nuestras amigas, es que no estamos locas, sino hartas. A estas alturas de nuestra vida estamos hasta el moño de algunas cosas. Por supuesto, de las violencias claras, pero también de determinadas formas de relación y trato presuntamente afables que tenemos que soportar; del modo excesivo condescendiente con que a veces se nos infantiliza y difumina; de algunas amabilidades que esconden falsedad y espíritu de liquidación, incluso con la mejor voluntad. Nos fastidia la atención excesiva que recibimos cuando no la necesitamos ni la hemos solicitado, que nos cojan protectoramente del brazo al andar por la calle, anticipando una minusvalía inexistente de hecho, pero real en el imaginario social.[1] Si necesitamos ayuda, la reclamaremos, seamos o no mayores. Tampoco queremos que pongan límites a nuestros deseos de vivir (navegar en canoa, aprender a nadar, hacer escalada, salir por la noche), *por nuestro propio bien*. Por cierto, cuando oigas esta expresión, sal corriendo. Gracias, pero podemos responsabilizarnos de nuestros propios estragos, como agentes activas de nuestras vidas. Somos mayores, pero no por eso estamos forzosamente seniles, ni enfermas, ni somos ignorantes, únicamente tenemos un montón de años, que son nuestro capital.

No aceptamos que la única explicación a las cosas que nos suceden sea que *claro, a tu edad*. Esta muletilla nos enoja oírla, en la medida en que lleva implícita una exigencia de resignación ante lo inevitable. Con ella se nos recuerda que a nuestra edad lo que cabría esperar sería la catástrofe, el deterioro, estar fuera de juego y, sin embargo, si *a tu edad* todavía sigues ahí, ya puedes estar contenta. No te quejes. De acuerdo con esta argumentación, una buena

---

[1] Como dice Grace Paley: *Habrá jóvenes que se empeñarán en agarrarte del brazo para ayudarte a bajar o subir un escalón, y lo harán unos quince años antes de que tú desees que lo hagan. Basta con decirles: «¡Suéltame, chaval!».* Paley, Grace (1999/2016). *La importancia de no entenderlo todo.* Madrid: Círculo de Tiza.

parte de lo que nos acontece se ve como algo esperable, concomitante con la edad, algo que ocurrirá sí o sí. Lo cual confirma la profundidad del edadismo de nuestra cultura. Porque sabemos que una gran parte de lo que nos sucede todos los días no es consecuencia de tener tantos o cuantos años, sino que tiene que ver única y exclusivamente con el hecho de ser vieja en una sociedad juvenilista que prefiere las explicaciones de causa única y que no está dispuesta a hacer nada para transformar esta exclusión. No es de extrañar, pues, que empecemos a estar hartas de verdad.

El tema del lenguaje con que la mayoría de las personas y los colectivos sociales se dirigen a nosotras merecería un capítulo propio. Es este un asunto que deberíamos poner en el centro del debate, señalándolo y mostrando nuestro desacuerdo en todas las ocasiones posibles. Solamente así será posible que entre todas consigamos una transformación de esta realidad que nos devalúa, infantiliza y ningunea. En castellano no tenemos ningún término para nombrar el tipo de habla que se utiliza con las personas mayores —en inglés lo han definido como *elderspeak*—, que, sin duda, tipifica un tipo de maltrato y es una forma de violencia sutil, algo que socava la autoestima y nos hunde en la miseria de la nada. Una forma de hablar paternalista y ninguneante que evidencia una falta de respeto a las capacidades de una persona, solo por el hecho de ser mayor. Desconsideración envuelta en el celofán del amor.

Estamos, pues, verdaderamente hastiadas de que nos hablen como si fuéramos niñas o estuviéramos gagás. De que se utilicen diminutivos cuando se dirigen a nosotras —*ponga el culete, suba la manita, deme las gafitas*, formas que nos humillan—. Somos así de desagradecidas. Hartas de que en la comunicación se adopte un tono entre pueril y enervado, siempre más alto de la cuenta, presuponiendo una sordera inherente a la edad. Podemos estar un poco sordas, cierto, pero no es necesario que se nos hable a voz en grito, ni tampoco en un tono blandengue, falsamente amable. Con nosotras se utilizan frases cortas, simples, como si no retuviéramos la información, de un modo indulgente y poco respetuoso con nuestra mente. Se emplean repeticiones innecesarias que presuponen que la lentitud implica atasco mental. Se dan aclaraciones que no se han solicitado ni son necesarias. Se nos tutea sin permiso, mostrando una confianza de la que no se dispone.

Resulta también insufrible la utilización de la primera persona del plural para dirigirse a nosotras: *¿Cómo estamos hoy? ¿Nos duele el bracito al levantarlo?* ¿A quién se le ocurrió esta forma de hablar? ¿Qué finalidad tiene la utilización de un pronombre colectivo para dirigirse a una única persona? ¿Por qué nos convertimos en seres sin nombre y somos deportadas a una serie de plurales anónimos, inaguantables? Parece como si con esta forma verbal se buscara una complicidad que todo el mundo sabe que no es real, una connivencia que pretende igualar. Cuando en realidad lo que hace es situar a la vejez en el territorio de *lo otro*, de lo que tenemos que mirar porque lo tenemos delante, pero a la que se le niega el reconocimiento de una identidad adulta.

Hartas, hartas, también, de que nos llamen *abuela*. En nuestra sociedad a las personas mayores se las nombra con la palabra *abuelos*, tengan o no nietas. Este término, que algunas usuarias defienden como una extraña forma de cariño, es rechazada por una gran cantidad de personas y criticada con argumentos potentes. No somos abuelas más que de nuestra prole, en caso de que lo seamos, por cierto. ¿Acaso llamamos *madre* a cualquier mujer después de los treinta años? La utilización de la palabra *abuela* es otra de las muestras fehacientes de la colectivización de que somos víctimas. Me encanta la frase de Muriel Spark cuando dice: *Un año atrás, al ingresar en la clínica, la señorita Taylor se había sentido mortificada al oír que la llamaban «abuela Taylor», y había pensado que prefería morir en una zanja a vivir en esas condiciones.* Pues eso. Es una forma de homogenización de las vejeces, todas abuelas y así ni siquiera hay que aprenderse el nombre. Para mí el argumento central reside en que detrás de este término se esconde la asignación y presunción de un único papel relevante en la vida de las viejas, borrando de un plumazo su posible trayectoria e identidad profesional, intelectual, política, ciudadana. Cuando vemos a una mujer como una abuela depreciamos su valor y la reducimos a esta condición, invalidamos su libertad y su independencia: le recordamos su lugar secundario en el mundo. Todas igual de insignificantes.

Molestas, además, de oír sin parar la muletilla insoportable de *nuestros* mayores. ¿Acaso se utiliza el término *nuestros adultos* cuando alguien se refiere a las personas de mediana edad? Hay quien argumenta también el carácter afectivo de la palabra *nuestras*; sin embargo, no se ha parado a reflexionar que implica un trato paternalista y supuestamente protector que rechazamos. Nosotras, ancianas, viejas, veteranas, pioneras, no pertenecemos a nadie más a que nosotras mismas. Después de todo, a lo largo de los años no nos ha resultado un proceso fácil construirnos una identidad individual y deshacernos del imaginario del amor romántico y de la amarga media naranja. Convertirnos en sujetos. No queremos que se utilice este término para hablar de l@s ciudadan@s mayores. Somos las y los viejos del país, los y las ancianas, la población de más edad, y con estas palabras queremos ser nombradas y respetadas. Ursula K. Le Guin ya nos advirtió de que sentimentalizar la vejez es una forma de despreciarla. No digo más.

Además, la palabra *nuestros* —que significa colaboración, comunidad, construcción en común— resulta cínica y escandalosa en este momento histórico de la covid-19 en el que nos hemos transformado en una masa invisible, solitaria y anodina. De repente, nos hemos convertido en la propiedad colectiva de una sociedad inmisericorde que nos tenía olvidadas en las residencias donde nos hemos muerto a puñados, sin hacer demasiado ruido.[2]

Capítulo aparte merece todo lo que tiene que ver con el apremio y la urgencia con que somos tratadas. La impaciencia genera una forma de relación perversa; a poco que nos descuidemos se dirigen a nosotras tratándonos de malos modos, con premura, exigiendo una respuesta, una reacción inmediata que no podemos o no queremos dar. Una de las más interesantes cualidades de la edad mayor es, justamente, la lentitud como proceder virtuoso en diversos ámbitos de la cotidianeidad; algo que caracteriza la vida en su principio y en su final. Aspecto que valoro como una fortaleza y no como una debilidad, tal como se entiende por regla general en la sociedad de la impaciencia. La calma y el sosiego suponen un logro

---

[2] Una versión abreviada de este apartado acerca del lenguaje se publicó en *El País* el 7 de junio de 2020. https://elpais.com/sociedad/2020-06-06/solo-mia.html

al que hemos llegado después de muchos años de funcionar a toda marcha, sin tiempo para el detenimiento esclarecedor. Gracias a esta disposición del cuerpo y del espíritu podemos ahora mirar y enjuiciar con perspectiva, desdramatizadamente, lo que nos ocurre y también lo que sucede a nuestro alrededor; desplazarnos con tranquilidad, sin tropezar; dedicar tiempo a reflexionar, meditar y, sobre todo, rebajar el consumo de ansiolíticos. Sin embargo, la lectura tortuosa de esta cualidad hace que en la vida cotidiana tengamos que aguantar que se nos trate con una gran premura. En lugar de reconocerla como un semáforo en naranja que recuerda la conveniencia de reducir la velocidad. Una luz.

La prisa con la que se nos atiende supone uno de los grandes impedimentos en la comunicación verbal, en la conversación, en la escucha, ahora que las palabras se muestran remolonas y tardan un poco en llegarnos, porque nos cuesta evocar el término exacto que queremos utilizar. Ahora hablamos más lentamente, porque tardamos en recuperar algunas ideas, expresarlas y, sobre todo, decodificar el lenguaje de quien nos habla, oír los finales de frase en los que nuestro interlocutor baja el tono de su voz y no conseguimos descifrar cuál es esa palabra final, con la consiguiente falta de comprensión de la frase completa. Un cansancio enorme.

En otro orden de cosas, algunas veces la imagen que se ofrece de nosotras, en un alarde de presunta complicidad, es la de viejas sexis de una modernidad extravagante o la de brujas mandonas inaguantables. También nos molesta aparecer en los medios de comunicación como tontitas, chocheantes, frágiles o cotillas. Tampoco queremos anunciar únicamente productos deprimentes, para la incontinencia o dentaduras postizas y, por supuesto, tampoco queremos que la publicidad ofrezca de nosotras una apariencia de juventud y felicidad mentirosas. Todas hemos visto anuncios de comunidades o residencias en las que las ancianas, guapas y juveniles, viven en un mundo de ensueño, lleno de amor y sexo.[3] Esta representación sublimada de las jubiladas se propone señalar cómo deberíamos ser todas, partiendo de una cultura capitalista, orientada a un grupo de mujeres privilegiadas económica y culturalmente.

---

[3] ¡Menuda estafa!

Sin embargo, lo único que consigue es generar una enorme insatisfacción y arruinar a quien pretenda seguir el modelo propuesto. Saquearnos a nosotras, que somos las pobres del planeta.

En estas representaciones idealizadas no hay rastro de las auténticas viejales que se desplazan con el andador llevando la compra del día, con algo menos de estilo y elegancia. En ellas, al no ofrecer una imagen verosímil con la que podamos identificarnos, se fosilizan los estereotipos edadistas que presuntamente se pretenden destruir. Las excepciones son exactamente eso, singularidades, y no ofrecen un camino de normalidad que cualquiera pueda seguir. No se nos representa con nuestras apariencias reales, como mujeres interesantes, ocupadas, complejas, reflexivas, implicadas en los múltiples y diferentes papeles sociales que habitualmente asumimos con eficacia y diligencia; no aparecemos a través de personajes que hagan justicia a la diversidad de mujeres mayores existente hoy. Es cierto que no es fácil crear representaciones alternativas, pero dependerá en gran medida de nuestra insistente exigencia que vaya normalizándose en los medios de comunicación la lenta e imparable presencia de mujeres mayores dignas y diferentes, con imágenes que sirvan también para que las jóvenes generaciones puedan sentirse identificadas y pensar *Esa vieja podría ser yo en el futuro*.

Estamos más que cansadas del trato que recibimos en el sistema de salud, donde nos topamos con muros de frialdad, prisa y desinterés. Es en este ámbito donde muchos de los estereotipos acerca de la vejez se hacen presentes en el lenguaje, en la mirada, en la atención distraída y la soberbia de una clase médica que con determinadas actitudes deja bien claro que no desea dedicarnos excesiva escucha, ni ofrecernos demasiadas explicaciones, y menos a unas viejas que hacen preguntas y tienen dudas que desean que les sean aclaradas. Solo faltaría. No se nos interroga acerca de nuestros deseos, o de nuestros rechazos. Con demasiada frecuencia se nos da una información poco precisa, un poco a la ligera, presuponiendo que no vamos a comprenderla o que con obedecer vamos despachadas. Todo bastante humillante.

Quizás sería necesario un replanteamiento de la formación de la clase médica y del personal de asistencia en la que se incluyeran estos valores y requerimientos, con el fin de propiciar un cambio necesario en la atención y cuidado de las personas mayores. Formar a todos los colectivos que atienden a las personas de edad en la misma exquisitez de atención con la que en una academia especializada se enseña a tratar a la clientela de un hotel de cinco estrellas, por ejemplo, de manera que por encima de la precisión clínica y médica estén los valores del buen trato, la mirada, la escucha, la palabra, la calma y el tacto.

Tampoco nos da la gana de que, en el sistema de salud, en el banco, en cualquier lugar o situación en que esté en juego cualquier asunto que nos atañe directa y personalmente, se tenga en cuenta la opinión de nuestros hijos e hijas por encima de nuestros propios deseos y decisiones, que pretendemos que sean respetados en todas y cada una de las situaciones que afectan a nuestra vida.

Sin prisas pero sin pausas, entre todas podemos ir poniendo nombre a las diversas formas de relación en las que incluso la sobreprotección esconde violencia y desinterés. Detectando las variadas formas de control que día a día nos envuelven en las brumas de la insignificancia y la invisibilidad. Todo cambio social empieza por un cambio individual. Nos construimos en una interrelación constante entre cada una de nosotras y la sociedad. Muchas de las situaciones que vivimos se perpetúan porque las creemos inamovibles, nos achantamos y no respondemos a ellas con la voluntad individual y colectiva de hacernos presentes e iluminarlas. Sin embargo, el valor de cualquier progreso es siempre mucho mayor que su coste. Así pues, quizás ha llegado el momento de que tomemos la firme resolución de vivir una vejez digna, respetuosa con la vida de cada una de nosotras, ahora que aún estamos a tiempo. Reconociéndonos en un *nosotras* y poniendo a la aguja el hilo de la transformación desde ya.

Para que se produzca un cambio en cualquier aspecto de los que señalo (y otros que se quedarán en el tintero) es imprescindible que colectiva e individualmente aportemos nuestro grano de arena, que creamos firmemente que podemos dar un giro de 180 grados a esta realidad desde nuestra pequeña parcela, de manera que gracias a esta fuerza común la sociedad vaya progresivamente tomándose en serio la vida de las viejas.

¿Qué quieren las veteranas de hoy?

«Envejecer puede valer la pena si nos da
tiempo a forjar un alma».

Ursula K. Le Guin

De la misma manera que Olympe de Gouges el 5 de septiembre de 1791 proclamó la Declaración de los Derechos de la Mujer y de la Ciudadana, pienso que deberíamos plantearnos redactar los Derechos y Deseos de las Mujeres Mayores, con el fin de que se consideren voluntades inalienables que deban ser respetadas por todas las personas, instituciones y administraciones. El objetivo fundamental será la preservación del respeto, la dignidad y la felicidad de las veteranas en todos los momentos y circunstancias de su vida, de manera que no queden a merced del buen o mal hacer de la familia o del proceder negligente de las instituciones o administraciones.

Proponemos la declaración de unos derechos y deseos que protejan la libertad, la propiedad, la seguridad de las viejas, con el fin de evitar todo tipo de abuso, opresión u omisión. Su principal objetivo —eje y marco central— será entretejer los diversos hilos que permitan a las mujeres mayores disfrutar de una vejez confortable, afirmativa y con visibilidad. Para ello tendremos que reconocer y poner en valor las nuevas imágenes y las vidas diversas de las viejas de hoy. Mostrarlas, no como un elemento exótico, sino como parte de la vida activa y significativa de la sociedad. En esta empresa de amplísima envergadura se hace imprescindible la aportación colaborativa de todas las fuerzas sociales y, sobre todo, de las generaciones más jóvenes que —convertidas en centinelas— pueden contribuir a detectar todo aquello que hay que transformar en la vida de las mujeres que les preceden. De modo que, cuando ellas lleguen a esta edad, su vida y la de las demás se vea libre del mayor número posible de las limitaciones que pesan hoy sobre la ancianidad.

En este empeño nos encontramos diversas personas y entidades interesadas en la justicia y el buen trato en la edad mayor.[1] En el caso concreto de las viejas, y en el marco de lo que he ido señalando a lo largo del libro, se me ocurren una serie de exigencias —sí, exigencias, porque como nos pongamos condescendientes seguiremos como siempre— que pueden ser comunes a muchas de nosotras y otras que forman parte de mis pasiones individuales, manías compartidas por unas y quizás rechazadas por otras. No es grave. Somos diversas.

Voy a esbozar estos deseos y necesidades a partir de las ideas que hasta el momento he ido planteando, pero entiendo que se trata de una relación abierta a modificaciones de todo tipo, porque mi intención es elaborarla escuchando la voz común, tratando de colocar los andamios necesarios para la vivencia de una vejez digna, protegida del amor exterminador y edulcorado con que la sociedad se relaciona con nosotras. Son solo unos apuntes.

01. Queremos ser viejas, sin necesidad de aparentar otra cosa. Ser viejas y parecerlo.
02. Queremos ser reconocidas como agentes de nuestra propia vida en todos sus ámbitos.
03. Queremos que se respeten todas y cada una de nuestras voluntades.
04. Queremos que se cumplan nuestros deseos, por extravagantes que parezcan, algunos de los cuales posiblemente habremos identificado siendo ya mayores. Queremos poder ponerlos en práctica, después de tantos siglos de entrega gratuita para que los demás hayan podido alcanzar los suyos.
05. Que se nos valore por lo que somos, por lo que fuimos y por lo que seremos. Estamos vivas. Seguimos ahí, pensando, deseando, produciendo, aportando.
06. Queremos ser reconocidas como sabias, maestras, mentoras, sin que se dirijan a nosotras como ancianitas frágiles, en tono de veneración.

---

[1] La Sociedad Valenciana de Geriatría y Gerontología redactó un interesante y precursor manifiesto para defender los derechos de las personas mayores: https://www.eldiario.es/cv/arguments/derechos-humanos-trato-personas-mayores_6_818978115.html

07. Tenemos nombre y apellido. Queremos ser nombradas por ellos: nadie se dirigirá a nosotras utilizando la palabra *abuela*.

08. Somos seres individuales, no una colectividad de miembros intercambiables. Tenemos enormes diferencias entre unas y otras. Queremos que se conozcan y se reconozcan nuestras necesidades y características particulares para que se nos proporcione un trato acorde con ellas en todos los ámbitos de la existencia.

09. Consideramos de justicia que se valore nuestra contribución continuada y sistemática a la vida y a la civilización del planeta —sin cotización— con una pensión digna.

10. Como viejas libres que somos, o aspiramos a ser, queremos gastar nuestro dinero —poco, mucho o ninguno— sin supervisión ajena. No la necesitamos.

11. Lucharemos para poder legar nuestros bienes a las personas que queramos, más allá de la sangre. A aquellas cuya amistad y buen hacer nos ha acompañado a lo largo de la vida y que pueden merecer una alegría al final.

12. Por las mismas razones queremos disponer de la valentía interior —y el apoyo legal— que nos permita desheredar a quienes hayan hecho dejación de la obligación moral y filial de cuidar de nosotr@s en la vejez. El abandono —como maltrato psicológico— está recogido en la ley como una de las causas para desheredar a un hij@.

13. Queremos que se nos mire como seres sexuales, libres para serlo y para no serlo.

14. Hemos aprendido a respetar nuestro cuerpo, no sin dificultades, dadas las hondas raíces de la discriminación estética, afectiva y profesional que por razón de edad se produce en nuestra cultura. Por lo tanto, queremos poder disponer, en las tiendas, de ropa que nos guste, cómoda y estética, que no nos vista de forma ridícula o miserable. Y también poder llevar cortes de pelo con los que nos sintamos suficientemente estilosas, libres, no torturadas. Que las canas se reconozcan como signo de elegancia y libertad.

15. Queremos vivir en nuestra casa. Quizás habrá que adaptarla un poco, no importa. No queremos estar de sobra.

16. Queremos que se censure social y públicamente la *abuelez ambulante*: repartir el cuidado temporal de una madre o un padre en casa de cada uno de los hijos o hijas, según su conveniencia y no por nuestro deseo. Salvo en situaciones concretas, justificadas y extremas.

17. Queremos disponer de un transporte público cómodo y frecuente, adaptado a las necesidades de la población mayor. Si puede ser, además, gratuito.

18. Nuestro deseo es que en todas las ocasiones, y especialmente en los medios de comunicación, se nos represente como la norma, no como la excepción; con imágenes verdaderas y honestas de nuestra vida de mujeres mayores, que nos permitan mostrar que somos diversas y variopintas. Que todas las imágenes reconozcan nuestra autoridad; que se detecte y destierre el lenguaje estigmatizador y denigrante. Que en las producciones cinematográficas —anuncios de televisión, películas y series— seamos representadas con dignidad y respeto. Que en todas y cada una de ellas aparezcan personas mayores.

19. Exigimos que la clase médica nos dispense una atención respetuosa, empática, compasiva y digna, de manera que en el centro de salud nos pregunten, nos escuchen y se dirijan a nosotras, no a quien nos acompaña. Que nos hablen clara y directamente; que se negocie con nosotras el diagnóstico, el pronóstico y el tratamiento. Que la clase médica, cuando nos atienda, abandone esa mirada errática, indiferente y desinteresada, tan deprimente. Que la sanidad tome en serio nuestro cuerpo y nuestra mente. Que respete nuestra intimidad corporal, especialmente en las visitas hospitalarias.

20. Queremos disponer de un sistema social de ayuda domiciliaria y de apoyo a las personas mayores que lo necesiten, lo suficientemente eficaces para que el cuidado no recaiga forzosa y únicamente en las hijas e hijos, muchos de los cuales ya tienen bastante con su propia vida.

21. Que se respete nuestro testamento vital a rajatabla. Sin interpretaciones afectivas. Que se lleven a cabo todas y cada una

de nuestras decisiones y que se cumpla nuestra voluntad incluso cuando ya no seamos capaces de comunicarnos.

22. Que se nos proporcionen cuidados paliativos cuando sea necesario, con el fin de garantizar nuestra dignidad y soberanía hasta el último minuto de vida.

23. Reclamamos que en la agenda política se incorpore a las mujeres mayores como parte ineludible de todos sus programas y proyectos. Que en todas y cada una de las actividades que se lleven a cabo las viejas estemos incluidas y seamos escuchadas como seres significativos, y que se tengan en cuenta nuestras necesidades y sugerencias como una prioridad política. Que, en cualquier informe que se lleve a cabo, las personas mayores seamos una realidad habitual, normalizada. Queremos que esta inclusión sistemática se haga de forma natural, lejos de todo paternalismo, con el reconocimiento de la aportación que las mujeres que han vivido muchos años han ofrecido y ofrecen a la civilización del mundo.

24. Es urgente que se revisen las políticas de las residencias de ancian@s, en términos de libertad, sexualidad y dignidad. Queremos tener acceso a nuestras pertenencias y enseres, a nuestro dinero, a los diversos medios de comunicación que nos permitan mantenernos en el mundo público y privado. Deseamos recibir un trato cálido, desde la escucha de nuestra identidad única. Que se nos trate con empatía, se respete la privacidad, la confidencialidad, la intimidad. Que la relación con cada una de nosotras se sustente en una dimensión ética. Que se tenga en cuenta en todos los casos y situaciones la voluntad de la persona mayor, sin puentearla en connivencia con l@s hij@s.

Merecedoras como somos de respeto, reconocimiento y buen trato, la puesta en práctica de estos requisitos contribuirá a que nos sintamos valoradas, reconocidas e incluidas. Ciudadanas de pleno derecho, ocupando un lugar en el mundo.

Hacer grande el mundo sénior[1]

«Quienes somos viejas sabemos que la supervivencia es luchar por un mundo en el que todas podamos florecer».

AUDRE LORDE

¿Qué necesitamos para hacer grande el mundo de las veteranas, para que nosotras mismas nos impliquemos en el proceso de deconstrucción del imaginario acerca de la vejez que nos limita y atormenta día a día? ¿Cómo podemos hacerlo? Para llevar a cabo cualquier posible intervención y consiguiente transformación de la consideración social de la vejez femenina necesitamos hacer un profundo análisis del edadismo que nos envuelve, de manera que seamos capaces de diseñar para las mayores vidas dignas, que respeten la edad y que en ningún caso supongan encorsetarnos en un modelo en el que la apariencia juvenil sea el objetivo a lograr.

Vamos a vivir muchos años como mujeres mayores, como mujeres viejas. La preparación para este largo tiempo no se concluye de la noche a la mañana. No se rellenan los años venideros por sí solos, debemos crear la infraestructura, el espacio, la mente, la red. Convencernos de que estamos ante un proceso vital cuyo significado profundo solo podremos otorgarlo nosotras, proyectando una senda para envejecer bien, re/conociendo nuestros deseos, lo que nos hace felices de verdad, no esa felicidad inalcanzable y mentirosa que nos han tatuado en el cerebro desde pequeñas.

Las ideas claves que guiarán todas y cada una de las propuestas son, como he argumentado en diversos momentos de este texto,

---

[1] Algunas de las ideas desarrolladas en este capítulo tienen su origen en un trabajo que elaboré para el Institut Català de les Dones, en 2007, en conversación con un grupo de mujeres sabias, sensibles al tema.

la dignidad, el respeto —por parte de la sociedad y sobre todo de nosotras mismas— y la identificación de la diversidad de vejeces.

Tener en consideración a las personas mayores, su mente e integridad personal, exige que las actuaciones que se propongan en su favor tengan un objetivo transformador de su vida, que no sean meros actos de beneficencia, de entretenimiento, o que supongan relaciones de carácter básicamente asistencial. Estas son las únicas iniciativas auténticamente feministas que pueden contribuir a hacer posible una revolución en la vida de las viejas, partiendo del reconocimiento de su capacidad de agencia y gestión.

Cualquier cambio que se promueva en las políticas sociales a favor de las mayores propiciará que la sociedad pueda aprovechar en su beneficio su sabiduría y valor. Al hacerles espacio en el funcionamiento significativo de la comunidad podrán ejercer de manera reconocida y pública nuevos papeles, se identificarán sus saberes y se valorará su participación en la colectividad como ciudadanas, contribuyentes y consumidoras informadas. Para ello necesitamos recuperar y poner en valor la voz y las vivencias de quienes nos han precedido y dar legitimidad a su visión e interpretación del mundo. Sin embargo, nuestra sociedad no tiene en la agenda promover la participación política de las generaciones mayores. Su posibilidad política de intervención en la toma de decisiones sobre asuntos que les atañen es muy escasa, casi inexistente. Con la cantidad de sabiduría y experiencia que acumulamos, ¿cómo es posible que no ocupemos un espacio en la gestión de la sociedad?

En cualquier caso, no podemos olvidar que en nuestra cultura de privilegios no es lo mismo envejecer siendo mujer que hacerlo siendo hombre. Por lo tanto, para plantear medidas eficaces es imprescindible reconocer los efectos diferenciales del envejecimiento en la vida de las ancianas. Ellas deben ser objeto especial de protección y defensa de sus derechos porque han vivido vidas social y económicamente más desfavorecidas. A nadie se le oculta que la exclusión económica es uno de los problemas más graves a los que se enfrentan las viejas. Mujeres que durante toda su vida han tenido empleos precarios, con salarios indignos y sin cotización a la seguridad social que les han privado de la posibilidad de cobrar una pensión y de disponer de otras garantías. A esto se llega por varios factores: en algunos casos por su escasa educación; por haber sido una fuerza laboral en sectores informales y no reconocidos (agricultura de supervivencia, trabajo doméstico y trabajo laboral en casa), que no proporcionan beneficios para la jubilación y, por supuesto, por las diversas interrupciones en su vida laboral que reducen o eliminan la posibilidad de disfrutar de un ingreso digno (quedando a expensas de la pensión del marido, que mengua peligrosamente al enviudar).

La implicación histórica en las tareas de reproducción es otra gran causa de vulnerabilidad de las ancianas, que han vivido toda la vida comprometidas en el cuidado de todas las generaciones de sus familias y, sin embargo, en la vejez no hay nadie que vele por ellas. Hablamos de unas mujeres que a lo largo de la vida aportan mucho más a la economía informal familiar de lo que nunca recibirán en forma de pensión, cuidados y asistencia. ¿Cómo es posible que las mujeres mayores puedan ser consideradas un lastre, cuando ellas se hacen cargo de tantos trabajos que sostienen la vida sobre la tierra? Mujeres que asumen las tareas reproductivas en el seno familiar, aun en edades avanzadas, constituyendo en muchas ocasiones la única fuente de provisión de cuidados ante la enfermedad y la discapacidad.

Todas las intervenciones que se lleven a cabo a favor de las mujeres mayores deberán reconocer:

→ La importancia de las genealogías femeninas.
→ El valor de sus vínculos en la civilización del mundo.
→ Su contribución a la sostenibilidad de la vida, a la comunidad y a la sociedad.
→ Su motivación, participación e implicación en el conocimiento y la cultura.
→ Su aportación a la economía como productoras activas.
→ El beneficio obtenido por la sociedad a partir de su trabajo voluntario.
→ Su calidad de contribuyentes a la economía familiar y colectiva.
→ Su identidad como consumidoras responsables.

Con el fin de poder desarrollar políticas que atiendan a las necesidades y características de las mujeres mayores, será necesario:

→ Potenciar la investigación cualitativa y cuantitativa sobre la vida, la experiencia y las necesidades de las mujeres mayores, con proyectos innovadores y habilitadores en los que se escuche e incorpore su voz y su experiencia; que pongan en evidencia la innovadora realidad actual de las veteranas y contribuyan a la deconstrucción del imaginario negativo sobre la vejez.

→ Llevar a cabo estudios que muestren los nuevos espacios que ocupan las veteranas y su eficacia en esos nuevos papeles sociales; trabajos en los que se haga visible la riqueza y diversidad de ámbitos en los que están presentes en la edad mayor.

→ Disponer de recursos, información de calidad y también de profesionales informados cuyo objetivo prioritario sea mejorar la calidad de vida de las mayores. Todo ello con el fin de promover un envejecimiento saludable y vitalista, pero confortable y respetuoso con las posibilidades y deseos de cada una.

→ Identificar las buenas prácticas que se llevan a cabo en algunos lugares y que pueden mostrar e incentivar nuevas formas de gestión de la vida en las ancianas. Crear un observatorio al respecto.

→ Reconocer el papel de los medios de comunicación en la construcción de la imagen de las viejas y, en consecuencia, promover políticas en este sentido.

Si realmente se quieren poner en práctica acciones que favorezcan la visibilidad de las veteranas, para que vivan vidas medianamente satisfactorias y se impliquen en el espacio público, es necesario:

→ Considerarlas interlocutoras válidas (hacer políticas *con* ellas y no *para* ellas): escucharlas.

→ Tenerlas en cuenta en la planificación de las políticas y de los servicios. Introducirlas en todas las perspectivas y programas.

→ Consensuar cualquier propuesta con las organizaciones de gente mayor.

→ Hacerlas visibles en todos los documentos institucionales. Incluir imágenes de mujeres mayores en absolutamente todas las iniciativas (vengan o no a cuento). Nombrarlas.

→ Incentivar la participación de las viejas en la vida pública, en la toma de decisiones y en las políticas de todos los niveles.

→ Fomentar el asociacionismo que permite la solidaridad social, el crecimiento personal, la calidad de vida, la interrelación y el apoyo.

→ Dotar a las organizaciones de mujeres de todas las edades de medios, recursos y representatividad.

→ Fomentar el voluntariado: la cooperación, la participación, la ciudadanía activa; no la beneficencia.

→ Generalizar servicios que las hagan ciudadanas activas; promover la ciudadanía plena y la ocupación de las calles.

→ Crear facilidades para que la gente mayor pueda salir de casa y participar en la cultura ciudadana.

→ Promover y hacer posible que puedan vivir solas en su casa con seguridad y confort.

→ Poner en valor la recuperación de la genealogía, la memoria histórica y los linajes femeninos. Generar oportunidades de visibilidad y reconocimiento para la gran cantidad de viejas históricamente silenciadas y silenciosas.

→ Introducir el envejecer y la vejez en los contenidos escolares de todos los niveles.

→ Abrir un debate social sobre el tema de las abuelas cuidadoras.

→ Crear espacios de salud en los que se dé un intercambio entre profesionales y usuarias mayores. Una oportunidad de oro para que aprenda la clase médica y el personal asistencial.

→ Diseñar una estética que invite a las mujeres postmenopáusicas a la reconciliación orgullosa con la imagen corporal mayor.

→ Fomentar talleres y actividades como medio para vincular y empoderar a las mujeres mayores.

→ Organizar talleres de autoestima.

→ Proponer talleres de sensualidad.

→ Fomentar el aprendizaje continuo.

→ Ofrecer oportunidades de ocio inteligente.

Ser vieja en tiempos del coronavirus

«Conozco el mal, pero solo miro el bien».

Alice Herz-Sommer

Lo que ha ocurrido alrededor de la pandemia de covid-19 a partir de marzo de 2020 ha sido muy doloroso para todo el mundo. Esta situación extraordinariamente compleja y devastadora nos ha situado en un mundo que creíamos propio de las novelas de ciencia ficción, en el que las personas salimos a la calle con mascarilla y mirando torvamente a quien se cruza o estornuda en nuestro camino. Esta experiencia nos ha permitido constatar de qué material estamos hechos los seres humanos y hemos descubierto una enorme grandeza y generosidad junto a algunas dosis de maldad, mezquindad y oportunismo usurero. Una experiencia que ha puesto de manifiesto el enorme problema que nuestra sociedad tiene con el negocio que se lleva a cabo con el tramo final de la vida de las personas. Una vergüenza insoportable que soportamos como si nada.

Las cifras demuestran que ha muerto una cantidad desmesurada de ancianas y ancianos que vivían en las llamadas residencias —públicas, privadas, concertadas—. Acostumbradas a mirar hacia cualquier lado menos en dirección a los asilos de mayores, nos hemos quedado de una pieza ante la inmensidad del problema. Anteriormente no habíamos prestado atención alguna a la diversidad de situaciones y condiciones individuales que pueden conformar la vida en estas instituciones. Las residencias no han sido parte de nuestra conversación, a pesar de que nadie está libre de encontrarse un mal día con la maletita en la puerta de una de ellas. No lo hacemos quizás porque presuponemos que esto a nosotras no nos ocurrirá. Atentas.

Tenemos bastante claro que hay residencias de diversos tipos en cuanto a la situación vital de las personas que las ocupan; que unas son mejores y otras peores en cuanto a la calidad de sus cuidados y que en ellas se cuecen coyunturas de muy diversa índole. También hemos podido constatar que hay un descontrol importante en este negocio cuyo objeto de lucro, aunque parezca imposible, es la vida en su última etapa. Y así nos ha quedado patente la necesidad imperiosa de elevar el nivel de alerta, de control y de implicación tanto del Estado como de la ciudadanía en esta realidad. Para que estos lugares sean espacios donde vivir de verdad, donde promocionar la autonomía y la capacidad de agencia de las personas hasta el último día en que sean capaces de ello, y no empresas rentables.

Es urgente y necesario que estemos allí, opinando, controlando, no vaya a ser que en lugar de plantearse una revisión total y absoluta de la vida en esos lugares y de la atención a la dependencia, la mejor idea que se les ocurra sea mejorar el negocio, ajustando las clavijas de la medicalización de la vejez, afinando los reglamentos de la obediencia y la sumisión, tanto en las residencias como en los centros de día y por supuesto en casa; sin haber aprendido nada de nada. Sin haber transformado todo de arriba abajo y, lo que es peor, sin haber puesto en el centro la vida y la libertad para decidir de todas y cada una de las personas ancianas, conserven o no la suficiente capacidad para disponer acerca de cualquier asunto que tenga que ver con su existencia.

En plena pandemia consideré necesario alertar acerca de algunos temas que amenazaban nuestra vida de viejas pioneras, recortando nuestra libertad *por nuestro propio bien*, en este artículo en *El País*.

No, por nuestro propio bien, no[1]

Pero ¿qué broma es esta de la confinación de los mayores de 70 años? ¿De qué hablamos? El pelotón de las viej@s de hoy somos una población amplia, de la cual los más mayores vivieron la República y el resto lloró la dictadura y trabajó duramente por la

---

[1] Publicado en *El País*, 21 de abril de 2020, p. 26.

democracia. Incluye un enorme grupo de pioneras que hemos conseguido que se aprobaran leyes que nos han permitido ser dueñas de nuestra sexualidad, nuestros cuerpos, vidas y afectos y también librarnos de nuestros desafectos. Gente mayor hoy que con nuestro trabajo hemos transformado este país, de alpargata y hatillo, al espacio europeo e internacional de mochila y doctorado. Gente de una pieza, a la que ahora se la somete *por su propio bien*. ¿Que resulta que las vejeces somos población de riesgo y si pillamos el virus lo tenemos más difícil que otras personas?, lo sabemos. Vale que haya una emergencia nacional que impida a la gente salir a la calle, a toda. Vale que solo se pueda salir a tal asunto, a tales horas, pero tú, yo y el otro, tenga la edad que tenga. No aceptamos que por *nuestro propio bien* nos limite nadie, ni nada. Se puede aconsejar, informar acerca de las consecuencias, pero de ninguna manera recortar nuestra libertad, a nosotr@s que hemos bregado —qué difícil es sortear el lenguaje bélico— duramente y finalmente conseguido todas las libertades de las que hoy disfrutan quienes —en nombre del amor— tratan ahora de limitárnoslas. La protección, la atención y la información las queremos como una oferta a la que podamos recurrir cuando nos parezca necesaria, no como una cuestión de obediencia a una instancia superior que haría bien en aplicarse a diseñar políticas en las que se fomentaran la libertad, la justicia y los cuidados eficientes y generosos que nos permitieran vivir con dignidad y respeto.

Pero no todo queda de una parte. Estoy bastante sorprendida al constatar que algunas viejas algo mayores que yo —que afortunadamente también lo soy— parecen sentirse contentas y orgullosas de que sus hijos e hijas demuestren su preocupación por ellas y les impidan hacer determinadas cosas: *mi hija me lo tiene prohibido; mi hijo no quiere que salga.* Alto ahí. Bien está que nuestra prole opine y diga, pero la decisión, la libertad, es exclusivamente nuestra. Parece como que en la prohibición identifiquemos en ellos una dosis de amor y en nosotras una de senilidad que hace que necesitemos que decidan sobre nuestra vida, por nuestro propio bien. Como si en esa obediencia buscásemos un argumento de autoridad que justifique nuestras acciones. Nos encanta que ¡por fin! alguien se preocupe por nosotros, aunque cercene mi capacidad de decidir, de ser agente de mi propia vida. Como si ser de nuevo obedientes nos diera puntos en la cartilla de ángel del hogar. Aydiós.

¿En qué momento de la vejez decidimos perder la voz que con tanto esfuerzo y éxito habíamos recuperado después de la menopausia, cuando nos libramos del mandato de la feminidad y la maternidad?

Porque, además de los recortes que nuestro libre albedrío puede recibir desde fuera, también tenemos que hacernos mirar las rebajas en la libertad que nos autoinfligimos delegando nuestras decisiones al criterio de nuestra prole —*mi hija no me deja*—, como si no tuviéramos juicio propio. ¡Después de la larga vida de exploradoras que hemos vivido! Luego nos quejamos de que la sociedad infantiliza la vejez, pero es que con estas cesiones nos lo ganamos a pulso. Nos mostramos tan contentas, entregadas a la idea que los demás tienen acerca de lo que debe ser nuestra existencia, que nos olvidamos de vivirla de acuerdo con nuestros deseos y principios.

El asunto de la infantilización, de la uniformidad, de la homogeneización de las y los ancianos en las residencias, donde no se promueve la autonomía y no se tiene en cuenta el juicio de cada persona, sus deseos y necesidades, es suficientemente grave como para que requiera una revisión a fondo del funcionamiento de estas instituciones. Así lo expreso en este otro artículo publicado en *El País*.

La edad de la obediencia[2]

El coronavirus ha iluminado como un rayo fulgurante en mitad de la noche la vida de las viejas y viejos de nuestro país, especialmente de aquellas que viven en las llamadas residencias de ancianos que en román paladino serían *asilos*. Las noticias que hemos podido leer nos han dejado atónitas y horrorizadas al constatar una realidad insoportable, y nos han puesto frente al espejo de lo que más tememos: la vejez, la soledad, el abandono y la muerte. Algo que ocurría a otras, a nosotras no.

---

[2] Publicado en *El País*, 12 de mayo de 2020, p. 26.

Me ha sorprendido comprobar el alto número de viej@s que viven en las llamadas residencias, y la pregunta que me hago es: ¿estas personas fueron a vivir ahí por voluntad propia, porque consideraron que era la mejor de las soluciones a su alcance para resolver su vida cotidiana o quizás aterrizaron allí porque esa fue la mejor idea que consiguió cuajar su atareada y amnésica prole en un arrebato de amor? Y la pregunta del millón: una vez allí, ¿es fácil salir? Todo es posible, no lo niego, pero no estoy muy segura, especialmente si mientras tanto han aprovechado para vender tu casa y ya no puedes volver a ella, ni a tus recuerdos, espacios, memoria y relaciones.

Nuestra sociedad considera que todas las personas mayores somos más o menos iguales —o muy parecidas— y, por lo tanto, no hay que esforzarse demasiado en atender las diversas individualidades. Café para todas, resulta una solución realmente cómoda. Asilos —algunos de los cuales cotizan en bolsa, por cierto— que promueven la dependencia y la uniformidad, en los que impera la idea de que las viejas de hoy somos idénticas a las de hace treinta años; de que el único interés de los viejos es desde siempre jugar al dominó y ver el fútbol por la televisión. Guiadas por un interminable cúmulo de prejuicios, a las guarderías de viejos les da igual lo que puedas aportar con tu conocimiento, experiencia, habilidades y saberes, porque te ponen a hacer *gomets* y chorradas que mi hijo con tres años ya rechazaba por insulsas.

Yo me pregunto: ¿en los estatutos y reglamentos de estas residencias se habla expresamente de respeto a la libertad, la dignidad, la autonomía, la vida sexual y afectiva, la capacidad de decisión y de agencia, a la mente, a las manías y gustos, en definitiva, del reconocimiento de la diversidad de todas y cada una de las residentes? ¿Se tiene en cuenta la necesidad de piel, de cercanía y de contacto? Muchas residencias, además, se convierten en espacios de hospitalización donde la prioridad por lo clínico transmite la idea de que la vejez es forzosamente un tiempo de enfermedad y que la medicalización de la vida de las viejas es una muestra de cuidado de la que tendríamos que estar agradecidas.

Una vez aparcados ahí solo nos queda una tarea: obedecer. Obedecer y esperar la errática visita de la amorosa prole, del virus, de la muerte.

A partir de este desastre deberemos plantearnos diversas reflexiones que nos lleven a diseñar algunas buenas prácticas y entre tod@s tratar de construir un futuro más acorde con las necesidades humanas y planetarias.

Nuestra sociedad, sumergida en la vorágine del capitalismo neoliberal feroz cuya única ambición ha sido el lucro, lo joven, lo nuevo, lo instantáneo, el usar y tirar, la obsolescencia programada, el consumo, el despilfarro, la acumulación del dinero, el agostamiento de los recursos del planeta y demás, con la experiencia de la pandemia se ha visto obligada a frenar de golpe. En oposición constante a semejante escala de valores, las voces de las corrientes del decrecimiento, del ecofeminismo y de la gerontología crítica, entre otras muchas, han reclamado de todas las maneras posibles la necesidad de la reconversión estructural de nuestra actual organización social en la que la vida en todas sus manifestaciones está en peligro, donde no se tienen en cuenta las necesidades de todos los seres vivos. Ha sido un clamar desesperado en el desierto.

Durante los meses en que los seres humanos hemos permanecido confinados en nuestras casas, cuando las fábricas se han detenido, las ciudades han quedado en silencio y los coches, aviones, transatlánticos y trenes han interrumpido su marcha, hemos comprobado que se ha reducido la contaminación, ha mejorado la calidad del aire y el agua, la flora y la fauna han ido expandiéndose a nuevos lugares. En definitiva, la naturaleza, los animales y el medioambiente han respirado y también nosotros, los humanos. Sin embargo, tememos que va a ser eso, un mero respiro. Aunque nunca nada debería volver a ser como antes, y muchos de los usos y prácticas en los que vivíamos sometid@s a favor del beneficio insaciable no tendrán más remedio que modificarse. Esperemos.

Con un poco de suerte puede ocurrir que vivamos un poco menos apretujados. Los aviones que estaban continuamente inventando la manera de transportarnos como sardinas en lata tendrán que disponer mayor espacio entre asientos; los bares y restaurantes colocarán las mesas de manera que no estemos obligadas a seguir la conversación de la mesa contigua, y así en otras muchas situaciones para las que hasta el momento la ganancia económica estaba por encima del bienestar y el cuidado. Después de años y años de argumentar acerca de la necesidad de una enseñanza menos masificada, parece que la ratio de las aulas se va a reducir, ojalá para siempre. Quizás disminuya el número de abuel@s esclav@s tanto por voluntad propia, ahora que han comprobado que no son imprescindibles, como porque los hijos e hijas hayan llegado a la conclusión de que hay otras formas de amar a sus progenitores que no pasa por disponer de su servicio gratuito y agotador.

De todo esto, lo más importante será lo que tenga que ver con la consideración de la vejez como un significativo tiempo humano, dentro del proceso global de poner en el centro la vida, no el beneficio y el capital. Es necesaria una metamorfosis de la consideración social y personal que se tiene acerca de las personas viejas, un cambio en la displicente mirada actual sobre ellas, además de la ya argumentada revisión del funcionamiento de las residencias —menos pastillas y más autonomía— y la exigencia de desarrollar políticas públicas que permitan que las personas viejas vivan en su casa, si este es su deseo.

Por otra parte, las llamadas *medidas especiales* de las que a raíz del coronavirus se habla como señal de respeto, protección y reconocimiento a las personas mayores me parecen de gran relevancia y merecedoras de la máxima atención por parte de quienes tengan la responsabilidad de cocinarlas. Veamos. Todas hemos constatado que en algunos comercios —almacenes, supermercados— han reservado un tiempo de atención prioritaria a la vejez a primera hora de la mañana, coincidiendo con la apertura del establecimiento. Me pregunto: ¿la hora de los mayores no deberían ser todas las horas, sin excepción, en función de sus intereses, necesidades y posibilidades? ¿O es que ahora tenemos que ser las viejales quienes nos levantemos antes que nadie para poder ser atendidas con esmero? Este no es el camino de un pensamiento realista y empático acerca del tema.[3]

---

[3] En algunos comercios, sin embargo, hay letreros en los que pone simplemente: *Atención prioritaria a las personas mayores*. Muy bien.

Tomarse en serio la vida de las mayores exige tener como objetivo hacernos más llevadero, más amable y más confortable el día a día. Tener en cuenta la edad para facilitar aspectos de la vida cotidiana en los que hasta el momento no teníamos más remedio que aguantar como si tuviéramos treinta años. La idea marco de *hacer la vida más fácil* se concreta en múltiples situaciones y fundamentalmente con pequeños detalles, como atendernos con preferencia en algunos momentos, de manera que no tengamos que hacer colas interminables. Quizás ocurra que nos cedan el asiento, nos ayuden con la maleta o con la compra, nos hagan pasar en una coyuntura de espera y esos momentos de atención y reconocimiento los aceptemos gustosas, orgullosas de nuestra edad. Imaginamos un mundo en el que a partir de ahora las compañías aéreas y de ferrocarril dispongan que entre las personas con preferencia para el acceso, además de las familias con criaturas y las personas en silla de ruedas, estemos las viejas y viejos, o que, cuando vamos por la calle, no tengamos que apearnos de la acera para no ser arrolladas por un joven enfrascado en su *smartphone* o por cualquier persona más o menos joven que mira al infinito y no nos ve. Todo ello sin necesidad de pedirlo, siendo algo que se produzca naturalmente solo por el hecho de ser mayores y, por lo tanto, merecedoras de mirada y cuidado.

Las facilidades que ahora se proponen para la vida cotidiana de las personas mayores es de suponer que se seguirán manteniendo en cualquier situación siempre, de ahora en adelante, formando parte del funcionamiento ordinario de la sociedad, sin que tengamos que reivindicarlas. Incluso por delante de los objetivos del capitalismo, lo joven, lo rápido, lo efímero. Produciéndose así un cambio estructural en las prioridades que nosotras podremos disfrutar tan frescas. Una sociedad que sitúa a las personas vulnerables de cualquier edad en el centro es una comunidad inclusiva que por encima del lucro y la prisa sitúa el valor de la vida, reconoce el capital legado por las generaciones anteriores y las ventajas de educar en la mirada compasiva a las siguientes. Una sociedad que civiliza, con naturalidad, sin alharacas, y lo hace como algo que se da naturalmente porque es de justicia y es el deseo de nuestra práctica de convivencia intergeneracional.

Queremos vivir en un entorno que nos facilite la vida cotidiana, por el simple hecho de ser viejas, por lo que hemos significado en tiempos pasados, por lo que somos ahora y por lo que podemos aportar en el futuro. Una comunidad que se desviva por cualquier persona mayor, ofreciéndole parcelas de bienestar y complicidad, se sorprenderá al descubrir el interesante mundo de las viejas tremendas.[4]

---

[4] https://cordopolis.eldiario.es/blogopolis/con-canas-y-tan-fresca/toque-diana_132_7367078.html

Pasiones lectoras

«Por asombroso que parezca, los libros siguen siendo relativamente sinceros y fiables».

Ursula K. Le Guin

A lo largo de estos últimos treinta y cinco años he leído y leído montones de ensayos, novelas, artículos científicos y divulgativos que se centran en el proceso de envejecer y en la vejez a palo seco, especialmente en la vida de las mujeres en ese amplio arco de años del ciclo vital. Es lo que más me gusta. Así que he conseguido hacerme un *hit parade* personal de mis pensadoras y escritoras de cabecera, no tanto por su popularidad como por su capacidad para incitar, sugerir, estimular mi pensamiento. Algunas de ellas han dedicado una buena parte de su vida a pensar y escribir acerca del envejecer femenino, presentando en su obra sus ideas, dudas y propuestas, que han ido evolucionando con los tiempos y también con su propia experiencia. Voy a ir dejando constancia de aquellas que a lo largo de los años me han inspirado, me han permitido avanzar y cuestionarme. Probablemente se me quede más de una en el tintero, tampoco se trata de sufrir por ello. Sin duda, hay otras muchas que directamente desconozco o que pertenecen a culturas que me son ajenas e inalcanzables. Ya he dicho que se trata de un libro personal en el que conviven mis manías y mis limitaciones.

Mis pensadoras de cabecera

Algunas de las teóricas que cito no tienen su obra traducida al castellano, así que, si alguien está especialmente interesada en conocer sus trabajos, ahí están las bibliotecas, las revistas electrónicas de las universidades y los centros de documentación de nuestro país. De todas maneras, en castellano se pueden encontrar, con mayor o menor facilidad, publicaciones de algunas de ellas, aunque, si tenemos en cuenta que estamos hablando de feminismo y mujeres viejas, comprenderán que no se pueden hacer muchas ilusiones; entre otras cosas, también, por la política de las editoriales de guillotinar todo lo que no es un *best-seller* y además reciente. En cuanto a la teorización acerca del envejecer, desde una perspectiva crítica en la que me sitúo, destaco las importantes contribuciones a la construcción del corpus teórico de la gerontología crítica feminista de autoras como Toni Calasanti, Ruth Ray, Margaret Cruikshank y Sandra Lee Bartky, cuyas tozudas aportaciones han ido demoliendo con firmeza y paciencia la estructura de una gerontología afligida y androcéntrica. Reconozco, en esta línea, la profunda afinidad que siento con las propuestas y argumentaciones de Martha Holstein acerca de cómo entiende que puede ser la vida confortable y afirmativa de las viejas: sus ideas se sitúan siempre un paso más allá.

Admiro la lucidez ejemplar y discreta de la enorme Rita Levi; las aportaciones de Gloria Steinem en diversos puntos de su vida; la valiosa denuncia de Susan Sontag sobre el doble estándar del envejecimiento; el trabajo sobre constructivismo social de la pareja formada por Mary y Ken Gergen; a Betty Friedan, que entró de lleno en el tema de la vejez femenina con una obra de gran interés: *La fuente de la edad;* las chispitas de iluminación que los libros de Jean Shinoda Bolen pueden ofrecer cuando te sientes un poco mística; la afirmación de Carolyn Heilbrun de que la vida más allá de los sesenta años es el último regalo del tiempo, a pesar de lo cual ella misma a los setenta y siete decidió suicidarse y nos dejó perplejas.

Los libros de Margaret M. Gullette, que suelen centrarse en los aspectos culturales del envejecer, me parecen un marco epistemológico fundamental para comprender que envejecemos por la cultura, no solo por la edad; la francesa Maximilienne Levet reflexiona y nos pone a pensar, en sus pequeños y sugerentes libros, sobre los valores y las virtudes de la edad y, por encima de todo, reconozco la enorme trascendencia que tuvo para mi mundo interior la lectura del compendio preparado por Margaret Urban Walker, diseccionando desde la filosofía moral la diversidad de dilemas éticos que envuelven el envejecer en nuestra época. Imprescindible. Muchas estudiosas han reflexionado sobre el martirio del cuerpo femenino transformado por los años. Frida Kerner Furman lo hace acerca del cuerpo y la belleza en la vejez y nos invita a resistirnos frente a determinadas prácticas; Laura Hurd Clarke ha escrito numerosos y fértiles trabajos sobre las controversias de las mujeres con sus cuerpos envejecidos, deliberaciones que la obra plural de la antropóloga M. Luz Esteban nos puede ayudar a enmarcar.

Las viejas somos las pobres del planeta. Tanto Clara Coria, que analiza nuestra relación personal con el dinero, como los documentados trabajos de M. Ángeles Durán y Cristina Carrasco que evalúan el trabajo de puertas adentro y la inversión en las tareas de sostenibilidad de la vida, nos dan pistas para comprender la magnitud de este fiasco. Por otra parte, reconozco la luz que los diversos informes de Shere Hite han proporcionado sobre la vida y la sexualidad de las mujeres; el enorme valor ético y político de la escucha que Monika Kehoe ha prestado a la experiencia y la vida de las lesbianas viejas, a las que anteriormente Barbara Macdonald había alertado acerca de la discriminación que se puede sufrir en la vejez dentro del propio colectivo lesbiano.

Los temas de salud y mujer tienen ingentes cantidades de investigadoras que con sus aportaciones han hecho hincapié en la compleja relación entre la salud y la vida de las mujeres. La obra pionera al respecto fue la publicación, en 1971, de *Nuestros cuerpos, nuestras vidas* por el Colectivo de Mujeres de Boston, quienes posteriormente, en 1987, situadas ellas mismas ante los dilemas de su propia vejez, publicaron *Envejecer juntas*, un compendio de reflexiones, sugerencias y propuestas acerca del tema. Una joya.

En nuestro país tenemos el impagable trabajo de la red CAPS de mujeres y salud —conformada por una colosal muestra de sanadoras diversas y sabias— capitaneadas por Carme Valls, cuyo *pensamiento, palabra y obra* en cuanto a la salud de las mujeres hablan por sí solos. Su altavoz es la revista *MyS*, con Leonor Taboada al frente. En lo que respecta a la salud de las envejecientes me ha servido de guía la iluminadora y plural escritura de Christiane

Northrup, a veces profundamente cautivadora. De entre los libros de Germaine Greer, una mujer sabia, irreverente y divertida que nos señala las múltiples trampas diseñadas para tenernos a mano y suaves, su trabajo sobre la menopausia, *El cambio*, es indispensable. Las reflexiones pioneras sobre género y salud mental de Phyllis Chesler y las de Carmen Sáez Buenaventura, en nuestro país, han cuestionado la medicalización del malestar femenino, en la línea de las necesarias aportaciones de Mabel Burín.

Algunas lecturas acerca de la enfermedad, la muerte y el acompañamiento me han sido de gran ayuda para adentrarme en este espacio que tratamos de soslayar, pero que nos golpea repetidamente sin pedir permiso. Los dos libros que para mí han sido reveladores son el de Iona Heath y el de Kathryn Mannix, ambos sobre cómo ayudar a afrontar la muerte. Imprescindibles. Por otra parte, las reflexiones pioneras de Elisabeth Kübler-Ross sobre la muerte ofrecen una perspectiva trascendente de enorme interés y reconocimiento internacional.

Actualmente hay ya unas cuantas revistas científicas centradas específicamente en temas de vejez en las que se pueden encontrar salteados algunos artículos que tratan sobre la existencia y los procesos vitales de las viejas; sin embargo, mi vida mejoró notablemente cuando en 1989 inició su andadura la revista *Journal of Women & Aging*, que supone un *must* para quien desee formarse y actualizarse específicamente en el tema del envejecer femenino y sus intríngulis.

Ellos también se hacen viejos y tratan de manejar su inquietud

Hasta el momento, y que yo sepa, ellos no se han cuestionado demasiado, en términos de género, los procesos de envejecer, por lo tanto, sus trabajos al respecto siguen con la música del masculino universal, como si mujeres y hombres envejeciésemos de igual manera. Partiendo de esta consideración limitadora para el análisis y la comprensión de su propia realidad, nos encontramos con unos seres que han llegado a la vejez sin plantearse ontológicamente su equipaje al alcanzar las últimas travesías de su vida y, por lo tanto, siguen sin encontrar explicaciones a cómo ser viejo (no vieja) en nuestra sociedad. Lo cual determina su enfrentamiento a la fragilidad, la enfermedad, la necesidad, la supervivencia y la intendencia en la vida cotidiana. En definitiva, a cómo ser viejo en una sociedad en la que las viejas tremendas hace ya unos años que han cambiado las reglas del juego.

Sin embargo, algunos pensadores se esfuerzan cotidianamente por construir un corpus teórico que aporte respuestas a la vida en la vejez. Entre ellos quiero destacar el trabajo de mi infatigable amigo —y compañero en una de mis vidas anteriores— Ramón Bayés, un conductista-humanista, reconvertido en gerontólogo optimista, lector empedernido, cinéfilo y documentalista de la vejez quien en los últimos años ha publicado diversos libros en torno a este caminar, sobre la jubilación y también acerca del estar en el mundo siendo viejo. Todos esperanzados, realistas y comprobados en primera persona. Disfrútenlos.

Recientemente he leído *Elogio de la experiencia. Cómo sacar partido de nuestras vidas más longevas*, de Carl Honoré. Supone una búsqueda reflexiva, por parte del autor, de explicaciones y respuestas innovadoras a las preguntas que él mismo se plantea viendo su propia cercanía a la edad mayor. Documentado, ameno, interesante. Aunque con algunos «abuelos» por ahí que exigirían una mayor atención por parte del autor ¿o del traductor?

El cómic de Paco Roca, *Arrugas*, que muestra el progresivo camino hacia la mente vacía de significados que causa el alzhéimer, invita a la reflexión y al respeto. Un ejemplo de solidaridad entre viejos, aderezado por el humor y la ternura. Hay película de 2011.

La presencia pura, de Christian Bobin, es una novela breve, en prosa poética, en la que el autor acompaña el peregrinaje de su padre, que vive en una residencia, por los caminos del alzhéimer. Una reflexión sobre la dignidad y la identidad en la vida frágil. Súper.

John Berger y su hijo Yves son autores de un brevísimo y precioso librito —*Rondó para Beverly*— con textos de ambos y dibujos de Yves, en homenaje/recuerdo a su esposa y madre, respectivamente.

En otro orden de lecturas, la novela de Kent Haruf, *Nosotros en la noche*, es un canto a la libertad disponible de una mujer mayor, al buen rollo posible entre dos personas, más allá del pastel del amor romántico, y al buen trato. Una muestra fehaciente de la complejidad de la relación materno-filial y el abuso posible de la prole. Hay película de 2017.

Mis escritoras favoritas

En el capítulo de la narrativa, no voy a hacer ni un listado ni un catálogo de libros y autoras porque sería confuso, aburrido y poco explicativo. Haré un relato salteado, consignando lecturas que a mi parecer se sitúan en la línea del libro, siguiendo las ondas de mis oscilantes circunvalaciones cerebrales.

En cuanto a las viejas tremendas, la campeona, sin lugar a dudas, es *Olive Kitteridge* (hay serie en HBO, 2014) y su continuación, *Olive again* —en castellano, *Luz de febrero*—, de Elizabeth Strout. Olive, una mujer malhumorada y borde, pero compasiva y tierna que no se doblega. Impagable. El resto de sus obras merecen ser tenidas igualmente en cuenta. Algunas novelas dibujan también protagonistas de aúpa, como la de *Toda pasión apagada* de Vita Sackville-West: una deliciosa mujer mayor que no cumple las expectativas de su timorata prole. En *Memento mori*, Muriel Spark pone en evidencia la grandeza y la miseria de la vejez en una divertida trama. Por regla general, las ancianas de las novelas de Ingrid Noll son osadas e imprevisibles, aunque demasiado pendientes de la mirada masculina, para mi gusto. La complicidad y la trasgresión hacen de ellas un soplo vivificante: juzguen por sí mismas en *El amor nunca se acaba*. Es admirable la resiliencia de *Las dos ancianas*, de Velma Wallis, que, además, frente a los lazos familiares muestran una libertad que ya quisieran muchas. Algunas escritoras han roto una lanza en favor de las abuelas transgresoras, como Whitney Otto en *Coser y cantar* —hay película de 1995— y también Doris Lessing en *Las abuelas* —que en realidad no son tan abuelas—, donde describe las vivencias de dos mujeres que transgreden a fondo. Llevada al cine en 2013.

La muerte, o la despedida en diferido que se produce en casos de enfermedad, supone una experiencia, un naufragio interior, que nos atraviesa de tal manera que necesitamos ponerle palabras para sanarnos, redimirnos, salvarnos. A veces en primera persona, como la prosa poética de Delfina Lusiardi en *Lejos de los caminos trillados,* donde desgrana la vivencia del cáncer. En otras ocasiones, a través de escritos en los que se detalla el proceso de acompañamiento a personas cercanas que sufren alzhéimer u otros modos diversos de senilidad. Lecturas que me han ayudado a comprender la fortaleza de los vínculos y la generosidad cuando un ser querido navega por océanos ignotos; incluso cuando los vínculos no son de sangre, como en el caso de la increíble nuera de *Las mariposas del olvido,* de Andrea Gillies; Annie Ernaux, en *No he salido de mi noche,* narra la desaparición y reencuentro con la madre que sufre alzhéimer ingresada en una residencia; Sylvia Molloy, en *Desarticulaciones,* relata la disgregación de la mente de la amiga amada y el sufrimiento consiguiente. Alix Kates Schulman, en *La reinvención del amor,* plantea la necesaria recreación de la relación cuando la enfermedad interrumpe súbitamente la cotidianeidad establecida a lo largo de los años. Volviendo al tema de la muerte, *El año del pensamiento mágico,* de Joan Didion, pone sobre el tapete el revolcón emocional de una muerte inesperada y la necesidad de comprender cuando la vida en un momento cambia radicalmente. También Joyce Carol Oates, en *Memorias de una viuda,* dejó su testimonio sobre la pérdida de su pareja de toda la vida. En otro orden de cosas, en la extraordinaria novela breve *Dime una adivinanza,* Tillie Olsen muestra el paulatino retraimiento de la mente de la protagonista, recuperando las palabras de sus «sueños más sagrados» y a todas las mujeres que alguna vez fue.

Algunas novelas tratan el tema de compartir vivienda en la edad mayor, con una dosis de sentido del humor. En *Como una dama* encontramos a dos de las viejas tremendas de Ingrid Noll que ensayan el vivir juntas en la vejez; y en *Las tres Marías,* de Arantxa Urretabizkaia, a tres mujeres que cumplen su deseo de envejecer juntas, construyendo nuevas familias de elección. Sobre el tema de las residencias y de las opciones de vida en la vejez me interesó la lectura de *Llega la negra crecida*, de Margaret Drabble, una novela entre sarcástica y trágica cuya protagonista, una mujer de más de setenta años algo excéntrica, se esfuerza por mantenerse ahí y echar una mano a quienes a su alrededor están en modo naufragio vital.

Los vínculos son nuestra especialidad y también material de lectura descarnada. En *Apegos feroces*, Vivian Gornick conversa con su madre sobre lo divino, y básicamente sobre todo de lo humano, mientras deambulan por las calles de Manhattan. Su siguiente novela, *La mujer singular y la ciudad*, supone una reflexión sobre la trayectoria de la vida cuando llegamos a las últimas estaciones. Algo parecido a lo que va contando en modo «memorias» Diana Athill en su libro *Antes de que esto se acabe*, donde recapitula sobre lo vivido, revisando las decisiones tomadas. Cada una en su estilo, pero del mismo palo. Delphine de Vigan, en *Las gratitudes*, nos invita a la gratitud hacia las personas que nos han acogido en la vida, poniendo en valor el agradecimiento más allá de los vínculos de sangre. Un tema de gran interés.

Mis tardes con Margueritte, de Marie-Sabine Roger, es una pequeña y amable novela sobre una vieja, amante de los libros, que con su conversación y escucha despierta el deseo de aprender y el amor por las palabras y los libros en un hombre inculto y bondadoso. Hay película de 2010. *Y llovieron pájaros*, de Jocelyne Saucier, es también una novela sobre viejos varones rudos, domesticados a partir del vínculo con una anciana frágil. Hay película de 2019.

Grace Paley fue una activista feminista y pacifista, una pionera convencida, salida de las hornillas de su cocina de ama de casa, que, además de ser una más que interesante autora de relatos, en su libro *La importancia de no entenderlo todo* —un compendio de escritos y entrevistas emocionante— va mostrando su fortaleza y lucidez; su caminar hacia la libertad y la defensa de la paz y de los derechos civiles desde su conciencia y su barriga. Una vieja grande. Otra vieja pionera, de las que siempre encuentran la forma de mantener el tipo, fue Teresa Pàmies, quien en *Rebelión de viejas* deja claro que la memoria revolucionaria no se apaga.

Algunas biografías nos cuentan vidas de mujeres sorprendentes e intrépidas *avant la lettre*, como la escrita por Ruth Middleton sobre la escritora y antropóloga Alexandra David-Neel, que viajó a la India con veinte años y una vez cumplidos los cien emprendió su último viaje para conocer el Himalaya. En una ocasión afirmó: *La aventura será mi razón de ser,* y desde luego, lo cumplió. Asómbrense y admírenla en los documentales que pueden encontrar en la red.

Algunas lecturas que me han decepcionado

Cuando hace más de cuarenta años leí *La vejez,* de Simone de Beauvoir, me pareció un libro profundamente descorazonador y ahora mismo, además, resulta descontextualizado para lo que es la vejez hoy. Quizás en 1970, cuando lo escribió, la vida de las personas de mucha edad tenía efectivamente tan pocas perspectivas, pero me resultó deprimente. Leyendo a Martha Nussbaum[1] me alegró constatar que coincidíamos en nuestro juicio sobre este libro (me sentía mal experimentando semejante rechazo hacia una obra de una pensadora tan respetable). Nussbaum expresa su parecer con las siguientes palabras: *Es una de las obras filosóficas reputadas más absurdas que he encontrado en mi vida, y lo es porque: ignora la variedad, valida los estereotipos contingentes y despectivos y despoja a los ancianos de su iniciativa.* Sin embargo, mi amigo Ramón Bayés[2] consigue sacarle alguna referencia de interés en su reivindicación de la creatividad y la necesaria curiosidad en la vejez. Juzguen por sí mismas.

En mi cuaderno de notas dejé constancia, en su momento, de que *El intenso calor de la luna,* de Gioconda Belli (2014), me pareció un libro plagado de tópicos en el que se perpetúan las ideas más retrógradas sobre las relaciones, el deseo, el cuerpo postmenopáusico y el pánico cerval a la vejez. Un elogio de la heterosexualidad compulsiva y un canto a la juventud a ultranza. Una obra sorprendente en una mujer inteligente que tenía ya 66 años en el momento de la publicación del libro, con tiempo más que sobrado para haber olvidado la menopausia y sus posibles calores.

---

[1] Nussbaum, Martha C. y Levmore, Saul (2017/2018). *Envejecer con sentido. Conversaciones sobre el amor, las arrugas y otros pesares.* Barcelona: Paidós.

[2] Bayés, Ramón (2016). *Olvida tu edad.* Barcelona: Plataforma.

Un folletín asombroso de quien años antes había escrito un comprometido poema sobre la menopausia.

En este apartado no me queda otro remedio que incluir la última obra de Terry McMillan, *No pienso ir cuesta abajo*, que compré tratando de darle una oportunidad —después de haber decidido que no iba a leer más sus escritos— por aquello de que las protagonistas son todas mujeres viejas. Lástima de dinero y tiempo empleados. Compruebo que sigue en su línea: mujeres negras, con increíble poder adquisitivo y preocupaciones que no tienen nada que ver con lo que piensan y a lo que aspiran las viejas tremendas. Se lee bien, pero, la verdad, con tanto libro interesante, creo que es prescindible. Lo que más me gusta es que las protagonistas en cualquier situación tratan de favorecer, contratar o apoyar a otras mujeres negras. Algo es algo.

También quiero consignar algunas autoras que ofrecen visiones más o menos realistas acerca de la vejez, no lo niego, pero son relatos tristes, de seres derrotados, en los que se te quitan las ganas de seguir en la brecha. Aquí incluiría algunos libros, como: *Las hermanas Bunner*, de la diosa Edith Warton; *Cuanto más deprisa voy, más pequeña soy*, de Kjersti Annesdatter Skomsvold; *Una casi eternidad*, de Antonella Moscati, y el humor quejoso que atraviesa toda la novela de Benoîte Groult, *Pulsa la estrella*. Mis manías, cierto.

En fin

«No estoy segura de que ya se hayan inventado las mujeres mayores, pero merece la pena intentarlo».

Ursula K. Le Guin

En este libro me he planteado ofrecer una narración más o menos desenfadada acerca de lo que somos, de lo que hacemos y de lo que suele ocurrirnos cuando somos mayores. El conjunto de ideas, sugerencias y travesuras que propongo no tienen otro objetivo que tratar de hacer reales nuevas posibilidades, visiones y significados de la vejez, porque no tenemos más remedio que resistirnos a la limitadora definición social de lo que es ser una persona mayor-mayor.[1] A principios de los años noventa del siglo xx, Ursula K. Le Guin se preguntaba si se habían inventado las mujeres mayores; ahora, treinta años después, seguimos en las mismas, tratando de imaginar y planificar lo que podría ser una sociedad de viejas, orgullosas de serlo, formada por mujeres mayores que han reflexionado individual y colectivamente acerca de cómo hacer saltar por los aires el cerco dentro del cual la sociedad las ha colocado cuidadosamente. Hemos avanzado bastante, pero no lo suficiente.

Viejas que a estas alturas de la vida disponemos en abundancia de todos y cada uno de los aditamentos que según Marilynne Robinson[2] se requieren para ser auténticamente seres humanos: la creatividad, la sabiduría, el valor, la generosidad, la dignidad personal y el ser profundamente capaces de lealtad. Todos ellos los repartimos a raudales. Somos profundamente humanas.

---

[1] Buscar sinónimos de envejecer es una experiencia traumática: todas las acepciones son peyorativas, a cual peor. Ninguna incluye la idea de la normalidad de un estadio del ciclo vital.

[2] Robinson, Marilynne (2018/2020). *¿Qué hacemos aquí?* Barcelona: Galaxia Gutenberg.

Para poder construir, diseñar, vivir, una vejez afirmativa y confortable tendremos que poner en marcha nuestras mentes creativas y tratar de encontrar soluciones no estereotipadas, en contra de la tendencia de nuestra sociedad al pensamiento único cuando se trata de solventar o enfocar determinados problemas de la vejez. Necesitamos complicar y ampliar las ideas culturales acerca del hacerse mayor, de la apariencia física, de la belleza de la ancianidad, de la fragilidad como fortaleza; poner en valor los saberes de las viejas, los signos de la edad, para redefinir el trayecto vital como un toma y daca continuo entre pérdida y ganancia.

En definitiva, en este largo viaje hacia la ancianidad, la sociedad y nuestro ingenio deberán proveernos de algunos elementos imprescindibles: cuidados para la salud en sus diversas y complejas adversidades, respaldo financiero para una existencia digna y libre, una red de apoyo social amplia y diversa que incluya lo necesario y también lo inimaginable en la vida de una vieja, servicios personales de amplio rango y generosas dosis de respeto.

Ha sido mi intención que estos atrevimientos sean suficientemente diversos para que en ellos nos veamos reflejadas el mayor número posible de viejas y, sobre todo, en los que quepamos todas, no solo las mujeres de una determinada tipología y situación. He tratado de elaborar un discurso fiable, veraz, un relato que nos permita vislumbrar el futuro con una cierta tranquilidad y esperanza, sabiendo que es complicado, aunque no es algo irremediablemente imposible. Parto de la convicción de que está en nuestra mano construir día a día un mundo un poco más espacioso e interesante para las viejas de hoy y las de mañana, pero también sé que no tenemos mucho tiempo por delante y que los cambios que deseemos poner en práctica no podemos posponerlos. Para que algún día todo esto pueda ser una realidad tenemos que creérnoslo y ponernos a la faena. No pasar ni una.

Los temas tratados y el enfoque planteado en este libro pueden resultar lejanos a las mujeres que han vivido toda su vida preocupadas por la subsistencia propia y de su prole, sin reconocimiento a su enorme trabajo cotidiano y con escaso acceso a la educación y la cultura. He tratado de igualar por arriba, porque no me gusta hacerlo por abajo, como aceptando que determinados logros son solo para unas cuantas elegidas. Nunca es tarde. No olvido, tampoco, que algunas corrientes gerontológicas promueven valores que resultan únicamente accesibles y adecuados para algunas poblaciones de mujeres privilegiadas económica y culturalmente, pero lejanos y secundarios para una gran parte de la población. Es cierto, somos muchas y diversas. Ojalá con el tiempo consigamos mezclarnos todas en un intercambio de saberes enriquecedor.

Seguro que en algunos momentos he exagerado, claro, pero de eso trata este libro, de agitar nuestra lucidez cotidiana, poner un espejo delante de nuestra vida, agudizar el sentido crítico y mostrar lo ridículo de muchas de las situaciones en que nos encontramos y de las ideas que tienen los demás sobre nosotras; y, de paso, poner un poco nervioso al personal. Algunas de las sugerencias nos pueden chocar, porque pertenecen a lo que *no se dice en voz alta*, sobre lo que se suele mantener un silencio aparentemente respetuoso. Sin embargo, precisamente porque no lo nombramos, permanece invisible y resulta imposible corregirlo, perpetuándose así el rechazo y el desprecio de la sociedad hacia las personas mayores.

Aunque parezca obvio, me gusta recordar que la obligación de cualquier pensadora es pensar, cuestionar, poner la duda encima de la mesa. Inquietar. No repetir y consolidar lo ya sabido y menos cuando con ello se contribuye a mantener y consolidar los límites que nos empequeñecen. Es posible que muchas de las propuestas y diabluras que sugiero en este libro parezcan utopías. Es posible, pero estoy convencida de que sin utopía no hay cambio.

Son solo eso, apuntes de supervivencia. En el tintero han quedado muchos asuntos que también pueden ayudar a construirnos como seres con libertad para ser nosotras mismas hasta el último día. He presentado un surtido de insinuaciones acerca de lo que puede ser posible, incluso para quienes en una primera lectura piensen que algunas de estas propuestas son *demasiado* —por ejemplo, esa manía mía de utilizar la palabra *vieja*,[3] qué horror—,

---

[3] He tenido que escuchar diversas consideraciones que se me han hecho acerca de lo mal que suena la palabra *vieja* en Francia, en Alemania, en, en, en… Tampoco en España es exactamente un piropo, dada la considerable carga negativa que arrastra el término. Pero tal vez a fuerza de apropiarnos de él logremos darle la vuelta a la tortilla, llenándolo de paso de nuevos significados.

y que, ahora sí, se me ha ido la pinza. No importa. Escoge lo que te vaya y te resulte sugerente, deja el resto. Quizás con el tiempo y la conversación con otras mujeres te conviertas en una vieja incómoda, que se resiste a las expectativas de esta sociedad que trata de situarnos en un vacío de significado. Celebrémoslo.

Bienvenida al club de las *viejas tremendas*.

Este libro se terminó de imprimir
el 15 de agosto de 2021

*«Cásate con un arqueólogo, cuanto más
vieja te hagas, más encantadora
te encontrará».*

Agatha Christie